MURIEL MARONDEL

Lieber Tod, wir müssen reden

Für alle Väter und potenziellen Väter. Ihr seid wichtig.

Und für alle Trauernden und potenziell Trauernden,
also eigentlich für alle. Ihr seid nicht allein,
auch wenn es manchmal so scheinen mag.

MURIEL MARONDEL

Lieber Tod, wir müssen reden

WARUM TRAUER VOLL OKAY IST

KOMPLETTMEDIA

Originalausgabe
1. Auflage 2017
© Verlag Komplett-Media GmbH
2017, München/Grünwald
www.komplett-media.de
ISBN Print: 978-3-8312-0449-6
Auch als E-Book erhältlich

Hinweis: Das vorliegende Buch ist sorgfältig erarbeitet worden. Dennoch erfolgen alle Angaben ohne Gewähr. Weder Autoren noch Verlag können für eventuelle Nachteile oder Schäden, die aus den im Buch gegebenen Hinweisen resultieren, eine Haftung übernehmen.

Umschlaggestaltung: X-Design München
Lektorat: Redaktionsbüro Julia Feldbaum, Augsburg
Korrektorat: Redaktionsbüro Diana Napolitano, Augsburg
Satz und Layout: Daniel Förster, Belgern
Druck: COULEURS Print & More, Köln
Foto Titelseite: © Franz Becker
Illustrationen: © Suzan Rinow, Les Animaux Sauvages
Printed in the EU

Inhalt

Vorwort

»Warum gerade, du Papa?« Als mein Vater im Jahr 2013 an Krebs erkrankte, konnte ich nur erahnen, welch schwerer Weg ihm und uns in den kommenden eineinhalb Jahren bevorstehen würde. Bis zu diesem Zeitpunkt lebte ich in einer Welt, in der meine Eltern für mich unsterblich waren. Niemals hätte ich geglaubt, dass er, mein großer, starker Papa, mit Mitte 50 plötzlich am Ende seines Lebens angekommen sein würde. Seinem Tod ging eine Zeit körperlicher Qualen voraus, eine Zeit des Bangens und der Hoffnung. Als er den Kampf gegen den Krebs verlor und starb, fühlte sich das schreiend ungerecht an, und ich wurde von meinem Verlustschmerz in Tiefen gerissen, die ich niemals zuvor erlebt hatte. Auf einmal war mein geliebter Vater fort. Und er würde niemals mehr zu mir zurückkommen.

»Wie geht es jetzt weiter?«, fragte ich mich oft. Ich fühlte mich in einer Gesellschaft, in der dem Tod und der Trauer so wenig Raum gegeben wird, orientierungslos und sogar fehl am Platz. Also begann ich, mir meine Orientierung selbst zu suchen. Meine Gefühle, meine Fragen und meine Antworten habe ich in diesem sehr persönlichen Buch niedergeschrieben. Nicht als Ratgeber, denn ich glaube fest daran, dass jeder seinen eigenen Weg finden muss. Sondern vielmehr als Begleiter, der Anstöße zum Weiterdenken und neue Blickwinkel schenken kann. Für all jene, die sich entschieden haben, sich mit dem Tod bewusst auseinanderzusetzen. Und ganz sicher auch für jene Menschen, die sich in ähnlichen Situationen befinden. Vielleicht kann meine Geschichte eine Verbündete sein, die sagt: »Ich sehe dich. Ich kenne diesen Schmerz. Komm mit, ich erzähle dir, wie es bei mir war. Vielleicht findest du auch etwas von dir in ihr. Und vielleicht kann sie dich streckenweise sogar ein wenig tragen oder dir auf der Suche nach deinen persönlichen Antworten eine Inspirationsquelle sein. Du bist mit dem, was du fühlst nicht allein.«

30. April 2017

Ich habe deinen Geruch vergessen. Manchmal, da hole ich deinen Pullover aus dem Schrank und inhaliere ihn. So tief es geht, tue ich das, in der Hoffnung, ich könne dich in seinem Stoff noch einmal finden. Jetzt sind es auf den Tag genau zwei Jahre, als ich ihn zu mir nahm. Und seitdem weiß ich, dass man nichts aufhalten kann. Auch nicht das Vergessen.

Das Licht der Sonne scheint sanft in mein Gesicht, und auf den weiten Nebelfeldern, die ich an mir vorbeiziehen sehe, drehen sich unzählige Windräder. Das, was ich sehe, mutet wie ein Sinnbild der Erfahrungen an, die ich machte – in der Zeit nach jenem Tag, an dem ich dich zum letzten Mal sah: Etwas steht ganz still, weil es muss. Und etwas dreht sich ganz schnell weiter, womöglich auch, weil es muss. Aber, was soll ich dir sagen: Die Welt von heute Morgen, die ist wieder schön.

Die Ästhetik dieser Landschaft, von der ich nicht weiß, wo sie eigentlich genau liegt, und die Musik aus meinen Kopfhörern helfen mir dabei, mich aus dem Hier und Jetzt des Zugabteils in meine Innenwelt zu stehlen. In eine Welt, in der ich noch mit dir sprechen kann. Ich möchte die Stimme des Schaffners nicht hören, nicht einen einzigen Gesprächsfetzen meiner Mitreisenden aufschnappen müssen. Keine Banalitäten. Nur heute nicht.

Es gibt Dinge, die hätte ich dir gern erzählt. Zum Beispiel, dass ich es mag, in Zügen zu reisen, aber nur in den schnellen. Langsamkeit ertrage ich nur schwer. Ich brauche den Rhythmus von großen Städten, in deren Anonymität ich mir einen eigenen Kosmos erschaffen kann. Ich mag Straßenbeleuchtungen. Ich mag die Stimmen, die aus der Bar im Erdgeschoss nachts zu mir in den vierten Stock hallen. Ich lasse das Fenster dann immer offen, und die Hintergrundgeräusche bringen mich zum Einschlafen. Ich werde ruhig, wenn ich Menschen leben höre.

Ich glaube, das ist ein Relikt aus meiner oft zutiefst langweiligen Dorfkindheit. Ich hatte das Gefühl, der Öde des Dorfes nie ganz entfliehen zu können. Und nachts, nachts, da war es oft viel zu still. Du warst zu selten da, als dass ich dir es hätte erzählen wollen. Und ich zu selten, als dass ich es dir hätte erzählen können. Wir waren beide wohl immer zu schnell unterwegs.

Wie an jenem Tag vor zwei Jahren bin ich jetzt auf dem Weg zu dir. Damals tatsächlich, heute nur sinnbildlich. Seitdem ist so vieles geschehen. Ich bin umgezogen, und du warst zum ersten Mal nicht dabei. Stell dir vor, ich habe mir sogar ein eigenes Bett gebaut! Vieles habe ich gelernt, was ich vorher nicht wusste. Weil ich es nicht wissen musste. Manches ist auch gleich geblieben: Den Tisch, den du mir aus dem alten Überseekoffer aus Südamerika gemacht hast, den habe ich immer noch. Ich glaube ja, du hast deine Liebe in Dinge hineingebaut. In diesen Stücken steckt, was du vielleicht nicht in Worte fassen konntest. So vieles hättest du noch sagen können, mit deinen großen, rissigen Händen. Oft denke ich an das bunte Holzhaus mit den Blumenkästen, das du für uns Mädchen in den Garten im öden Dorf gebaut hast. Lange war mir solch Nostalgie fremd.

Letztens, da sah ich einen Film von Almodóvar. Es war ein seltsamer Film, so wie alle seine Filme seltsam sind. Aber, weil ich weiß, dass du Almodóvar mochtest, habe ich ihn mir bis zum Schluss angesehen. Es ging um Tod, und es ging um Trauer, um Scham und um Vergebung. Es ging um sprachlose Eltern und um sprachlose Kinder, und alles war sehr melodramatisch. Das kennen wir ja selbst. Ich suche dich also auch in der Kunst, die dich begeisterte. Und denke an dich, wenn ich Kunst entdecke, die mich begeistert.

Musik. Immer. Heute Morgen höre ich Benjamin Clementine – und das passt so fürchterlich gut zu dir. Ein bisschen, aber nicht genau wie Nick Cave: entrückt, tief, voller Melancholie und Textkunst. Wunderschön und anstrengend zugleich. Getrieben singt er, manchmal sehr traurig. Wie jemand, der lange nicht genug geliebt wurde. Und deshalb die Musik machen kann, die er eben macht.

Manchmal, wenn ich in Berlin über die Kantstraße laufe, stelle ich mir vor, dich zu sehen. So, wie du einmal warst, als du hier lebtest, als ich dich aber nicht kennenlernen konnte, weil es vor meiner Zeit lag. Ich stelle mir vor, wie die Straßen in den späten 70er-Jahren hier ausgesehen haben und wie du wohl so warst – jünger, als ich es jetzt bin. Ein hübscher, verlorener Junge. Ein Wehrdienstverweigerer, vielleicht auch einfach nur ein Verweigerer. Was hast du so getragen? Eine Jeans-

Schlaghose? Eine Flasche Merlot unter dem Arm? Einen Moustache, der dich etwas älter aussehen ließ, als du tatsächlich warst?

Vielleicht wären wir uns begegnet und hätten uns angelächelt. Manchmal begegne ich Fremden so, ich lache sie einfach an. Spitzbübisch wäre dein Lächeln gewesen. Du hättest deine Mausezähne gezeigt, und wahrscheinlich hätten sich viele kleine Fältchen um die dunkelbraunen Augen gebildet. Vielleicht hättest du dir im Vorbeilaufen eine Strähne deiner langen Haare aus dem Gesicht gepustet. Und dann, dann wärst du schnellen Schrittes weitergezogen. Zu einem Freund, einer Vorlesung oder auf ein Konzert ins SO36. Und beim Vorbeigehen hätte ich kurz einen Windhauch deines Geruchs in der Nase gehabt. Ich hätte ihn mir zu merken versucht und wäre im gleichen schnellen Schritt wie du in die nächste Straße gebogen. Ich mag den Gedanken, dass du Teil dieser Stadt warst, dass du hier irgendwann einmal Spuren hinterlassen hast. Selbst wenn ich heute die einzig sichtbare bin.

Ich denke an die Erzählungen über deine erste Wohnung. Die mit Außenklo, auf der Sonnenallee, in der Nähe des Grenzübergangs. Und an die Geschichte von deinen Fahrten in den Ostteil der Stadt, bei denen du einen Freund besuchtest und ihm Dinge brachtest, die es dort nicht gab. Meistens waren es Schallplatten oder Bücher. Es war eine besondere Freundschaft, sagtest du. Geschichten erzähltest du gern, und ich hörte nie aufmerksam genug zu. Deshalb erinnere ich mich nicht an die Details dieser Erzählungen. Jene Details, die ich heute bis ins Kleinste aus dir herausquetschen würde – hätte ich gewusst, dass es so kommt, wie es gekommen ist. An was ich mich aber erinnere, ist, dass dein Freund starb und du ahntest, dass er nicht mehr lebte, noch bevor du es erfuhrst. Es war so seltsam und irgendwie mystisch, sagtest du mir.

»Am ersten Mai komme ich wieder«, rief ich dir noch zu. »Ja«, hast du geantwortet. Ich weiß noch, wie du am Rande deines Krankenbettes saßt und versonnen aus dem Fenster blicktest. »Erster Mai«, schobst du hinterher. Es klang, als würdest du etwas sehr Wichtiges betonen. Es war so seltsam und ja, es war irgendwie mystisch.

Am Morgen dieses ersten Tages im Mai, da küsste ich noch einmal deine Stirn und hielt deine große, rissige Hand. Und dann ging ich – vielleicht schnell, vielleicht langsam. Ich ging mit dem Wissen, dass alles, was mir von dir bleibt, die Erinnerungen sind. Und deine Geschichten, die ich zu meinen machen kann. Und der Pullover in meinem Arm, der noch nach dir roch, aber nicht für immer.

Kein Geplätscher

Papa und ich sitzen gerade bei einem späten Frühstück zusammen. Wir sehen uns gemeinsam eine Dokumentation über einen Schweizer Schriftsteller an, dessen originelle und wohlbedachte Worte uns beide erheitern. Als der alte Mann eine Anekdote aus seinem Leben erzählt, wendet sich Papa mir zu und sagt: »Wenn ich auf mein Leben zurückblicke, dann würde ich sagen, dass ich die intensivste Zeit zwischen meinem 15. und 30. Lebensjahr erlebt hatte. Wohl auch, weil man in dieser Zeit die meisten neuen Erfahrungen macht.« Später, als vierfacher Vater und Ehemann, habe er überwiegend für seine Arbeit gelebt, fürs Geldverdienen. Er dachte immer, »... dass sich das später ausbezahlt.« Und irgendwie sei dieser Arbeitsalltag – immerhin die letzten 25 Jahre –, im Nachhinein betrachtet, oft kaum mehr als ein »Geplätscher« gewesen. Er wolle, dass ich mein Leben anders lebe, betont er dann, und sein Blick geht ins Leere.

Er sieht mich an. Dann sagt er: »Du solltest dir immer neue und intensive Erfahrungen suchen oder selbst erschaffen. Und du solltest sie auskosten. Lass dich nicht vom Hamsterrad dieser Gesellschaft gefangen nehmen. Mach nicht immer nur das Gleiche. Aber lass die Dinge auch manchmal langweilig sein, und genieße es, wenn etwas langsam vorangeht. Wenn du etwas Intensives erlebst, wenn es etwas mit dir macht, dich berührt, dann halte es irgendwie (für dich) fest, schreib es auf.«

Ich sehe ihn an. Und bleibe still. Die Worte meines Vaters machen etwas mit mir. Sie tun verdammt weh. Aber ich spüre auch ein Gefühl der Verbundenheit mit ihm, eine tiefe Dankbarkeit, dass ich ihn noch bei mir habe. Dass er mir das, was er mir sagen möchte, noch sagen kann.

Am nächsten Tag nehmen wir den gleichen Zug. Ich zum Flughafen, um wieder in meinen Alltag nach Berlin zu fliegen. Er wird zur Untersuchung in die Klinik fahren.

Papa wird sterben.

1. Mai 2015

»Jetzt hat er es endlich geschafft.«

Die Worte des Palliativpflegers, der gerade den Raum betreten hat, klingen fern, und ihre unpassende Beschaffenheit schießt durch mich hindurch, ohne dass ich den Hauch eines Widerstandes spüre. Er ist ein Geist, so, wie ich gerade zum Geist geworden bin.

Neben mir liegt die Leiche meines Vaters. Wenige Momente zuvor hat er seine letzten Atemzüge genommen. Schrecklich anmutende Atemzüge. Ein lautes, tiefes, inbrünstiges Schnappen nach Luft. Verzerrt ist sein Gesicht und gezeichnet von der Qual, die er die letzten Monate ertragen musste. Er trägt nichts, außer einem Krankenhaushemd und einer Windel. Seine dünnen Beinchen sind gespreizt, der Oberkörper aufgerichtet, der Kopf abgelegt auf dem Gitter seines Bettes.

Er sieht trotz seiner stattlichen Körpergröße von einem Meter neunzig zart und zerbrechlich aus. Dieser Anblick hat wenig mit dem Mann zu tun, der mich großgezogen hat. Dennoch ist es für mich ein Anblick voller Würde. Denn ich weiß um den Kampf der vergangenen Stunden, ich war ja dabei. Ich weiß auch um die Schläuche, die er sich am Tag zuvor aus dem Mund reißen wollte.

»Nun frisst mich der Krebs ganz auf oder eben nicht«, sagte er der Schwester mit der Bitte, alle Maßnahmen einzustellen.

So lange hatte er gehofft, solange hatten wir alle gehofft. Sein Zustand hat sich dann rapide verschlechtert, und so wurde er heute Morgen auf Mamas Drängen in eine Palliativstation verlegt.

Papa wollte ja, aber Papa konnte einfach nicht mehr leben. Seine Krankheit hatte ihn bis zur absoluten Lebensmüdigkeit gequält. Er war zu diesem Zeitpunkt komplett metastasiert, hatte eine Lungenembolie überstanden und war bis auf die Knochen abgemagert. Die meiste Zeit dämmerte er in seinem Bett vor sich hin, und sein Magen war seit Wochen nicht mehr dazu in der Lage, Nahrung aufzu-nehmen, und so erbrach er sich ständig. Es war so schwer. All diese Monate waren so unfassbar schwer.

Als ich heute nach 600 Kilometern Fahrt im Krankenhaus ankam und in sein Zimmer eilte, warteten dort meine Mutter und meine drei Schwestern auf mich. Aber ich erinnere mich nicht mehr an den Ausdruck ihrer Gesichter. Ich erinnere mich nur an den Moment, indem ich Papa erblickte. Er saß auf dem Bett, sein Kopf hing nach unten, während sein Arme und sein Oberkörper unruhig und unkontrolliert hin- und herschwenkten.

»Papa«, sagte ich und wartete auf den Klang jener Stimme, die mich mein Le-ben lang begleitet hatte. Keine Antwort. »Papa«, wiederholte ich, jetzt flehender. Aber Papas Kopf blieb einfach hängen. »Er reagiert nicht mehr auf uns«, sagte Mama ruhig. Ich sah ihn weiter an, unfähig, mich von der Stelle zu bewegen. Und da, in diesem schrecklichen Moment, begriff ich, was ich bisher nicht begriffen hatte, vielleicht nicht begreifen wollte: Papa lag bereits im Sterben. Jetzt, nicht irgendwann. Ich wusste plötzlich, dass es keinen Abschied geben würde, wie ich ihn aus amerikanischen Filmen kannte. Ich begriff, dass ich nie mehr mit ihm sprechen würde, dass er mir nicht mehr sagen konnte, was er vielleicht noch hätte sagen wollen, und dass er auch nicht mehr in der Lage war, seine große warme Hand um meine zu legen. Papa konnte nicht mehr kommunizieren. Nie mehr.

Ich wollte mich schreiend zu Boden werfen. Ich wollte die Luft anhalten und umfallen und erst wieder aufwachen, wenn dieser Albtraum ganz sicher vorbei war. Stattdessen wurde ich in diesen dramatischsten Stunden meines bisherigen Lebens – und das war mir selbst unbegreiflich – von einer tiefen Ruhe ergriffen. Es blieb mir nichts anderes übrig. Ich sah es als meine Aufgabe an, ihn jetzt nicht allein zu lassen. Obwohl ich ja wusste, dass das Sterben in seiner letzten Konsequenz das Alleinsein impliziert.

Die Mediziner sagten, es könne noch einige Tage dauern, und so teilten wir uns in mehrere Gruppen auf. Zwei meiner Schwestern fuhren zum Schlafen nach Hause, und Mama, meine ältere Schwester und ich blieben im Krankenhaus. Ich hatte mir ein Bett neben Papas Bett geschoben und blieb dort, die ganze Nacht. Ich dachte nicht viel nach. Während ich dort saß, funktionierte ich einfach, meiner mir selbst erlegten Aufgabe entsprechend. Papa schlief nicht ruhig ein. Während er sich über Stunden immer wieder in seinem Bett aufbäumte, gab er Schreie und ein Wimmern von sich und war über viele Stunden sehr unruhig. Er röchelte jetzt, immer lauter und immer stärker.

»Papa, hab keine Angst«, sagte ich und streichelte seinen Rücken und seinen hängenden Kopf. Und wenn er hustete, hielt ich ihm ein Taschentuch unter den Mund, um die dunkle Flüssigkeit, die er erbrach, aufzufangen. Seine Beine schimmerten bläulich, sein Gesicht wurde grauer, und seine Augen und Wangen sanken mit jeder Stunde, die wir dort wachten, tiefer ein. Viele Stunden saßen wir bei ihm.

Dann, um vier Uhr morgens, passierte es. Auf einmal drehte sich Papa noch einmal um und sagte meinen Namen. Es war wie ein Wunder. Er wusste also doch, dass wir da waren! Blitzschnell verstand ich sein letztes Zeichen: Es war so weit.

»Kommt, schnell«, rief ich Mama und meiner Schwester zu, die sich etwas abseits zum Ausruhen hingelegt hatten.

Das, was dann passierte, war der roheste, tief greifendste, schaurigste, wahrhaftigste und schmerzhafteste Moment meines Lebens. Und obwohl ich wusste, dass Papa unheilbar krank war, hatte mich nichts wirklich auf diesen Moment vorbereiten können: Das erste Mal in meinem Leben sah ich einen Menschen sterben. Ein Mensch, der mir mein eigenes Leben geschenkt hatte, der mit meiner eigenen Existenz auf viele Tausend Arten und Weisen verwoben war, sollte aufhören zu existieren. Und obwohl wir vier dort gemeinsam zusammen waren, musste jeder Papas Leben für sich allein loslassen. Meine Schwester hielt seine Hand, Mama seine Füße und ich Papas Kopf.

Ich hörte meine Mutter Worte der Dankbarkeit für ihr gemeinsames Leben wiederholen. Ich hörte uns alle sagen, dass wir ihn lieben. Irgendwann rief meine Mutter: »Du kannst jetzt gehen.« Ich weiß, er hatte sie einmal gebeten, das zu tun, wenn seine Zeit gekommen sein würde. Aus Papas Mund kam ein tiefes Ächzen. Ich sah ihn immer nur an, die ganze Zeit. Dann machte er keine Geräusche mehr.

»Wo bist du jetzt?«, dachte ich, während ich mit einer eigenartigen Faszination seinen erstarrten, offen stehenden Mund betrachtete. »Tot. Tot.«

Der Raum war von einer seltsamen Stimmung, einer Fremdartigkeit erfüllt, die fast schon übersinnlich wirkte. Ich begriff nicht mehr, als dass hier gerade irgendetwas geschehen war, was ich zuvor noch nie erlebt hatte, was meine Realität neu erschaffen hatte. Während ich das mädchenhafte Schluchzen meiner Mutter wahrnahm – ich hatte sie noch nie so hilflos weinen gehört – erhob ich mich und sah meine Beine, die ich nicht mehr richtig zu spüren vermochte, im grellen Licht des Krankenhausgangs auf- und abgehen. Ich wollte einen klaren Gedanken fassen, wollte weinen, handeln, meine Mutter in den Arm nehmen, sie trösten. Stattdessen lief ich immer weiter. Auf und ab. Und auf und ab.

Ich lief am Zimmer des Palliativpflegers vorbei und sah ihn an. Er sah mich auch an, sagte aber nichts. Dann ging ich in die kleine Eckküche der Station und öffnete wahllos Schränke und Schubladen. Ich dachte an nichts, während ich das tat. Ich tat es einfach. Wie lange ich mich dort aufhielt, um in der erdrückenden Stille Küchentüren auf- und zuzumachen, weiß ich nicht mehr. Ich weiß, dass ich mich irgendwann wieder auf dem Flur befand. Dort stand ich und horchte.

Nichts.

Die letzte Ruhe nach dem großen Sturm.

Er war fort. Und mit ihm ging mein Leben, so, wie es bisher gewesen war.

Attacke!

Mein Oberkörper fährt nach oben. Die Brust zugeschnürt.

»Atmen! Atmen!!!«, schreit es in mir, aber nicht aus mir heraus. Ich versuche, irgendwie Sauerstoff in meinen Körper zu bekommen, und schnappe mit meinem Mund nach Luft. Reflexhaft und fast animalisch hört sich das an. Tief nach innen saugen. Nicht ersticken. Ich hole Luft. Ich zittere. Einmal. Zweimal. Dreimal. Ich glaube, ich atme. Atmen. Ruhig. Nicht aufhören zu atmen.

Es ist dunkel in diesem Raum, und ich weiß nicht, wo ich bin. Ich weiß auch nicht, wer ich bin. Wer bin ich? Ist das echt? Panik überkommt mich in Form von Hitzewallungen und kribbelnden Händen, und ich höre, wie ein unkontrolliertes, fast hysterisches Wimmern meinen Mund verlässt, während sich mein Körper erstarrt und paralysiert anfühlt.

»Hey. Hey, Muriel! Alles ist okay«, sagt eine Männerstimme sanft, aber energisch neben mir und tätschelt meine Hand. »Ich bin da. Alles ist gut. Versuch wieder zu schlafen, mein Schatz«, murmelt die Stimme mit dem französischen Akzent neben mir in das dunkle Zimmer hinein. Langsam zu mir kommend, blicke ich in Zeitlupe in Richtung der sanften Männerstimme.

»Okay, okay Muriel, das bin ich«, schießt es mir durch den Kopf. Ich weiß wieder, wer ich bin.

Ich bin Muriel, und ich befinde mich in Berlin.

Die Männerstimme neben mir, das ist mein Freund Mathis. Ich bin in seiner Wohnung, in seinem Bett. Ich schlafe hier seit Wochen. Weil das, was gerade passiert ist, jede Nacht passiert, seitdem Papa gestorben ist. Oder mich überkommt. Und ich mich nicht mehr traue, allein zu schlafen. Am Anfang hat Mathis mich jedes Mal erschrocken in den Arm genommen. Aber jetzt, jetzt kennt er das schon.

Für einige Momente blicke ich in die Dunkelheit. Niemals zuvor hatte ich solche Zustände erlebt. Ich hatte Ängste erlebt, ja. Vor dem Fliegen oder vor Prüfungen oder einem wichtigen beruflichen Treffen. Ängste, die ich eindämmen konnte, über die ich zumindest eine gewisse Kontrolle hatte. Aber das?

Diese Angst ist etwas anderes. Sie ist eine unkontrollierte Kraft, ein Beben, ein düsterer Schrecken, der mir wie aus dem Nichts durch Mark und Bein fährt – und das, während ich schlafe. Und diese Angst, sie ist mit etwas anderem gemischt: Schmerz. Diese Angst muss aus Tiefen kommen, in die ich zuvor noch nie geblickt habe. Sie ist Ohnmacht. Pure Ohnmacht.

Ich lege meine Arme um mich, ganz fest, während ich mich langsam vor- und zurückwiege. Da sitze ich nun, minutenlang, im Schutz meiner eigenen Umarmung und spüre eine tiefe Leere.

»Was ist das nur?«, frage ich kaum hörbar und fast apathisch in den Raum und lasse mich irgendwann erschöpft zurück auf mein Kissen gleiten. Neben mir höre ich ein gleichmäßiges Schnaufen. Mathis ist bereits wieder eingeschlafen. Während ich die Augen schließe und langsam selbst wieder schläfrig werde, zieht es in meinem Herzen. Ich bin einsam. Ich bin so schrecklich einsam.

Jede Nacht, da geht die Welt unter.

Und du, du kommst nie mehr wieder, Papa.

Vom Sinn und Unsinn von Tapferkeitsmedaillen

Mein Vater starb eineinhalb Jahre nach seiner Diagnose im Alter von 57 Jahren an Speiseröhrenkrebs. Und obwohl ich wusste, dass er sterben würde, glaube ich heute, dass ich trotzdem nicht darauf vorbereitet war. Ich konnte nicht darauf vorbereitet sein, ein Elternteil zu verlieren, ganz einfach, weil ich zuvor noch nie ein Elternteil verloren hatte.

Ich bin zu diesem Zeitpunkt 29 Jahre alt, eine erwachsene Frau, die glaubt, diesen schweren Verlust mit Stärke und Willenskraft und viel Rationalität verarbeiten zu können. Ich musste kein Kind beerdigen, mein Vater starb vor mir, das ist der natürliche Lauf der Dinge. Es ist die älteste Geschichte der Welt: Ein Mensch stirbt. Menschen verlieren andere Menschen. So ist das nun einmal. Wer bin ich, dass ich mich davon komplett aus der Bahn werfen lassen würde?

In den ersten Wochen nach Papas Tod bin ich vor allem damit beschäftigt, die Fassade einer tapferen Frau aufrechtzuerhalten, die sich von den Umständen dieser Tragödie nicht in die Knie zwingen lassen will. Ich will nicht melodramatisch sein, will nicht, dass sich mein Leben auf den Kopf stellt, ich will ein funktionierender Teil dieser Gesellschaft sein, und ich will nicht das Gefühl haben, dass man sich rund um die Uhr um mich kümmern muss. Ich will normal sein.

Ich will das, was alle anderen auch wollen: etwas erreichen, etwas leisten, nichts verpassen, vielleicht sogar berühmt werden. Und ich will eine Tapferkeitsmedaille erhalten fürs Emotionenschlucken, fürs Tugendhaftsein. Irgendwie gibt mir diese Welt das Gefühl, dass ich bloß nicht ausscheren soll. Wer es wirklich will, der schafft es auch nach oben und lässt sich auch nicht von den erschütterndsten Erlebnissen von seinem Ziel abbringen. Ich denke an meine Beziehung, an meine gerade beginnende Karriere als Redakteurin und Moderatorin und an all die Dinge, die ich mir im Hinblick darauf noch vorgenommen habe. Wo werde ich landen, wenn ich das jetzt alles schleifen lasse?

»Ich kann das schon, ich muss jetzt stark sein«, sage ich mir gebetsmühlenartig immer wieder, das tat ich auch in der Zeit, als mein Vater zwar noch am Leben war, ihn die Folgen seiner Krankheit aber immer mehr körperlich zeichneten. Ich will nicht wahrhaben, wie sehr auch mich diese Zeit geschwächt hat. Wie sehr die Tatsache, dass sein möglicher Tod ständig, aber unausgesprochen als Drohkulisse über unserer Familie thronte und die Hoffnung auf eine Heilung immer geringer wurde, an mir und meiner eigenen Lebenskraft gesaugt hat. Gleichzeit fühle ich mich schuldig, fürchterlich schuldig, weil ich der Hilflosigkeit über sein Schicksal ausgeliefert war und weiterleben darf, während er am Ende doch sterben musste. Wie konnte ich einfach so weitermachen, während er wusste, dass ihm nur noch wenig Zeit blieb?

Ich bin an einem Punkt in meinem Leben, in dem es um die Erfüllung meiner Träume geht und ich die Möglichkeit habe, die Weichen dafür zu stellen. Ständig versuche ich, die Balance zu halten, zwischen zwei Welten, denen es immer schwieriger fällt, nicht ineinander zu verschmelzen: Im Außen bastle ich an meiner Karriere, drehe, werde auf Castings eingeladen. Ich will gute Arbeit abliefern. Ich will smart, hübsch und selbstbewusst wirken.

In mir spielt sich aber immer der gleiche Horrorfilm ab: Papa verliert seine braunen Locken. Papa kotzt. Papa wandert nachts durch die Wohnung und hat Angst. Papa am Atemgerät. Papa im Rollstuhl. Papa beugt sich zu Mama und sagt leise: »Das ist mein letzter Frühling.«

Wo bleibt die University of Life, wenn man sie braucht? Nach eineinhalb Jahren Krebszeit, die unsere gesamte Familie befallen hat, bin auch ich bis in die kleinste Zelle meines Körpers ermüdet vom Terror dieser Bilder – und dem Aufrechterhalten einer Fassade. Nein, ich habe nicht das Gefühl, dass ich diese Bilder einfach so teilen kann. Dass es in dieser Gesellschaft viel Platz gibt für das Thema Sterben.

Als Papa dann tot war, dachte ich, ich könnte irgendwie weitermachen, ohne den großen Knall zu spüren.

Ich will der Trauer nicht zu viel Raum geben, sie macht mir Angst, ihre Rohheit bedroht mich und meine Pläne für mein Leben. Ich bin nicht mehr stark, will es aber zumindest so aussehen lassen. Aber die Kraftreserven, die ich aufbringen muss, um das Kartenhaus nicht einstürzen zu lassen, sind schon bald aufgebraucht …

Vier Wochen später –
Der Absteiger der Woche

»Das sind die Aufsteiger der Woche«. Ich wiederhole die Überschrift des Posts, zu dem ich gerade in meinem Facebook-Feed gescrollt bin, in kaum hörbarer Lautstärke. Auf dem Foto zum Artikel eines Onlinemagazins, das jede Woche Köpfe und Unternehmen der Digitalbranche als besonders erfolgreich und somit als Aufsteiger kürt, ist eine hübsche, langhaarige Brünette zu sehen. Sie lächelt mit weißen Zähnen vor einem weißen Fotostudiohintergrund, ihren Kopf und die Augen direkt in die Kamera gerichtet. Die Aufsteigerin der Woche hat vor nichts Angst, das sieht man gleich. Ihr Blick sagt so etwas wie »Ich bin ein proaktiver High-Achiever mit echten Core-Values, der seinem Unternehmen die passende Rendite einfahren wird.« Oder vielleicht auch einfach nur: »Yay, yay, yay!« Die langhaarige Brünette mit dem kessen Lächeln trägt Perlenohrringe und eine perfekt gebügelte hellblaue Bluse über einem – mit Sicherheit – perfekt gereinigten dunkelblauen Blazer. Mit diesem Look würde sie jeden Contest zur Mrs.-Klischee-Unternehmensberaterin gewinnen. Die Aufsteigerin bietet keinerlei Angriffsfläche, außer vielleicht der, dass sie keinerlei Angriffsfläche bietet.

»Du tust Menschen unrecht und bist eine zynische Kuh«, denke ich mir noch, mühe mich aber dann trotzdem nicht ab zu erfahren, für welche Leistungen die Dame ihren Titel erhalten hat. Stattdessen quäle ich mich hoch in Richtung Spiegel. Beim Aufstehen wird mir wie immer schwarz vor Augen – und schon geübt darin, mich trotzdem weiter auf den Beinen zu halten, laufe ich die fünf Schritte in Richtung meines Ziels, ohne eigentlich zu wissen, warum ich es überhaupt zu meinem Ziel gemacht habe. Als Kind habe ich einmal gesehen, wie einem Huhn der Kopf abgehackt wurde. Und fand es erstaunlich und zugleich zum Gruseln, wie das Huhn immer weiterlief, ohne Kopf und ohne Ziel und Richtung. Bis es irgendwann umfiel und sich nicht mehr bewegte. Warum habe ich immerzu das Bild dieses verdammten Huhns vor Augen?

Eine andere langhaarige Brünette steht da nun vor dem Spiegel. Wie eine Gewinnerin sehe ich nicht gerade aus. Der Händedruck der Aufsteigerin würde mich in diesem Moment wahrscheinlich sofort zu Boden zwingen. Statt einer hellblauen Businessbluse trage ich Unterwäsche, die natürlich nicht zusammenpasst. Darüber meinen – immerhin auch hellblauen – Lieblings-Billigkimono, den mir meine Stewardess-Freundin Kathrin aus China mitgebracht hat und dessen Gürtel ich immer irgendwo verliere und dann nicht suche, weil es mir eigentlich auch egal ist, ob mein Lieblings-Billigkimono offen steht. Geschweige denn, wie ich im Allgemeinen aussehe. Außer ich habe eine schlechte Pizza bestellt, was sowieso nur noch selten passiert, da ich eigentlich nie Hunger habe. Ich bin sehr eitel, nicht gerade eine Eigenschaft, auf die ich stolz bin. Aber an meiner noch oder nicht mehr vorhandenen Eitelkeit kann ich zumindest festmachen, wie es um mich steht. Solange es mir noch nicht ganz egal ist, ob ich dem Pizzaboten nicht mehr ganz frisch riechend und in hässlicher Unterwäsche die Tür öffne, gibt es auch noch etwas Lebenskraft. Gerade würde ich zumindest versuchen, den Billigkimono lose zusammenzuhalten.

Meine Haare sind dennoch ungekämmt, meine Haut blass, und ein seltsam regungsloses Paar brauner Augen starrt durch mich hindurch. Ich sehe aus wie nach einer langen und durchzechten Partynacht, nur ohne Reste von Wimperntusche unter den Augen und auch ohne einen versöhnlichen Gesichtsausdruck, der verrät, dass der Qual erst Freuden vorausgegangen sind. Eine sich Quälende ohne Freuden. Das bin ich.

Ich glaube, ich habe länger nicht geduscht. Nein, ich weiß natürlich, dass ich länger nicht geduscht habe. Ich stelle mir vor, meine bleiernen Beine ins Badezimmer tragen zu müssen und mit meinen bleiernen Armen eine Shampooflasche zu öffnen, deren Inhalt ich dann auch noch mit meinen bleiernen Fingern auf meinem langsam arbeitenden Kopf verteilen muss. Urgh. Das Wasser auf meiner Haut wird sich nicht wohltuend, sondern wieder wie ein fast schmerzhafter Reiz anfühlen, weil mein Körper vom ganzen Liegen so seltsam taub geworden ist. Beim Gedanken daran, welche Energie mich das anschließende Abtrocknen und die Tatsache, dass ich mich bücken müsste, um aus meinem Schrank neue Unterwäsche zu suchen, kosten würde, steige ich aus. Ich könnte nach dem Duschen auch ganz schnell nackt und nass ins Bett rennen, denke ich. Dort würde ich dann von allein trocknen, während ich im warmen Schutz meiner Bettdecke langsam wieder einschlafe.

Der Gedanke an einen ruhigen Schlaf hat in den vergangenen Wochen wohl das einzig wohltuende Gefühl in mir ausgelöst. Wenn das Aufwachen nur nicht so schrecklich wäre.

Ich stehe immer noch wie angewurzelt vor dem Spiegel und erkenne, dass das Letzte, was mir gerade möglich ist, die Tatsache ist, nackt und nass ins Bett zu laufen. Und schon gar nicht schnell. Dazu müsste ich erst einmal einen Grund finden, warum ich mich überhaupt waschen sollte. Ich müsste einen Grund finden, warum irgendeine Handlung gerade überhaupt Sinn ergeben würde. Die Person, die mir da entgegenblickt, ist mir fremd, ich fühle mich ihr noch nicht wirklich nahe, und ich kann sie auch noch nicht wirklich verstehen.

Zwischen mir und ihr liegt die Erinnerung an eine andere Welt, die erst vor Kurzem endete. Die Welt von früher.

Früher, da konnte diese Person noch arbeiten und lachen und schlaue Sachen sagen, und außerdem duschte sie zweimal am Tag. Früher, da war sie vielleicht ein »Achiever«, so wie die Aufsteigerin. Was auch immer das bedeuten mag. Früher, da sagte man ihr, dass sie alles besäße, was ein neues TV-Talent so braucht: Witz und Charme und eine schöne Stimme. Auch ein hübsches Gesicht und die Gabe, ganz lange Schachtelsätze verständlich zu präsentieren. Und gute Fragen zu stellen. Früher war ihr wichtig, dass man ihr das gesagt hat.

Nur die, die das früher gesagt haben, haben sich auch schon lange nicht mehr gemeldet. Jetzt ist sie nicht mehr so wie früher, jetzt ist sie seit drei Wochen krankgeschrieben und sitzt die meiste Zeit in ihrer Wohnung, genau genommen liegt sie dort. Wegen der komischen Zustände, die sie in der Redaktion bekam und für die sie sich fürchterlich schämt. Weil plötzlich alles in Zeitlupe ablief und die Szenen vor ihr nicht mehr echt wirkten und sie nicht mehr atmen konnte und dachte, sie wäre verrückt geworden. Und sie aus dem Büro ins Grüne stürmte – wie ein Huhn ohne Kopf und ohne Ziel – und ihrem verwirrten Kollegen, der gerade rauchte, zurief, sie glaube, sie müsse sterben. Und weil alle sehen konnten, wie der Krankenwagen kam. Und hörten, wie die Sanitäter sagten, dass sie gar nichts habe. »Sie sind janz jesund, junge Dame. Vielleicht wat Psychisches.«

Und sie im Arm der Personalchefin lag und sich plötzlich all die ungeweinten Tränen und Unmengen an Rotz unkontrolliert ihren Weg suchten, und es schwer verständlich aus ihr herausgeplatzte: »Mein Papa. Es tut so weh. Mein Papa ist tot.«

Was keiner weiß, ist, dass sich dieser Moment wie eine schreckliche Niederlage anfühlte: Denn plötzlich wurde ich zu dieser Person, die mir jetzt im Spiegel entgegenblickt – eine ganz schrecklich schwache Frau. Die nichts mehr wollte, als stark und normal zu sein und genauso leistungsfähig wie alle anderen. Die plötzlich anders war, weil es ihr nicht möglich war, so weiterzumachen wie bisher. Und weil sich die Trauer ihren Weg sucht. Immer.

Ich bin unfähig, Teil dieser funktionierenden Welt zu sein, in der keiner über den Tod reden will – oder es vielleicht will, aber sich nicht traut. Weil der Tod und das Sterben und dieser unsagbar unerträgliche Schmerz über den Verlust zeigen, wie fürchterlich verwundbar und fragil unser Leben doch ist. Und keiner die existenziellsten Fragen des Lebens, die ich mir auf einmal stelle, hören will. Weil sie uns aus unserem fest gestrickten Sicherheitsnetz herausmanövrieren könnten. Nein, wir vielleicht sogar entdecken würden, dass unser fest gestricktes Sicherheitsnetz eine Imagination ist. Weil wir vielleicht begreifen würden, wie banal es doch ist, eine Aufsteigerin der Woche zu sein. Und wir trotzdem alles Recht der Welt haben, Banalitäten Wert zu verleihen, weil das Leben vielleicht schlichtweg ganz banal ist. Und das ganze Problem eigentlich ist, dass ich nicht mehr damit klarkomme.

Einer flog übers Kuckucksnest

»Wann traten diese Attacken das erste Mal auf?«, fragt mich der Mann auf der gegenüberliegenden Seite des Raumes in zackigem Ton. Uns trennt ein überdimensional großer orientalischer Teppich und ein Altersunterschied von 40 Jahren. In seiner Hand hält er einen Notizblock und einen Stift, der bereit zu sein scheint, meine psychischen Leiden zu Papier zu bringen.

Der alte Mann blickt mich mit einer Mischung aus väterlicher Fürsorge und angestrengter Erwartung an. Es ist Freitagmittag, und die Sprechstundenhilfe sagte mir bereits am Telefon, dass ich nur schnell und auch nur ausnahmsweise ohne Termin vorbeikommen könne. Mathis sagte mir, ich solle mir Hilfe suchen. Ich weiß, dass ich ihn überfordere, also habe ich angerufen und bin hierher gekommen.

Im Wartezimmer saß außer mir noch eine andere Frau. Verrückt sah sie nicht aus, sie strahlte sogar eher eine gleichmütige Freundlichkeit aus. Wahrscheinlich schon medikamentös eingestellt. »Uff, hör auf, so zynisch zu sein!«, fahre ich mich selbst an. Aber ich weiß auch nicht wirklich, wie ich dieser Situation gerade anders begegnen soll.

»Haaaallo, hören Sie mir zu?«, fragt mich der Psychiater und macht diese Scheibenwischergeste.

»Ja, ähm«, sage ich und räuspere mich. »Als ich das erste Mal geschlafen habe, nachdem, na ja, nachdem mein Vater gestorben war. Vor fünf Wochen.«

»Mmhh«, summt der Psychiater. »Und Sie haben das seitdem jede Nacht?«

»Fast jede. Und tagsüber, da … da bekomme ich so seltsame Zustände. Ich habe das Gefühl, dass sich meine … also ich fühle mich so, als ob sich meine Realität verschiebt. Das ist etwas seltsam. Alles läuft auf einmal viel langsamer ab, und ich bekomme dann so ein Kribbeln im Körper und große Angst. Weil ich glaube, ich sterbe jetzt oder ich werde verrückt. Ich bin aber nicht verrückt, ich hoffe es zumindest. Das ist mir auch in der Arbeit passiert, und deshalb kann ich auch nicht mehr dorthin … gerade.«

Ich höre mir selbst beim Reden zu. Wie soll ich das denn erklären? Wie soll ich erklären, wie das ist, wenn man nicht mehr man selbst ist. Von heute auf morgen. Warum fühlt es sich so an, als sei ich hier bei mir in meiner eigenen Welt und er dort drüben in einer ganz anderen? Ich fühle mich wie in einem Tunnel, der viel zu eng und viel zu dunkel ist und mir diese Beschaffenheit nur erlaubt, mich Schritt für Schritt langsam zum nächsten Punkt vorzutasten. Sogar das Reden strengt mich an.

Der Psychiater sieht mich ernst an. »Na, ein Elternteil zu verlieren, ist ein großer Einschnitt in das Leben eines Menschen, nicht? Da kann man schon einmal Depressionen oder eine Panikstörung bekommen«, sagt er ein bisschen weniger zackig.

Ich fühle mich erkannt und abgestempelt zugleich.

»Und, was kann ich nun für sie tun?«, fragt er und betont dabei »ich« besonders.

Verdammt, ich weiß nicht, was ich ihm sagen kann. Am liebsten würde ich ihn fragen, ob er es nicht einfach wegmachen könnte, sage aber stattdessen erst einmal nichts.

»Glauben Sie, dass ich wieder normal werde?«

Der Psychiater lächelt jetzt ein wenig aufmunternd. »Bestimmt«, sagt er. »Aber wir sollten Sie ihm Auge behalten. Ich gebe Ihnen erst einmal Notfallmedikamente mit. Sie nennen sich Tavor und sind ein Beruhigungsmittel.«

»Ich will keine Medikamente. Ich will das nicht«, schießt es aus mir heraus. Ich bin wütend über seinen Vorschlag. Tabletten gegen seelischen Schmerz, mir kommt das falsch vor. Außerdem habe ich das Gefühl, dass die Einnahme von Medikamenten ein Eingeständnis ist, dass ich nicht mehr richtig klarkomme. Obwohl ich natürlich eigentlich weiß, dass ich nicht mehr richtig klarkomme. Der Psychiater nickt. »Na, sie müssen Sie ja nicht nehmen. Es sind auch nur ein paar, denn die können abhängig machen. Also gilt hier sowieso: Vorsicht, Vorsicht!« Er wackelt mit dem Zeigefinger. »Manchmal hilft es schon, sie in der Tasche zu haben.«

Nun nicke ich auch. Okay, für den Notfall. Ich atme tief durch.

»Wir sehen uns nächste Woche wieder, bitte machen Sie einen Termin aus«, sagt er und erhebt sich. Ich gehe mit ihm zur Tür. Wir bleiben kurz stehen, und er sieht mir in die Augen.

»Es wird besser«, sagt er und gibt mir zackig die Hand. »Trauer braucht viel Zeit, und es schmerzt erst einmal lange.«

»Danke«, sage ich und bin überrascht davon, dass mich seine Worte ein wenig erwärmen.

Ich betrete die Straße mit meinen Notfallmedikamenten in der Tasche und fühle mich ein bisschen sicherer in dieser Welt. Aber ich glaube nicht, dass es an den Medikamenten liegt. Es liegt an den letzten Worten des Psychiaters.

»Seltsam«, denke ich. »Immer wenn jemand Verständnis dafür zeigt, was ich fühle, hilft das. Ich glaube, es ist das Spiegeln, das Verstehen, das Würdigen. Es erschafft eine Verbindung, die wie ein heilender Balsam auf meinen Zustand wirkt und mich für einen Moment Geborgenheit spüren lässt.«

Ich bin zu viel.
Viel zu viel zu viel.

»Mein Beileid«, schreiben sie und »Mein tiefes Mitgefühl«. Manchmal sagen sie auch »Meine tiefe Anteilnahme«. Dann schreiben sie, dann sagen sie nichts mehr. »Danke«, antworte ich dann und spüre nicht viel. Meine Schulfreundin schreibt mir, dass gerade nichts meinen Schmerz wegmachen kann. Und sie mir Kraft zum Atmen wünscht, zum Ertragen. Und ich weine dann, weil sie sich die Zeit genommen hat, mir ein paar persönliche Zeilen zu schreiben.

Ich spüre, dass sich viele mein altes Ich zurückwünschen. »Du kannst dich doch glücklich schätzen«, sagen sie. »Immerhin hattest du deinen Vater fast 30 Jahre. Andere verlieren ihre Eltern im Kindesalter. Was meinst du, wie schlimm das ist? Sei dankbar dafür.«

»Ja«, antworte ich dann und fühle nichts, außer der Scham, dass ich mich nicht glücklich schätze. Ich hatte meinen Vater fast 30 Jahre, das ist wahr. Ich sollte mich glücklich schätzen. Und dann traue ich mich nicht mehr zu sagen, dass Papa doch noch nicht einmal 60 war und ich das Gefühl habe, dass mir 20 Jahre geraubt worden sind. Und ich noch so viel mit ihm erleben wollte. Dass ich mir manchmal ganz fest auf die Lippe beiße, wenn ich im Café sitze und junge Frauen mit ihren Eltern vorbeilaufen sehe. Beide Elternteile. Und sehe, dass sie ihr Enkelkind anlächeln, das sie stolz auf ein Dreirad gesetzt haben. Und ich dann nur will, dass ich das einmal, nur ein einziges Mal erleben darf. Ich denke daran, dass ich sehen wollte, wie Papa graue Haare bekommt und alt wird. Und ich doch noch einmal Urlaub mit ihm machen wollte, nur er und ich.

»Immerhin konntest du dich verabschieden. Andere können das nicht. Was meinst du, wie schlimm das ist?«, sagen sie.

»Ja«, antworte ich dann und denke an all die Schläuche und Papas Kotzen und dass er nicht mehr laufen konnte – und an seine letzten Atemzüge. Und es brennt im Herzen, und ich wünsche manchmal, ich hätte das nicht gesehen.

»Dein Vater hätte nicht gewollt, dass du so traurig bist«, sagen sie.

»Ja«, antworte ich dann, und die Scham wächst weiter. Sie wächst ins Unermessliche. Weil sogar Papa sauer auf mich wäre, würde er mich so traurig sehen.

Ich werde mit dem Traurigsein aufhören, wirklich. Für euch, damit ihr endlich Ruhe habt von meiner Jammerei und meinen hängenden Mundwinkeln oder von meiner für euch furchtbar öden Apathie. Ihr ertragt es kaum, ich merke das. Irgendwie scheitere ich nur immer wieder daran, ich schaffe es nicht, tapfer zu sein. Das Vermissen hört nicht auf.

Mein Wunsch, im Bett liegen zu bleiben, ist oft immer noch größer, als der, mich mit irgendjemandem oder irgendetwas auseinanderzusetzen. Ich will nur warten. Warten und heil werden.

Ständig und überall treffe ich auf jene, die mir sagen, ich solle anders fühlen, als ich es tue. Und fühle mich aufgrund meiner Emotionen, die ich nur schwer kontrollieren kann, wie ein undankbarer Rabenmensch.

Ich bin dann wütend – in erster Linie auf mich. Und dann auf alles andere.

»Jetzt komm, du musst mal wieder raus. Freitagabend gehen wir in eine Bar«, sagen sie.

»Du musst«, antworte ich mir selbst. Und gehe mit in die Bar, die laut ist, viel zu laut und anstrengend. Und eigentlich wollte ich auch diesen Freitag wieder nur heiße Milch mit Honig trinken und Menschen bei mir haben, einen oder zwei, die irgendwo in meiner Nähe sitzen, einen Kokon um mein aufgeriebenes Herz und meine müden Knochen spinnen. Und dann sage ich: »Schon okay, ich schaffe das mit der Bar.« Weil es ja keiner aushält, wenn ich sage, dass ich es nicht aushalte. Niemand will mich als heulenden Tropf mit dabeihaben, versteht ihr? Und dann gehe ich aufs Klo. Weine. Und wische die Tränen weg und sehe die Blicke, wenn ich wieder an den Tisch komme.

»Hey, das wird schon wieder«, sagen sie dann. Ich will aber nicht, dass es wieder wird, denke ich dann. Ich will meinen Papa zurückhaben. Ich will nur das. Ich will nichts anderes. Ich will doch nur meinen Papa zurück. Und ich lächle gequält. Und sage dann leise: »Schon okay.«

Was für ein Druck das Tapfer-sein-Müssen sein kann.

»Komm schon, jeder hat sein Päckchen zu tragen. Andere verlieren ihre Kinder. Stell dir mal vor, wie schlimm das ist«, sagen sie.

Sie stammeln irgendein Zeug für mich. Und dann laufe ich nach Hause, und ich fühle mich so einsam und gemein, weil ich doch nicht will, dass andere ihre Kinder verlieren, und ich doch weiß, wie schlimm das bestimmt ist. Und ich trotzdem meine tief schürfende Traurigkeit nicht wegzaubern kann, auch wenn andere ihre Kinder verlieren.

Manchmal wünsche ich mir, einer von euch würde mir schreiben, dass er sich Freitagabend zu mir aufs Sofa legt. Ohne dass ich reden muss, mich erklären. Nur liegen. Und wenn ich dann doch Worte finde, Worte über dieses fürchterliche Brennen in meiner Brust, dann hört mir dieser Mensch einfach zu. Er bietet mir keine Lösung an. Er weiß, dass ich das nicht wegmachen kann. Und er auch nicht.

»Melde dich, wenn du etwas brauchst«, sagen sie. Aber wie soll ich das tun, wenn ich doch selbst manchmal gar nicht weiß, was ich brauche? Ich weiß doch nicht mal, wie ich das schaffen soll, so ohne Kraft.

Ruft mich an, bitte. Und wenn ich nicht abhebe, dann kommt doch mal vorbei und küsst mir die Stirn und kocht mir einen Tee und seid da. Und wenn ich unwirsch reagiere, dann seid mir bitte nicht böse. Ich bin nämlich ziemlich verloren gerade.

Und ich brauche euch, manchmal. Bitte haltet mich aus. Manchmal, nur für ein paar Stunden. Ich weiß, dass es nicht leicht ist. Weil ihr keine Antwort habt auf all das – und trotzdem Antworten gebt, weil ihr denkt, das muss so sein. Ich nehme euch das nicht übel.

Haltet mich nur ein bisschen aus, bitte. Und irgendwann, wenn ihr dann in eine Situation kommt, in der man euch aushalten muss, auch wenn es schwer ist, dann werde ich kommen und eure Stirn küssen und mich zu euch legen und euch einen Tee kochen. Und ich werde eure Hand nehmen und euch sagen, dass ich die Antwort auch nicht weiß, aber dass ich trotzdem für ein paar Stunden bleibe. Weil es nur ums Aushalten geht. Zusammen.

Ich bin zu viel. Viel zu viel zu viel.

Was weiß ich schon von dir?

Als ich an diesem sonnigen Tag nach Hause laufe und die blühenden Bäume des Frühsommers betrachte, denke ich an einen Spaziergang mit Papa.

»Weißt du, wenn man so krank ist wie ich, saugt man das, was man sieht, förmlich auf«, sagte er damals und blickte in die Schneelandschaft. »Ja«, antwortete ich nur und konnte nicht mehr dazu sagen, weil ich ja nicht wusste, wie es war, wenn man so krank ist. Ich wusste nur, dass es wehtat, das zu hören. Weil ich ihm seine Krankheit nicht abnehmen konnte und ich mich so furchtbar hilflos fühlte.

Später gingen wir gemeinsam in eine Kirche, und Mama und ich zündeten eine Kerze für ihn an. Er war nicht religiös, aber Papa war trotzdem gern in Kirchen. Wir setzten uns auf eine der Bänke, und ich streichelte über sein Gesicht. Mathis, der immer mit seiner Kamera unterwegs war, schoss von diesem Moment ein Bild. Ich sehe Papa ganz liebevoll an, und Papa blickt zu Boden. Ich habe das Foto an meinen Spiegel geheftet.

Papa und ich hatten ein seltsames Verhältnis. Er blieb immer ein Mysterium für mich. Er war ein charmanter Mann, gut aussehend, groß und schlau. Ein Mensch, der mit seiner Präsenz Räume ausfüllte, den alle Menschen mochten und der immer etwas Sinnvolles zu sagen hatte. Ich nannte ihn »das wandelnde Lexikon«. Bei »Wer wird Millionär?« wusste er fast immer die richtige Antwort, und er konnte bei Ausflügen stundenlang über die Geschichte der historischen Bauwerke erzählen, ob man es hören wollte oder nicht. Papa konnte alles reparieren, wirklich alles.

Als Kinder gingen wir oft mit ihm in den Wald und sammelten Pilze. Er wusste natürlich immer, welche Sorte wir da gerade gefunden hatten, und wenn nicht, sah er in seinem schlauen Pilzbuch nach. Auf Papa war Verlass. Er liebte die Natur, und ich empfand ihn dort immer am ausgeglichensten. Meine Freunde zu

Teenagerzeiten liebten ihn, auch weil sie ihr Marihuana in unserem Garten anbauen durften. »Dein Vater ist der Coolste«, sagten sie immer. Ein versonnenes »Ja« antwortete ich daraufhin und verstummte, so wie ich es immer tue, wenn etwas schmerzt, ich es aber nicht zugeben will.

Denn das Leben mit ihm als Vater war nicht immer leicht. Es war eigentlich sehr oft nicht leicht. Er war trotz seines unermüdlichen Einsatzes, wenn es darum ging, seine Familie zu versorgen und ihr praktisch zur Seite zu stehen, auch ein Getriebener: ruhelos und ausweichend, manchmal cholerisch, wenn es emotional wurde. Als würde er es abwehren wollen, dass man in ihn hineinblicken konnte. Er arbeitete immer viel, und ich habe manchmal das Gefühl, dass ich ihn nie wirklich kennengelernt hatte. Väter fehlen oft, auch wenn sie da sind.

Ich setze mich auf eine Parkbank, das Laufen macht mich schnell müde. Ich komme mir eingeschränkt vor. Es ist, als ob die Schwere meines Herzens auch auf meinen Körper übergegriffen hätte.

Ich stelle mir vor, wie er als junger Mann, der gut und gern malte, in den Berliner Bars saß und trank und feierte und Geschichten erzählte und nicht richtig wusste, wer er war. Er hatte lange Haare und oft französische Freundinnen, deshalb sprach er ganz gut Französisch. Einmal spielte er in einer Szene in einem feministischen Film, der »Der subjektive Faktor« hieß, mit. Bis heute habe ich sie nicht gesehen. Momentan kann ich sowieso keine Bilder von Papa sehen. Ich halte es nicht aus, ohne bitterlich zu weinen. Ich frage mich, ob ich wusste, wer er war, wenn er selbst nicht wusste, wer er war. Was wusste ich eigentlich über ihn?

Er war der Sohn einer Affäre der 50er-Jahre. Ein uneheliches Kind. Damals war das eine Schande. Seine Mutter gab ihn die ersten Jahre zu ihren Eltern an den Schliersee. Das waren seine Worte. Sie »gab ihn dorthin«, während sie in München als Dolmetscherin arbeitete. Sie sollte einen neuen Mann finden, glaube ich. Und das war leichter ohne Kind. Zumindest sollte die Tatsache, dass sie ein Kind mit einem Mann gezeugt hatte, den sie in einer Bar kennengelernt hatte, vertuscht werden.

Seine Großmutter war eine stämmige, mütterliche Frau aus einer Hamburger Seemannsfamilie, sie trug oft einen Dutt und bayerische Trachten. Sein Großvater war ein Ingenieur aus Potsdam, er hatte meines Erachtens wirklich die buschigsten Augenbrauen der Welt und war zur damaligen Zeit Chefkonstrukteur bei BMW. Ein Mann, der viel geleistet hat. Zumindest habe ich das in seinem Wikipedia-Eintrag gelesen. Dort in den Bergen lebte mein Vater also in einer Villa mit Schwimmbad, hatte ein Kindermädchen, es gab einen Familienhund und viel Liebe. Von dieser Zeit sprach mein Vater gern.

Seine Mutter blieb eine Besucherin. Irgendwann besuchte sie ihn nicht mehr allein, sondern mit einem Mann. Das sei sein Vater, hatte man ihm gesagt. Dass er das nie heimlich infrage gestellt hat, glaube ich bis heute nicht wirklich.

Und so heiratete meine Großmutter, die ich selbst nie kennengelernt habe, da sie wie mein Vater mit 57 Jahren starb, diesen Mann. Und mein Vater wurde nach München geholt, in eine piefige Mietswohnung, und verweigerte die ersten Wochen aus Kummer um den Verlust seines bisherigen Lebens das Essen. Seine Mutter bekam zwei Kinder mit diesem Mann, der jetzt der Vater meines Vaters war. Ein Ingenieur aus Schlesien, den sie in ihrer Arbeitsstelle kennengelernt hatte. Er war ganz in Ordnung, aber katholisch und streng, und irgendwie war er immer etwas verklemmt. Meine Großmutter arbeitete dann nicht mehr, dafür trank sie. Immer mehr. Und mein Vater zog irgendwann als Jugendlicher in den Keller, wo er ein kleines Zimmerchen bewohnte. Dort hörte er gern Pink Floyd und kiffte zu viel. Manchmal nahm er mit seinen Freunden auch LSD. »Ich fühlte mich halt nie so richtig dazugehörig«, sagte er. Einmal wurde er von der Polizei festgenommen und einige Tage festgehalten, weil man ihn fälschlicherweise verdächtigt hatte, seine Schule angezündet zu haben. »Das war schon hart«, kommentierte Papa, und ich musste bei dieser Geschichte als Kind oft lachen, denn die BILD-Zeitung schrieb damals über ihn, und ich mochte meinen Vater in der Rolle des Verbrechers. Eigentlich hätte ich es noch besser gefunden, mein Vater hätte seine Schule tatsächlich angezündet. Heute finde ich es weniger lustig, wenn ein Jugendlicher, ohne einmal von seinen Eltern kontaktiert zu werden, tagelang unschuldig in Untersuchungshaft sitzt.

Am wenigsten lustig fand ich den Moment, in dem Papa abermals festgenommen worden war, weil er mit seinen Freunden ein Auto aufgeknackt hatte. Seine Mutter kam ins Präsidium, und auf die Routinefrage, ob der Ingenieur aus Schlesien der Erzeuger meines Vaters sei, verneinte sie diese – ohne weitere Erklärung. So erfuhr mein Vater von seiner Herkunft.

Seinen leiblichen Vater traf er mit Anfang 20, und sie hielten einige Zeit Kontakt. Eine richtige Vater-Sohn-Beziehung kam aber nicht zustande, und ich vermute, der Grund, warum mein Vater irgendwann Jura studierte, hatte mit der Tatsache zu tun, dass sein leiblicher Vater Staatsanwalt war. Dieser suchte den Kontakt zu Papa viele Jahre später wieder – und so traf auch ich ihn einige Male. Eng wurde die Beziehung nie. Zu seiner Beerdigung reisten wir trotzdem. Dort lernte mein Vater seine kleine Schwester, das andere Kind seines leiblichen Vaters, kennen, die er zwar schon einmal gesehen hatte, als sie noch ein Kind war, ihr aber nicht sagen durfte, dass er ihr Bruder ist. Bis zuletzt waren sie eng miteinander verbunden.

Wie eine Seifenoper hört sich das an, denke ich. Das Leben meines Vaters war lange eine ganz schön dramatische Seifenoper.

Mit 26 traf mein Vater meine Mutter, nicht in einer Berliner Bar, sondern im Auto einer Mitfahrgelegenheit, an dessen Steuer der beste Freund meines Vaters saß. Meine Mutter war vier Jahre älter als mein Vater und hatte bereits eine zehnjährige Tochter. Sie war eine schöne Fotografin mit blonden Locken und hellblauen Augen, die im damaligen Berliner Szenebezirk rund um den Schöneberger Winterfeldplatz einen Fotoladen betrieb. Sie verliebten sich Hals über Kopf ineinander, obwohl meine Mutter gerade die Rückfahrt von ihrer eigenen Hochzeitsfeier angetreten hatte. Tja, Rock 'n' Roll.

Meine Mutter ließ sich für meinen Vater scheiden, heiratete ihn, und sie bekamen ein Wunschkind, eine Tochter. Gemeinsam arbeiteten sie im Laden meiner Mutter, während mein Vater trotzdem versuchte, sein Jurastudium auf die Reihe zu bekommen.

»Die schönste Zeit eigentlich. Es war sehr harmonisch«, erinnert sich meine zwölf Jahre ältere Halbschwester. Bis meine Mutter ein Jahr später noch einmal schwanger wurde. Mit mir. Papa wollte das nicht wirklich. Und er gab ihr das auch zu verstehen. Aber meine Mutter war von der Idee angetan, Berlin zu verlassen und ein neues Leben im ländlichen Bayern zu beginnen. Er stimmte zu. Nicht gern, glaube ich. Und er hat diesen plötzlichen Wandel in seinem Leben auch nie wirklich überwunden. Das vermute ich zumindest. Zunächst führte er sein Jurastudium weiter und begann zeitgleich, auf dem Bau zu arbeiten. Das Geld war knapp, und so gab er sein Studium irgendwann auf und gründete seine eigene Baufirma. Die lief gut, sie bekamen einige Jahre später eine weiteres Kind. Er malte nicht mehr. Papa wurde zum Arbeitstier und Vater von vier Töchtern. Und zu der Person, mit der ich aufgewachsen bin.

Ich blicke zu den spielenden Kindern im Park, stoße einen tiefen Seufzer aus und halte meine Hand ins Sonnenlicht.

Das weiß ich von Papas Geschichte. Eine Aneinanderreihung von Erlebnissen. Natürlich habe ich Tausende Erinnerungen an ihn. Viele Tausend schöne Erinnerungen. Erinnerungen, die mir wertvoll sind. Ich weiß eben nur nicht viel über das, was in ihm wirklich vorging. Ich weiß nicht, ob mein Gefühl, dass ich besonders um seine Liebe kämpfen musste, weil ich der Grund war, dass er sein Stadtleben hatte aufgeben müssen, real war – mein Gefühl, dass zwischen uns der stille Vorwurf stand, dass sein Leben glücklicher verlaufen wäre, hätte es mich nicht gegeben.

Warum hatte ich es nicht noch einmal angesprochen, bevor er starb? Er war doch mein Vater, ich hätte ihn fragen können. Ich weiß nicht wirklich, was seine tiefsten Wünsche und Ängste waren. Seine Träume und seine Schatten. Ich habe den Menschen hinter der Figur meines Vaters nicht ergründen können.

»Vielleicht sind meine Attacken ein Bündel aus all den ungelösten Fragen, die sich nachts aus meinem Unterbewusstsein ihren Weg suchen«, denke ich plötzlich.

Mir laufen Tränen über die Wangen. Immer mehr. Die Welt vor mir verschwimmt, und ich glaube zu erahnen, dass ich nicht nur betrauere, was ich mit ihm erlebt habe. Sondern auch, was ich nicht erlebt habe, was wir nicht erleben konnten. Und nie mehr die Chance erhalten werden, es zu erleben. Mein Wunsch nach diesen Erlebnissen wird für den Rest meines Lebens unerfüllt bleiben. Und das ist so fürchterlich gemein.

Papa ist nun acht Wochen tot – Leer getrunkene Tassen

Mathis und ich sind weggefahren. Zu seiner Familie nach Südfrankreich. Einfach mal Abstand nehmen von der ganzen Schwere zu Hause. Die Attacken bekomme ich nachts immer noch.

Ich liebe das warme Licht hier, und ich liebe die Behutsamkeit, mit der Mathis' französisch-kreolische Großfamilie an mich herantritt. Vielleicht auch, weil sie wissen, was ich fühle.

Seine Großmutter, die ich ebenfalls liebevoll »Mamie«, also »Omi« nenne, ist eine kleine Frau mit kurzen weißen Haaren und großen strahlenden Augen. Sie hat vor vielen Jahren ihre Tochter verloren, Mathis' Tante. Von da an sind deren beiden Kinder bei Mamie und ihrem Mann aufgewachsen. Auch er starb letztes Jahr. Mamie strahlt trotzdem eine unermüdliche Lebensfreude aus. Ich wünschte mir, ich wäre eines Tages wie sie. Ich fühle mich ihr nahe, denn sie kennt die Tragik auch, die man fühlt, wenn ein Mensch viel zu früh stirbt. Ich schäme mich dann nicht so, wenn ich weinen muss.

Ich denke manchmal an meine eigene Familie und verspüre ein ziependes schlechtes Gewissen in meinem Bauch. Weil meine Mutter vielleicht gerade auch meine Nähe und Geborgenheit bräuchte. Und ich diese Kraft gerade einfach nicht aufbringen kann. Noch nicht. Mama stürzt sich in Aktivitäten, in das, »was getan werden muss«. Sie versucht, sich so von dem Schmerz abzulenken. Ich frage mich, wie das ist, nach über 30 Jahren plötzlich allein zu sein. Ich kann sie nicht trösten, ich weiß selbst nicht mal, wohin mit mir.

»Aus einer leeren Tasse ist nichts zu schöpfen«, kommt mir in den Sinn. Ich hoffe sehr, Mama nimmt es mir nicht übel.

Oma Mamie tischt jeden Tag groß auf und warnt mich jedes Mal, ich solle mit der kreolischen Schärfe ihres Essens aufpassen. Und jedes Mal versichere ich ihr, ich könne das aushalten. Die Ungläubigkeit, die im Blick der älteren kreolischen Dame liegt, darüber, dass eine Deutsche wie ich scharfes Essen so sehr liebt, bringt mich jedes Mal zum Kichern. »Das gibt es doch gar nicht!«, ruft sie dann, und ich lege noch einmal nach. Dann kichern wir gemeinsam.

Es ist seltsam zu lachen, wenn es einem eigentlich hundsmiserabel geht. Ich denke an den Heulkrampf, den ich am Vortag hatte, und dass ich mich auf dem Klo eingeschlossen habe, weil ich nicht wollte, dass mich alle 15 Anwesenden beim Abendessen bitterlich weinen sehen. Es ist ein Wechselbad, das mich müde macht. Ich bin vollkommen erschöpft von den verschiedenen Gefühlszuständen, in die mich meine Seele vom einen zum anderen Moment hineinmanövriert.

Ich habe mein Facebook-Profilbild geändert. Das Foto, das mich in einem Sonnenblumenfeld zeigt, hat Mathis von mir geschossen. Ich grinse breit. Es war ein schöner Moment, voller Intensität. Manchmal vergesse ich für einige Stunden alles.

Ist es richtig, dass ich mich so fröhlich zeige? Ich bin mir nicht sicher, was richtig ist, denke dann aber an Papa und glaube, er wäre froh, mich so zu sehen.

»Schön, dass du wieder so glücklich bist«, schreibt jemand als Reaktion auf mein Bild in einer privaten Nachricht. Ich antworte nicht. Vielleicht müsste ich mich freuen über diesen Satz. Kann ich aber nicht wirklich. Denn er fühlt sich an, wie sich so viele Worte angefühlt haben, die mich nach dem Tod meines Vaters online oder per Handynachricht erreicht haben: nach leeren Worthülsen. »Wir sind bei dir«, stand da und »Melde dich, wenn du was brauchst«.

Kaum einer hat mich angerufen. Selbst Menschen, von denen ich dachte, sie seien enge Vertraute: nichts. Langjährige Freundinnen aus der Schulzeit, die meinen Vater seit meiner Jugend kannten, meldeten sich mit kurzen schriftlichen Beileidsbekundungen. Danach habe ich nie wieder etwas gehört. Ein Anruf in einer der Stunden, in denen ich verängstigt und tief traurig im Bett lag, hätte mich gefreut. Glaube ich. Der Versuch eines Anrufes zumindest.

Vielleicht löst die Nachricht über mein »wiedererlangtes Glück« deshalb solch gemischte Gefühle bei mir aus. Mein Facebook-Profilbild sagt also mehr darüber aus, wie es mir geht, als ein Anruf, indem man mich einfach fragt, wie es mir geht?

»Ihr macht es euch ganz schön leicht, ihr unverbindlichen Gefühlskrüppel«, schießt es mir durch den Kopf. Ja, ich bin wütend in manchen Momenten und denke solche Sachen. Und frage mich gleichzeitig insgeheim, ob ich anders handeln würde, hätte ich nicht das erlebt, was ich erlebt habe.

Ich denke an all die Menschen, die Papa nie angerufen haben, als er erbittert gegen den Krebs kämpfte. »Wir wussten nicht, wie schlimm es um ihn stand«, sagten sie dann. Ich denke an seinen traurigen Gesichtsausdruck, als ich ihn fragte, ob sich der ein oder andere denn nun bei ihm gemeldet habe. »Nein, gar nicht mehr«, sagte er dann leise und tat mir so unendlich leid. Hat er gedacht, dass er diesen Menschen nichts bedeutete? Ich denke das nämlich über die Leute, die sich nicht mehr bei mir melden, die mich auf einmal wie die Pest meiden. Dieser scheiß Tod, die glauben wohl alle, er sei ansteckend. Steht hinter dem Ganzen eine Ohnmacht? Die eigene Angst vor dem Tod? Oder die Unfähigkeit, an schwierigen Situationen teilzuhaben?

»Vielleicht sind wir ja alle leer getrunkene Tassen«, denke ich.

Trauer ist nicht sexy

Mathis kommt ins Bett und wünscht mir eine gute Nacht. Dann dreht er mir dem Rücken zu. Jeden Abend. Unsere Beziehung hat sich mit der Trauer verändert. Ich habe mich verändert. Mit einer normalen Paarbeziehung hat das nicht mehr viel zu tun. Er gibt sich Mühe, das glaube ich wirklich. Aber nachts, da gibt es keine Umarmungen mehr, keine Berührung. Nein, Sex haben wir auch nicht. Das liegt an mir. Allein die Vorstellung lässt mich erschaudern. Mein Unterleib ist eigentlich nicht existent. Das Schlimmste ist aber, dass ich auch nicht mehr viel fühlen kann. Für ihn.

Ich bin nicht mehr verliebt in Mathis, ich könnte nicht einmal sagen, ob ich ihn noch liebe. Ich fühle einfach nichts, außer dass ich will, dass er bei mir bleibt. Ich fühle Schmerz, manchmal fühle ich mich abgelenkt von diesem Schmerz. Den Rest des Tages bin ich müde. Ich will eigentlich immerzu schlafen.

Ich kenne das nicht, ich kenne all diese Zustände, die ich durchlebe, nicht. Ich fühle mich aufgerieben, verletzlich und klein. Ich möchte umsorgt werden. Ich wünsche mir, dass er mich zudeckt und mir Tee kocht und einfach da ist, wenn ich mich in den Schlaf weine. Oder nicht sofort einschläft, wenn ich neben ihm liege und nicht schlafen kann. Das ist es, was ich brauche. Ich weiß, dass ich das nicht verlangen kann, aber es wäre schön, wenn wir darüber sprechen könnten. Ich glaube, er fühlt sich überfordert. Wir sind so oft still, wenn wir allein sind. Er ist fast unbeholfen mit mir. Wir sind zwei Jahre zusammen, es ist nicht so, dass er mich nicht kennen würde.

Aber plötzlich habe ich das Gefühl, dass wir uns fremd geworden sind. Ich wünschte so sehr, er könnte mich verstehen. Ich wünschte mir so sehr, es wäre so wie früher mit mir. Ich wünschte, ich könnte wieder so sein wie früher. Aber zwischen uns ist eine unsichtbare Wand entstanden – er ist in seiner, ich bin in meiner Welt. Er mochte meinen Vater, sehr. Er weinte mit mir. Er weinte unglaublich viel auf der Beerdigung.

Aber jetzt, zwei Monate später, habe ich das Gefühl, dass ich ihm nur noch eine Last bin. Weil er es nicht besser machen konnte. Vielleicht, weil er nicht aushält, dass er mich aushalten muss. Ich werde morgen allein zurückreisen, er bleibt bei seiner Mutter in Frankreich, und wir haben einige Wochen Pause voneinander. Bestimmt wird danach alles wieder gut. Dann kommt er ins Bett gekrochen und umarmt mich wieder, ich kuschel mich an ihn, und wir können wieder über alles sprechen.

Ich muss einfach festhalten. An der Hoffnung festhalten. Nichts außer der Hoffnung, dass diese schwere Zeit irgendwann vorübergeht.

Zwei Wochen später

Ich bin nun seit zwei Wochen zurück in Deutschland. Ein wenig besser geht es mir. Die Panikattacken sind weniger geworden. Aber ich fühle mich noch immer oft müde und traurig. Was ist eigentlich der Unterschied zwischen Depressionen und Trauer? Mein Psychiater sagt, ich habe eine Depression. Ich weiß nicht, was ich mit diesem Begriff anfangen soll. Ich weiß nicht, ob ich krank bin oder einfach nur traurig. Ich weiß, dass ich mich in meiner eigenen kleinen Welt befinde, in der ich an meinen Vater denke und Sehnsucht nach ihm verspüre. Ich möchte diese Welt nicht aufgeben. Es ist meine einzige Verbindung zu ihm. Ist das Depression? Ich nehme einfach an, was man mir so sagt.

Für alles andere habe ich eh keine Kraft. Ich will einfach nur, dass mir geholfen wird. Ich will wieder aufwachen können und keinen schweren Bleiberg mehr auf meinem Herzen spüren müssen. Eine gute Sache habe ich zu verzeichnen: Ich vermisse Mathis. Ich bin froh über dieses Gefühl. Es ist immer noch nicht wie zuvor, aber ich habe mich in den vergangenen Wochen nach ihm gesehnt. Nach einem Kuss von ihm. Heute Abend skype ich mit ihm, und ich freue mich darauf, seine Stimme zu hören. Auf den starken französischen Akzent, den er hat, wenn er mit mir auf Deutsch spricht, was er meistens nur tut, wenn ich sauer auf ihn bin. Er weiß, dass ich eine Schwäche für seinen Akzent habe.

Als ich Mathis kennenlernte, war er ein ziemlich wilder Partyboy. Vielleicht das, was man einen Filou nennen kann. Aber mit mir war er immer sehr schüchtern. Nach unserem ersten Treffen bin ich furchtbar krank geworden und konnte vor lauter Heiserkeit nur noch flüstern.

Unser erstes richtiges Date musste also einige Wochen warten. Als es so weit war, zogen wir gemeinsam durch Berlin – in einer Nacht, in der Menschen auf ihren Balkonen Performances aufgeführt haben. »Die Nacht der singenden Balkone«. Ich war es, die ihn küsste, weil er sich nicht traute. Mathis war auf einmal kein Filou mehr. Mathis war über beide Ohren verliebt. Bei unserem dritten Date kochte er ein Festmahl für mich, und wir redeten die ganze Nacht. Von da an waren wir eigentlich unzertrennlich. Es war eine große Liebe zwischen mir und ihm.

Jetzt, wo wir das erste Mal einige Wochen voneinander getrennt sind, denke ich wieder öfters an diese Zeit. Ich werde mich ihm öffnen, wenn er wieder hier ist. Er hat sich in den vergangenen Wochen nur über Nachrichten gemeldet, aber ich glaube, es geht ihm gut in Frankreich. Ich bin froh, dass er aus der Verantwortung genommen wurde, sich um mich zu kümmern. Er soll Kraft tanken, so wie ich. Alles wird gut. Alles wird wieder gut. Morgen ist Papas Geburtstag. Der erste Geburtstag seit seinem Tod. Das erste Mal kein Anruf, kein Geschenk, keine Grußkarte. Kein Papa mehr. Ich bin froh, später zumindest Mathis' Stimme hören zu können.

»Es ist vorbei.« Er weint. »Es hat nichts mit deiner Trauer zu tun.« Er will, dass ich das weiß. Er hätte mich einfach nicht vermisst. Er weiß jetzt, dass er mich nicht mehr liebt.

»Zwei Jahre«, stottere ich. Es sei doch vor Papas Tod alles noch gut gewesen.

»Es ist aber jetzt kaputt«, sagt er.

»Morgen ist Papas Geburtstag, du bist nicht mal im Land, ich war immer für dich da, ich war doch auch immer für dich da.« Ich weine. Und kann kaum atmen.

Er könne nichts daran ändern, sagt er.

»Du könntest doch an mich glauben, du hättest doch noch warten können. Ich war doch immer loyal. Ich suche ja Hilfe, du siehst doch, wie verzweifelt ich bin«, sage ich. »Ich kann doch nichts dafür, Mathis, ich habe mir das nicht ausgesucht!«

Ich sage, ich fühle mich verraten.

»Wir waren doch eine Einheit, wir waren doch vor einigen Monaten noch eine Einheit«, will ich schreien, aber ich flüstere es nur.

»Wir können Freunde bleiben«, sagt er. »Melde dich, wenn du etwas brauchst.«

Ich sage nichts.

Dann legen wir auf.

Ich sitze auf dem Bett und frage mich, ob ich meinen Kopf gegen die Wand schlagen soll. So lange, bis er blutet oder bis ich tot bin. Er hat mich allein gelassen. In meiner Dunkelheit, jetzt, wo sie etwas heller geworden war. Das passiert nicht. Es darf gerade einfach nicht passieren.

Ich renne hinaus vor die Haustür. »Hat jemand eine Kippe?«, frage ich.

Ich rauche, mir wird schwindelig.

Ich will sterben. Ich will das nicht fühlen. Nicht auch noch das. Ich will nicht mehr atmen. Ich halte die Luft an. Ich will zu meinem Vater, dorthin, wo er ist. Ich will sterben. Alles brennt. Alles in mir brennt. Ich glaube, durchzudrehen. Ich gehe um den Block, ich zittere. Ich stelle mir vor, in das nächste Auto zu laufen und mich überfahren zu lassen. Irgendwann ende ich auf einer Parkbank. Dort sitze ich und starre stundenlang in die Nacht.

Ich wollt, ich könnt dich tragen

Ich erinnere mich noch genau an den Moment, an dem mir klar wurde, dass Papa sterben würde. An jenen Moment, in dem sich das Gefühl der absoluten Ohnmacht ob der Erbarmungslosigkeit des Todes das erste Mal in mir ausbreitete …

Dezember 2014; ich befinde mich in einer Phase, in der mein Leben von großen Träumen und Erwartungen geprägt ist. Eine Karriere muss sein. Ich will unbedingt etwas erreichen in meinem Leben. Ich habe gerade eine Ausbildung zur Moderatorin an einer Journalistenschule abgeschlossen. Die glitzernde Welt des Fernsehens ruft, ich werde von TV-Sendern zu meinen ersten Castings eingeladen. Vom Wunsch nach Anerkennung und Erfolg getrieben, spielt sich in meinem Inneren ein ganz anderer Film ab, als der, den mir die Realität schließlich präsentiert. Diese – meine – Realität steht in hartem Kontrast zu dem, was ich für mein Leben geplant habe. In Köln werde ich für eine Nachrichtensendung gecastet.

Ich habe am Vortag von meiner Mutter erfahren, dass sich Papa seit einigen Tagen nicht wohlfühlt. Neun Monate zuvor hatte man ihm einen Tumor aus der Speiseröhre entfernt. Seitdem ist sein Körper frei von Krebszellen gewesen.

Ein ungutes Gefühl beschleicht mich. Die Nacht vor meinem Casting wälze ich mich unruhig in meinem Hotelbett hin und her, und weil ich nicht schlafen kann, knipse ich das Licht an und lerne meine Texte immer wieder. Aber es hilft nichts. Meine Leistung am kommenden Tag ist katastrophal. Ich kann mich nicht konzentrieren, meine Gedanken kreisen nur darum, dass Papas Krankheit womöglich wieder zurückgekommen sein könnte. Ich verhasple mich bei jedem Aufsager, und anhand der Gesichter des Filmteams wird mir schnell klar, dass sich die Chancen auf den Job wohl mit jedem Versuch minimieren.

Doch ich begegne dieser Tatsache mit einer gewissen Gleichgültigkeit. Im Hinblick auf das, was mir bevorstehen könnte, im Angesicht des Verlusts meines Vaters, wirkt jeder noch so tolle TV-Job geradezu banal. Hätte ich die Möglichkeit, meinen Erfolg gegen Papas Weiterleben zu tauschen, würde ich diesen Tausch natürlich ohne das leiseste Zucken meiner Wimpern eingehen. Ich würde alles dafür geben, dass Papa überlebt. Diese Möglichkeit habe ich aber natürlich nicht. Und das Warten auf das Schicksal ist eine einzige Quälerei. Und so fahre ich noch am selben Abend mit dem Zug zu meinen Eltern. Dort angekommen, lege ich meine Sachen ab und gehe in die Küche, um mir erst einmal einen Tee zu kochen. Plötzlich steht Papa in der Tür. Ich habe ihn zwei Monate nicht gesehen und werfe einen kurzen Blick in sein hageres, farbloses Gesicht. Da weiß ich es.

»Hallo«, sagt er versonnen und sieht mich sehr intensiv an. So, als ob er durch meine Reaktion erkennen möchte, wie schlimm es um ihn steht.

»Hallo, Papa, wie schön, dich zu sehen«, sage ich, und am Zittern meiner Stimme kann er wohl erkennen, welche Kraft ich benötige, mich darauf zu konzentrieren, die Flüssigkeit, die sich merklich den Weg aus meinen Tränendrüsen sucht, nicht hervortreten zu lassen.

»Was ist?«, fragt er und fixiert mich weiter mit seinem Blick.

Wäre ich ehrlich, würde ich jetzt sagen: »Ich glaube, du wirst nicht mehr lange leben, Papa. Und ich zerbreche gerade in tausend Teile.« Aber wer kann so was schon sagen. Stattdessen versichere ich ihm, dass alles okay ist. »Ich bin nur müde, Papa.« Ich umarme ihn und sage, dass ich gleich zu ihm ins Wohnzimmer kommen würde.

Am nächsten Tag fährt er zur Untersuchung ins Klinikum. Meine Mutter und ich warten zu Hause. Wir haben kein gutes Gefühl. Wir wissen es eigentlich beide. Aber das Restfünkchen Hoffnung, das, was uns Menschen immer wieder antreibt und vielleicht das Leben manchmal erst lebenswert macht, das ist auch in diesen Stunden des Wartens immer noch vorhanden.

Dann kommt der Anruf. Es ist ein sehr stilles Telefonat. »Okay«, sagt Mama. »Kommst du heim?« Mama sagt mir, was ich bereits weiß. »Der Krebs hat gestreut. Papa kann nicht mehr geheilt werden.«

Wir sitzen da. Und warten weiter. Warten auf Papa. Und können nichts mehr tun. Wir können ihm keine Hoffnung mehr machen. Jedes Wort der Hoffnung wäre ein Schlag in Papas Gesicht. Was wird jetzt noch zählen?

Eine Stunde später betritt mein Vater das Haus. Da steht er. Dem Tode geweiht. Er sieht so aus, wie er immer aussah, wenn er von unterwegs nach Hause kam. Nur ohne seine übliche Gehetztheit. Er wird von nun an nicht mehr gehetzt sein. Das weiß ich.

Papa sieht uns an.

»Ja …«, sagt er und zuckt leicht mit den Schultern. Einfach nur »Ja«. So, als würde er sagen: Tut mir leid, dass ich es nicht geschafft habe.

Dann setzt er sich zwischen Mama und mich. Wir halten seine Hände. Mama links, ich rechts. Papa senkt den Kopf. Wir sprechen nicht, aber weinen viele Tränen.

Ich kann ihm nicht sagen, was ich fühle. Einige Stunden später nehme ich ein Blatt Papier zur Hand. Darauf notiere ich folgende Zeilen:

Du warst immer da,
großer, starker Mann.
Hast so laut gebrüllt,
wie nur ein Löwe brüllen kann.

Jetzt bist du schwach geworden,
klammerst dich an meine Hand.
Und Worte können nicht beschreiben,
was ich dir jetzt nicht sagen kann.

Von jetzt auf gleich hat deine Welt ihre Umlaufbahn verlassen.
Und du fliegst allein im freien Fall ins tiefe dunkle All.
Von jetzt auf gleich hat meine Welt ihre Umlaufbahn verlassen.
Und ich flieg allein im freien Fall ins tiefe dunkle All.

Und ich wollt, ich könnt dich tragen,
weit weg von Zeit und Raum.
Und könnt dir morgen einfach sagen:
»Das war alles nur ein Traum.«

Und ich wollt, ich könnt dich tragen,
weit weg von Zeit und Raum.
Und könnt dir morgen einfach sagen:
»Das war alles nur ein böser Traum.«

Klagelied

Jede Zelle, sie liegt brach.
Ich höre Lachen, Gläser klingen.
Irgendwo, hier, unten, da,
Schaumblasen, die nach oben schwingen.

Mit Kraft in meinem Bein – der letzten –
werde ich jetzt Anlauf nehmen.
Die Straßen hier werd ich besetzen,
und fest und starr, da werd ich stehen.

Und jedes Fahrzeug werd ich stoppen.
Die Stecker eurer Töne ziehen.
Und zünden werd ich eine Wolke,
im Rauch, da werd ich niederknien.

Kein Weg, der führt vorbei an mir,
so, wie mir auch kein Ausweg blieb.
Wie eine Säule werd ich mahnen
mit nackten Füßen, leer geliebt.

Und hallen werden meine Worte
in euren lauen Sommern, nachts.
Und nur mit dem, was ich jetzt trage,
leg ich sie nieder – meine Klage.

Sei still für mich, werd leise Welt.
Bis du den Schleier hören kannst,
der flackert hier vor meinem Blick,
verdüstert, rau und ohne Glanz.

Wisst ihr denn nicht, was ich verlor?
Wisst ihr denn nicht, was hier jetzt fehlt?
Halt an, Welt, ihr da, haltet an.
Könnt ihr nicht sehen, was mich nachts quält?

Die tiefe Stimme meines Lebens,
die Wurzel meines rechten Beins,
der linke Flügel – eine Richtung,
die ich verloren hab – so scheint's.

Die Arme, die mich hielten,
die ersten, Schritt für Schritt.
Ein Boden – doppelt – für mein Herz,
hab mich getraut. Es bleibt nichts. Schmerz.

Die stille Wand in meinem Rücken,
der Windhauch, der jetzt weiter muss.
Die Hilfe, die ich manchmal nahm
und die ich gab, bis ganz zum Schluss.

Ein kleines Lächeln, strenge Töne,
mich schlafend tragend – starker Arm.
Nichts kann's ersetzen, nichts mir geben
die Güte, die ich hier bekam.

Kein Weg, der führt vorbei an mir,
so, wie mir auch kein Ausweg blieb.
Wie eine Säule werd ich mahnen,
mit nackten Füßen, leer geliebt.

Und hallen werden meine Worte
in euren lauen Sommern, nachts.
Und nur mit dem, was ich jetzt trage,
versiegt sie langsam – meine Klage.

Milch und Honig

Sartre sagte, dass die Erinnerung das einzige Paradies ist, aus dem wir nicht vertrieben werden können. Entweder war Sartre ignorant, oder er vergaß zu erwähnen, dass die Erinnerung gleichermaßen eine ultimative Hölle sein kann, aus der wir partout nicht entfliehen können. Wenn ich morgens aufwache, bleiben mir ungefähr 15 Sekunden. 15 Sekunden exquisiter Gedächtnisstörung. 15 Sekunden, in denen ich glaube, dass mein Leben das einer ganz normalen Berliner Endzwanzigerin ist, die sich höchstens – allerhöchstens – damit auseinandersetzen muss, dass ihr hundsgemeiner Freund sie verlassen hat. Aber nicht damit, dass ihr hundsgemeiner Freund sie verlassen hat, nachdem ihr Vater vor ihren Augen elendig und unwiderruflich zugrunde gegangen ist.

15 Sekunden wohlig warmer Amnesie. Wohlig warm wie Milch und Honig. Wusste dieser verdammte Sartre nicht, dass die Flüsse im Paradies mit Milch und Honig gefüllt waren?

Nach den 15 Sekunden Erinnerungs-Schonfrist knallt es dann. Ich höre sie schon kommen.

Eine schwere Eistruhe landet auf meinem Brustkorb und begräbt mich mit voller Wucht unter sich. Ich ächze, öffne die Augen und starre an die Decke.

»Ich hasse dich, Erinnerung. Ich hasse dich«, grummle ich, während ich versuche, mich unter der Last der tonnenschweren Erinnerungs-Eistruhe auf die Seite zu schieben. Ach, zwecklos. Es dauert mindestens 15 Minuten, bis ich es schaffen werde, mich aufzusetzen. Und dann, wenn ich mich aufgesetzt habe, wird es mindestens weitere 15 Minuten dauern, bis ich sie nach oben hieven kann. An manchen Tagen bleibe ich auch einfach paralysiert unter der Truhe liegen. Ohne mich zu bewegen, ohne zu essen und ohne etwas zu fühlen. Der Milch-und-Honig-Moment stirbt jeden Morgen den Eistruhen-Tod.

Ich habe zehn Kilo verloren und auch die Fähigkeit zu weinen. Das Ende mit Mathis hat mir meine Tränen genommen, glaube ich. Ich fühle mich taub. Ich kann mir nicht erklären, warum, schließlich müsste jetzt doch alles noch schlimmer sein. Vielleicht ist der Schmerz jetzt noch eine Etage tiefer gerückt. Oder er ist übergelaufen, und irgendetwas in mir hat beschlossen, dass ich nichts mehr fühlen will. Ich halte mich manchmal daran fest, dass Mathis seine Entscheidung bereuen wird. Er kann das nicht ernst meinen. Welcher Mensch tut so etwas? Welcher Mann verlässt seine Freundin dann, wenn sie am Boden liegt? Ich war bestimmt nicht einfach. Ich war nicht mehr lustig, nicht mehr aufmerksam, nicht mehr sexy und auch nicht mehr besonders sozial. Manchmal war ich ungerecht und wollte mir nicht helfen lassen. Ich habe meine Liebe zu ihm nicht mehr fühlen können, ich konnte nichts fühlen, außerhalb meiner kleinen Welt, die von Wunden und Fragen und Ängsten übersät ist. Ich wollte ihn nicht ausschließen, er wurde von meiner Trauer einfach rausgedrängt. Das war keine bewusste Entscheidung, nichts in diesen vergangenen drei Monaten war eine bewusste Entscheidung. Ich habe trotzdem nicht an eine Trennung gedacht. Ich dachte nicht, dass wir uns trennen würden. Aber mein altes Ich starb einfach den Tod meines Vaters mit. Ich bin mir all dessen bewusst, aber ich konnte trotzdem nichts daran ändern. Er hätte mich doch nur ein wenig weiter lieben müssen. Dann wäre ich bestimmt wieder normal geworden – irgendwann. Aber er wollte nicht auf ein neues Ich warten, eines, das erst irgendwann in Zukunft wieder zu Kräften kommen würde. Ich war ihm eine zu große Last geworden.

Ich werde in sechs Monaten 30. Mit 25 dachte ich, mit 30 hätte ich es voll drauf. Ich dachte, ich würde eine dieser erfolgreichen Frauen sein, die alles hinkriegen.

Eine, die viele tolle Freunde hat und einen smarten Mann und ein süßes Kind und eine Wohnung, in der kein einziges Möbelstück von Ikea stehen wird. Damals war das alles ganz easy und schön, in meiner Vorstellung. Mein Gegencheck nach dem morgendlichen Eistruhen-Moment sieht wie folgt aus: Mein Vater ist tot, ich habe Angst, dass meine Familie auseinanderbricht, mein Freund ist weg, ich habe keinen Job mehr, viele meiner Freunde sind die Krisenflucht angetreten, ich kann eigentlich kaum für mich geschweige denn für ein Kind sorgen und wohne in einem WG-Zimmer mit mindestens zwei Ikea-Möbelstücken. Aber selbst von diesem WG-Zimmer habe ich nicht viel, denn meistens komme ich eh kaum aus dem Bett. Mein Leben ist gerade irgendwie nicht mehr besonders lebenswert. All das wäre vielleicht nicht so schlimm, könnte ich mich nicht daran erinnern, dass es einmal besser war. Und könnte ich mich nicht daran erinnern, welche Vorstellungen ich früher von meinem Leben heute hatte.

Ach, fick dich, Sartre. Ich bin ein Wrack.

Trauer ist Liebe

»Trauer ist Liebe«, lese ich irgendwo. Ach, du kitschige Kackscheiße, schießt es mir durch den Kopf, und ich laufe mit in meinem Bauch randalierender Wut in mein Badezimmer. Ohne aufs Klo zu müssen, wohlgemerkt. Aber stille Örtchen kann man in Zeiten der Trauer ganz gut gebrauchen. *Trauer ist stille Örtchen suchen.*

Ich stehe also, nachdem ich die Tür mit voller Wucht hinter mir zugeknallt habe, hier in meinem Bad und setze mich, weil mir eigentlich auch nichts anderes einfällt, auf den Rand der Badewanne. Von dort starre ich, während ich über diesen famosen Satz mit der Liebe nachdenke, mit verschränkten Armen auf die mir gegenüberliegende stille Wand. Blümchenkacheln. »Trauer ist Liebe«. Wie ein richtig beschissener Werbeslogan hört sich das an! Was, in Gottes Namen, soll an diesem Wort Liebe überhaupt noch bedeutend sein, wo es doch immer und immer wieder inflationär für schmierige Zwecke benutzt worden ist? Ich, ich bin keines dieser Kitschmädchen, das man mit solchen Phrasen leichtfertig besäuseln kann. Jetzt erst recht nicht mehr. Genauso wenig, wie mich all diese anderen Sprüche, die ich in den vergangenen Monaten gehört habe, trösten konnten.

All die Verlegenheitsphrasen: »Meine tiefe Anteilnahme«, »Mein Beileid«, »Im Herzen mit dir.« Ach, bitch, please. Wir reden ständig in Slogans miteinander. Und dann ist das Soll erfüllt. Dann geht es für die anderen weiter. Aber die harte Zeit, die richtig harte Zeit, fängt doch danach erst an. Ich weiß ja, dass diese Worte gut gemeint sind. Ich weiß doch auch, dass die alle nicht wissen, wie sie damit umgehen sollen, mit diesem Scheißthema Sterben.

Aber hier, jetzt, in diesem Moment helfen mir diese Worte nicht. Hier, jetzt, in diesem Moment, während ich als Häufchen Elend auf Blümchenkacheln starre, spüre ich keine Anteilnahme, keinen Menschen, der meinem Leid beiwohnt, kein Herz, das mit mir schwingt. Jetzt und hier hasse ich mein Leben abgrundtief, und ich hasse mich selbst in diesem Leben. Kein Spruch kann mir meine verdammte Last nehmen. *Trauer ist Einsamkeit.*

Liebe. Schmalzige, redundante Popsongs und Rosenblätter auf dem Bett. Kotz. Liebe ist so ein lautes, nichtssagendes Wort geworden. Liebe, das ist das mainstreamigste Wort der Welt. Sogar Mathis hat mir gesagt, dass er mich liebt – viel zu oft und zu leichtfertig hat er das vielleicht getan. »Oh mon amour, je t'aime«, hat er mir auf seiner Gitarre klimpernd vorgesungen, mit geschlossenen Augen und einem seligen Lächeln auf den Lippen. Und ich habe ihm dabei bewundernd zugehört – und geglaubt, dass seine Worte ewige Gültigkeit besitzen. Dabei war er wahrscheinlich nur in eine Projektion seiner Wünsche verliebt. So wie wir uns wohl alle ständig von den Projektionen unserer Wünsche angezogen fühlen. Das Bild einer hübschen, starken Frau, die sensibel ist, aber trotzdem alles stemmen kann. Das Bild seiner ganz persönlichen heiligen Maria, das hat er geliebt. Und jetzt, jetzt fühlte er sich wahrscheinlich sogar betrogen von mir, weil ich genau diese Frau, von der er glaubte, dass ich sie bin, nicht mehr sein konnte. Vielleicht, weil ich sie nie war. Ich bin bedürftig und schwächelnd und kackhässlich – und furchtbar schwer zu verstehen in meiner ewigen verdammten Selbstbemitleidung. Deshalb ist es jetzt vorbei mit der Liebe, vorbei mit seinen Liedern. Wer will schon eine traurige Loserin daten, die ihr Leben nicht mehr unter Kontrolle hat?

Vor Jahren, in einer Welt, in der noch alles halbwegs in Ordnung war, versteckte Mathis manchmal Liebesbotschaften in Form von kleinen Zettelchen in meiner Wohnung. Später schrieb er mir ein Lied – heute fühlt sich das so kompromittierend an –, es trug ganz klischeehaft meinen Namen. »Muuuuuuriel«, so ging der Refrain, und dann kam irgendwas. Irgendwas, was ich damals als den ultimativen Liebesbeweis ansah. Ich muss wirklich exorbitant verstrahlt gewesen sein. Ich war viel zu anfällig für diese französischen Schmalzliebe-Aktionen.

»Pffffff«, lasse ich durch meine Schneidezähne sausen. Tja, warum war ich wohl so dumm damals? Weil die Franzosen die Verführung ja quasi erfunden haben. Mathis war der König der Verführer. Und jetzt war er der König der feigen

Schweine. Es macht mich so wütend, so zähnefletschend wütend, darüber nachzudenken, welch gute Verführer diese verdammten Franzosen sind. Heute haben all diese »Wir gegen den Rest der Welt«-Worte einfach keine Bedeutung mehr. Die Versprechungen von einer Hochzeit am Strand seines Heimatortes. Die Tausenden Momente der tiefen Intimität, in der wir uns in die Augen sahen und ich glaubte, nichts könne an dieser Verbindung rütteln, waren von Mathis eingetauscht worden gegen ein telefonisches: »Melde dich. Wir sollten Freunde bleiben.« All die Liebeschwüre sind verpufft, so wie das Leben meines Vaters verpuffte. Genau so verpuffte auch die Liebe. Im Verliebtsein versuchen wir vielleicht, den Tod zu überwinden. Wir glauben, es gäbe uns ewig in dieser Verbindung zweier Seelen. Das macht das verdammte Verliebtsein mit uns.

Während ich an diese große Farce, die sich Liebe schimpft, denke, beginne ich, laut zu lachen. So, als hätte ich 'nen Knall. Die große Liebe, für immer und ewig. Wie konnte ich nur so fürchterlich dumm sein? Wie konnte ich nur daran glauben? Nichts hält für immer und ewig. Glaubt mir, nichts. *Trauer ist ganz schrecklich bitter.*

Papa und Mathis waren sofort ein Herz und eine Seele. Sie waren sich ähnlich, wenn auch nicht äußerlich. Aber im Herzen, da waren beide Vagabunden. Charismatische, schlaue, offenherzige und rastlose Vagabunden. Wenn wir zu Besuch kamen, gingen die beiden häufiger allein miteinander spazieren, sie hatten nicht die gleiche Muttersprache, aber beide einen Hang zu Fremdsprachen. Papa lies manchmal einen Satz auf Französisch oder Spanisch fallen, und die beiden lachten dann und hatten irgendwie immer ihr eigenes kleines Ding am Laufen. Papa erzählte, Mathis stellte Fragen und sah Papa dabei mit seinen großen blauen Augen an. Und beide waren glücklich. Männerfreundschaft. Auch das habe ich verloren. Manchmal gewinnt man, manchmal verliert man. *Die Trauer ist ein Trauerspiel.*

»L'amour, l'amour. Nun, ich sehe ja jetzt, wie weit es mit deiner l'amour ging«, gifte ich einem nicht anwesenden Mathis entgegen, der in meiner Vorstellung mit seiner Gitarre und einer Schiebermütze vor dem Eiffelturm steht und furchtbar dumm dreinglotzt. »Liebe, Liebe, Liebe, Liebe, bäh, bum, bum, bäh, bla, bla, bla, bla, bum, bum, bääääh.« Ich strecke meinem dumm dreinglotzenden Exfreund die Zunge raus. Wahrlich, ich kann alles mit diesem hässlichen Schmerz in Verbindung bringen, aber bestimmt nie und nimmer Liebe. Ich bin doch kein Masochist, dass ich dieser Schweinetrauer auch noch zuspreche, etwas Liebevolles zu sein. Das Wort Liebe, ja, es ist schrecklich abgegriffen, es ist schwammig, es ist unklar. Liebe, das bedeutet alles und nichts. Alles und nichts. Alles und nichts! Ich lache wieder so, als hätte ich 'nen Knall.

Ich glaube, ich will nicht mehr. Ich will nicht mehr so weiterleben. Ich will nicht mehr aufwachen. Ich will mich auflösen. Jetzt sofort, auf der Stelle will ich zu Luft werden und in den Äther übergehen. Mein verrücktes Lachen geht jetzt in ein quälendes Weinen über. Ach, verdammt, du dummes Herzchen. Dieser Kitsch macht etwas mit mir. Dieser Kitschsatz lässt meine Erinnerung wie wilde Affen durch meinen Kopf tanzen.

Erinnerungen an Zeiten, die vielleicht nicht perfekt waren, aber in denen zumindest alles seinen Platz hatte. In denen Mama noch nicht ganz allein nach über 30 Jahren Ehe in einer Wohnung saß. Ich denke an die Zeiten, in denen wir gemeinsam Weihnachten feierten und Papa immer mürrisch war – aus irgendeinem Grund war er an Weihnachten immer mürrisch –, während Mama ein perfektes Familienfest inszenieren wollte und sie sich dann immer in die Haare bekamen. Sie bekamen sich ohnehin ständig in die Haare. Sie hätten weniger streiten sollen. Wir hätten alle weniger streiten sollen. Aber wir konnten es ja nicht wissen. Wir konnten ja nicht wissen, dass Papas Zeit begrenzt war. Was hätten wir nicht alles anders machen können. Es zerfrisst mich, daran zu denken. Diese verrückte, anstrengende Familienbande. Aber immerhin gab es damals noch eine Familienbande. Keiner, der fehlte, und keiner, der für immer fehlen würde.

All diese Bilder. Bilder, die wild durcheinanderwirbeln. Bilder aus meiner Kindheit. Das Holzhaus im Garten. Drei kleine blonde Mädchen. Das Haus auf den Kanaren, jedes Jahr. Papa dolmetscht. Papa hat alles im Griff. Papas Stimme, seine Hände, die Art, wie er sich räuspert, sein Lachen, die großen Schuhe, die er trägt. Immer »Der Spiegel« auf dem Nachttisch und viele angefangene Bücher. Sonntags, Papas Fernsehtag. »Zeit für Bud Spencer und Raumschiff Entenscheiß«, sagt er und lacht.

Papa, der immer morgens schon weg ist, wenn ich aufstehe. Und abends noch stundenlang in seinem Büro sitzt. Er versorgt uns, aber entzieht sich emotional immer mehr. Ein Vater, der da ist, aber fehlt. Auch das war Papa.

Mama und Papas Trennung. Die erste. Wir ziehen aus. Mama und Papa trennen sich doch nicht, wir ziehen wieder ein. Mama und Papas Trennung, die zweite. Papa lernt eine andere Frau kennen. Ich höre ihn am Telefon lachen. Er wirkt das erste Mal seit Langem glücklich. Ich bin traurig, weil ich glaube, wir können ihn nicht glücklich machen. Er zieht aus. Mama weint ganz viel in dieser Zeit. Papa zieht wieder ein. Sie heiraten noch einmal, nach 25 Jahren. Weiß, in der Kirche in Spanien. Papa wird dafür katholisch, obwohl ihm nichts ferner liegt, als katholisch zu werden.

Meine verrückten Eltern. Sie halten bis zum Schluss aneinander fest. Meine Teenagerzeit. Wir zanken und schreien, immer wieder kämpfe ich den Kampf um seine Anerkennung. Ich rufe:»Du bist ein Scheiß-Vater. Ich hasse dich!«, und zerreiße ein Bild von ihm und mir. Papa weint. Das erste Mal vor mir. Einmal versucht er, mich zu umarmen, ich lasse ihn nicht mehr.

Ich ziehe um. München, Kairo, Berlin, München, Berlin. Ausbildung hier, Studium da, ich breche ab und beginne wieder neu.

»Papa, ich bin Künstlerin«, sage ich.

»Ja, das ist okay. Aber irgendwann musst du auch mal Geld verdienen«, sagt er.

Meine Männer sind gewöhnungsbedürftig, aber Papa ist immer nett zu allen. Er hat ein Herz für Underdogs. Papa hilft und Papa leiht mir Geld und schimpft darüber, dass er mir Geld leiht. Immer wieder »zum letzten Mal« tut er das. Papa arbeitet nie weniger. Immer nur noch mehr. Er bekommt Depressionen. Wir kommen nicht mehr an ihn ran.

Papa beginnt eine Therapie. Er raucht nicht mehr, er trinkt nicht mehr. Er blüht wieder ein bisschen auf. Ich werde in der Moderationsklasse in Berlin angenommen. Aus Tausenden Bewerbern werde ich ausgewählt. Ich bin stolz wie Oskar. Papa und Mama sind stolz wie Oskar. Papa schickt mir einen Stein von den Kanaren, den er für mich am Strand gesammelt hat.

Ein paar Monate später die Diagnose. Hoffnung. Seine Qualen. Er will leben, sagt er. Papa ruft jetzt immer öfter an. Wir reden viel. Wir lernen uns irgendwie kennen.

Dann kommen die letzten Gespräche. Es geht alles so schnell. Der Todeskampf. Papas Leiche. Mamas mädchenhafte Tränen. Der Moment, in dem ich meinen

Schwestern sagen muss, dass er tot ist. Ihre Gesichter. Die Beerdigung. Nick-Cave-Song. Mathis, der da sitzt und nicht mehr aufhören kann zu weinen. Und von dem ich glaube, er ist der Mann fürs Leben.

Die Panikattacken. Ich kann nicht mehr arbeiten. Alles viel zu viel. Das Skype-Gespräch. Diese Enttäuschung. Diese unglaubliche Enttäuschung. Ich habe Mathis seitdem nicht einmal mehr gesehen. Meine Träume. Alles weg. Alles lief doch wieder gut. Die Lieder auf der Gitarre. Es war doch alles gut. Alles geht so schnell. So schnell. Viel zu schnell dreht sich alles um mich und mein Leben, das den Bach hinunterging.

Das erste Mal seit Wochen laufen wieder Tränen. Ich bin taub geworden. Ich will all das nicht fühlen. Ich bin schrecklich hart geworden, anderen und auch mir selbst gegenüber. Aber die Tür zum Weichsein zu öffnen, das schien mir in den vergangenen Wochen so gefährlich. Vielleicht, weil ich, wenn ich diesen riesengroßen, atemraubenden Schmerz wirklich zulassen würde, auch zugeben müsste, dass all dies wirklich geschehen ist. Dass es wahr ist. Dass das wirklich wahr ist. Dass Papa wirklich tot und Mathis wirklich weg ist. Meine erste und meine letzte große Liebe. Beide haben mich verlassen. Und ich habe an ein Happy End geglaubt.

Bitterliches, lautes Wimmern kommt aus meinem offen stehenden Mund. Ich ächze und schluchze und schreie, und der Rotz läuft wieder. Kein bisschen Selbstbeherrschung liegt in diesem Moment.

Es ist wahr.
Es ist wahr.
Es ist wahr.

Ich klemme meinen Kopf ganz fest zwischen meine Knie und richte all mein Wimmern und mein Schluchzen und mein Ächzen und meine Tränen gen Boden. Da liegt es in Trümmern, mein bisherigen Leben. Keine Kraft für ein Morgen. Nur der harte, kalte Kachelboden.

Ich höre mich weiter schluchzen und brabbeln und ächzen und wimmern. Es hört nicht auf, ich kann nicht aufhören. Raus mit dem, was raus will.

Es ist wahr.
Es ist wahr.
Es ist wahr.

Ich sitze da. Ich weiß nicht, wie lange. Vor mir hat sich eine Tränenpfütze gebildet. Sie ist klein, aber sie ist sichtbar. In ihr schwimmt meine Klage an ein ungerechtes Leben. Ich horche in die Stille der Nacht, die langsam zum Morgen wird, so, wie ich es damals auf dem Krankenhausflur getan habe, kurz nachdem Papa gestorben war.

Und irgendwann in diesen Augenblicken auf dem Wannenrand versiegen sie wieder, die Tränen. Und mein Herz, es fühlt sich an, als würde es offen auf einem Operationstisch liegen. Roh und rot und gut durchblutet. Ich spüre es ganz deutlich in meiner Halsschlagader pochen. Nur der Rest meines Körpers und mein Geist, die sind ganz und gar erschöpft.

Während ich mich aufrichte, verspüre ich plötzlich den Wunsch, meine Hand auf mein Herz zu legen. Sie fühlt sich warm an. Wie ein wohltuender Balsam fließt die Wärme meiner Hand in meinen Brustkorb.

Es ist wahr.

Es ist wahr.

Es ist wahr.

Ich neige meinen Kopf und lege ihn in meine andere Hand, als würde ich darin einschlafen wollen. So, wie Kinder es manchmal tun. Dann beginne ich, mit meinen Fingerkuppen vorsichtig über meine Wange zu streicheln. So, wie Mütter es manchmal tun. Ich bin mir sicher, dass das albern aussieht. Aber ich bin mir auch ziemlich sicher, dass albern auszusehen gerade nicht zu meinen größten Sorgen gehört.

Es ist wahr.

Es ist wahr.

Es ist wahr.

Während ich da sitze und mir selbst die Wange streichle und mir selbst die Hand auflege und dabei vielleicht unfassbar bescheuert aussehe, denke ich noch einmal über den kitschigen Satz mit der Liebe nach: Wenn Trauer wirklich Liebe ist, dann ist dieses Selbstgetätschel hier vielleicht gerade mein ehrlichster Ausdruck davon. Wenn ich gerade keine Wärme spüren kann, da draußen, in diesem Chaos meines Lebens, dann könnte ich vielleicht irgendwie versuchen, mir selbst ein wenig davon zu geben. Ich könnte versuchen, es hier auf einem Badewannenrand sitzend ein wenig besser zu machen. Nur ich mit mir.

Irgendwann stehe ich auf und blicke noch einmal auf die stille Wand mit den Blümchenkacheln. Ich reiße etwas Toilettenpapier ab und falte es so umsichtig, dass man meinen könnte, ich würde etwas von großer Bedeutung tun. Viermal schlage ich es übereinander, bevor ich damit eine kleine, aber sichtbare Tränenpfütze mit einer darin schwimmenden Klage an ein ungerechtes Leben vom harten, kalten Boden eines stillen Örtchens wische.

»Ein Kitschmädchen«, sage ich leise. Und schlafe ruhig in dieser Nacht.

Wage es, dir selbst ein Licht zu sein

Diese Nacht am Wannenrand hat viel verändert. Es ist, als hätte sich eine Tür hin zu einer bewussteren Auseinandersetzung mit meinem Verlust – und letztlich mit dem Leben – geöffnet. In einer meiner bisher dunkelsten Stunden habe ich einen Geschmack davon erhalten, wie es ist, sich selbst eine Stütze zu sein.

»Dare to be your own illumination«, nennt es die amerikanische Psychologin Tara Brach, die mir später in vielen Momenten noch eine große Hilfe sein wird. »Wage es, dir dein eigenes Licht zu sein.«

Das mag sich, so wie die Sache mit der Liebe, kitschig anhören, klischeehaft. Aber es ist mir eigentlich egal, ob sich etwas kitschig anhört. Wenn man weiß, welch verdammt harter, scheißschwerer Weg die Trauer sein kann, dann kann man mit ruhigem Gewissen sagen: Wenn Kitsch hilft, dann ist Kitsch gut. Alles kann Medizin sein. Ich will nicht mehr länger cool sein. Ich will mich nicht mehr dazu zwingen, vorzugaukeln, ich wäre ganz stark und tapfer und gehörte somit zu den »Gewinnern« in dieser Gesellschaft.

Ich habe in jener Nacht begriffen: Es ist vollkommen okay, sich in den Tiefen der Trauer den eigenen Kopf zu tätscheln. Sinnbildlich – und auch tatsächlich. Ich fühlte mich in den ersten Monaten nach dem Tod meines Vaters schrecklich einsam, ganz und gar unverstanden und war gleichzeitig wütend auf mich selbst und das Leben, weil ich nicht akzeptieren konnte und wollte, wie es sich für mich entwickelt hat. Fast so, als hätte ich selbst Schuld daran. Die Tatsache, dass sich mein Freund kurz nach dem Tod meines Vaters von mir getrennt hat, unterstützte dieses Gefühl der absoluten Entfremdung zusätzlich. Ich glaubte, ich sei allen Menschen eine Last geworden und sei, ohne diesen Mann, den ich liebte, vollkommen verloren, ohne jeglichen Halt.

Aber – so kann ich es heute sehen – vielleicht war genau diese Situation trotz oder gerade wegen ihrer Härte auch ein Segen für mich. Denn ich lernte in dieser Zeit so unglaublich viel über das Leben und die immense Kraft, die man in Krisen entwickeln kann. Meine Kraft. Ja, es gab für mich in jenen beschriebenen Momenten kaum etwas oder jemanden, an dem ich mich festhalten konnte. Mein Papa war tot. Mein Freund war weg. Ich musste aufgrund meiner starken Trauerreaktion meinen Job aufgeben. Meine Mutter und meine Schwestern hatten mit ihrer eigenen Trauer zu kämpfen. Was hätte ich ihnen sagen sollen? »Seid ihr auch so traurig wie ich? Wisst ihr, eigentlich will ich auch nicht mehr leben.« Ich wollte niemanden zusätzlich belasten. Viele meiner Freunde wussten nicht, wie sie mit mir umgehen sollten. Und selbst die, die es konnten, besaßen keine Zauberkräfte und konnten mir meine Gefühle nicht abnehmen.

Auch das war eine wichtige Erkenntnis. Ich wusste irgendwann, dass ich zwar nicht ganz auf mich allein gestellt war – ich habe in den zwei Jahren schließlich viel Hilfe in Anspruch genommen –, aber ich erkannte, dass die Trauer auch ein Prozess ist, den wir zum Teil mit uns allein ausmachen müssen. Deshalb war es umso wichtiger, dass ich mich in jener Nacht dazu entschieden habe, mir in meinem Schmerz selbst ein guter, ein weicher und ein verlässlicher Freund zu werden.

Wer jetzt glaubt, die Geschichte habe mit dieser Entscheidung ihr gutes Ende genommen, dem sei gesagt: Dem ist nicht so. Sie fängt damit eigentlich erst wirklich an. Nein, die Dinge entwickeln sich seitdem nicht stetig nach oben, denn ich muss die Treppe nach unten in die Welt meiner Trauer immer noch besteigen. Es ist auch nicht so, dass ich mich heute täglich für mein Schicksal bedanke, weil es mich so viel gelehrt hat. Nur weil man trauert, wird man nicht automatisch zu einem nobleren Menschen. Das Leben mit meiner Trauer war und ist manchmal immer noch eine Achterbahnfahrt. Das Letzte, was ich will, ist, einfache Antworten auf komplexe Sachverhalte zu liefern. Ich kann und will nichts romantisieren. Das Leben wird womöglich nie mehr ganz so unbeschwert sein wie zuvor. Was ich gelernt habe, ist, mit dieser Schwere zu leben, sie zu begreifen und vielleicht sogar zu nutzen, um auch anderen in ihren schweren Zeiten eine Hilfe zu sein.

Aber jeder hat hier seinen eigenen, individuellen Weg. Es gibt keinen klassischen, richtigen Weg in der Trauer, keinen Leistungsdruck im »Heilwerden«. Auch heute habe ich noch Tage, an denen ich wütend und zutiefst traurig bin, an denen es mir besonders schwerfällt zu akzeptieren, dass mein Vater nicht mehr am Leben ist. Womöglich wird sich das auch nie ändern. Und trotzdem: Die bewusste Auseinandersetzung mit meinen Gefühlen, mit dem Tod und mit all den Fragen, die sich mit dem Verlust meines Vaters ergeben haben, haben meinem Leben eine andere Tiefe gegeben. Mein Sinn für das Lebendigsein wurde durch den Tod geschärft.

Ich hätte in den Zeiten der tiefen Trauer aufgeben können, denn ich spielte durchaus mit dem Gedanken, aus dem nächsten Fenster zu springen. Ich hätte meine Gefühle auch negieren können und versuchen, mich mit einer großen Schutzmauer um meine Empfindungswelt durchs Leben zu kämpfen. Aber ich fühlte instinktiv, dass ich das für mich und mein Leben nicht wollte. Ich fühlte, dass ich zumindest versuchen wollte, irgendwann wieder einen Sinn für mich zu erkennen. Ich entschied mich dafür, bewusst zu trauern. Selbst wenn die Welt da draußen keine Zeit und keine Geduld für mich und meine Trauer entrichten konnte, ich selbst erteilte mir die Erlaubnis, so lange und so intensiv und so tief, wie ich wollte, mit ihr zu leben. Ihr den Raum zu geben, nach dem sie verlangte. Trauer in all ihren verschiedenen Facetten bewusst zu spüren, sie da sein zu lassen und sie als unvermeidlichen Teil unseres Lebens anzuerkennen, ist keine Schipperfahrt in ruhigen Gewässern. Eher ein Segeltörn auf hoher, rauer See.

Es ist anstrengend und ermüdend, sich auf diesen Sturm der Gefühle einzulassen und sich dabei sein eigenes kleines Laternenmännchen sein zu müssen. Es ist, wie Brach treffend mit ihrem Satz beschreibt, auch ein Wagnis. Es ist ein Wagnis, offen über die Gefühle zu sprechen, die der Tod in mir auslöst, vor allem in einer Gesellschaft, die das Thema Tod gern vermeidet. Die in vielerlei Hinsicht auf (scheinbarer) Sicherheit aufgebaut ist. Es ist ein Wagnis, dem Tod einen prominenteren Platz im eigenen Leben einzuräumen, wenn wir ihn in unserem öffentlichen, gemeinschaftlichen Leben kaum mehr wahrnehmen können und wollen. Und das, obwohl er doch unsere große Gemeinsamkeit ist. Obwohl die meisten von uns Angst vor ihm haben.

Es ist ein Wagnis, sich in die Tiefen der Trauer zu begeben und diese Auseinandersetzung als etwas zu betrachten, was vollkommen in Ordnung ist. Weil uns eben oft nicht das Gefühl gegeben wird, dass es vollkommen in Ordnung ist, offenherzig zu leiden und sich schwach zu zeigen. Die Trauer befindet sich nicht an einem sicheren, geordneten Platz. Sie ist wild, sie ist roh, sie wälzt geebnete Bahnen um und katapultiert uns an einen Ort, der chaotisch und somit beängstigend sein kann. Nein, Trauer ist wahrscheinlich auch nicht förderlich für unseren Arbeitsbienenalltag. Keine Zeit zum Weinen bei 12-Stunden-Bürotagen.

Man hört schon heraus: Meine Trauer wirft viele Fragen in Bezug auf den Umgang mit dem Tod in unserem täglichen Leben auf. Ich habe auch deshalb begonnen, sie zu dokumentieren. Wo findet Trauer ihren Raum in unserer Leistungsgesellschaft? Warum darf sie oft nur im stillen Kämmerlein stattfinden? Wie oft wird in Unternehmen offen mit einem Trauernden kommuniziert? Wie häufig wird der Tod unter Kollegen totgeschwiegen? Wie oft sitzt da jemand in einer inneren Schockstarre am Schreibtisch oder im Meeting – und für alle anderen ist immer noch alles »business as usual«. Können wir es uns nicht leisten, darauf einzugehen?

Dieser Jemand wird spüren, dass es allen anderen auch schwerfällt, sich den Ängsten, die mit der Trauer einhergehen, zu stellen. Wir spüren, dass wir das geordnete System ins Wanken bringen, selbst wenn es nur das unseres näheren Umfeldes ist. In Gesprächen mit anderen Trauernden höre ich das immer wieder. Wir spüren all die Unsicherheit, die mit dem heiklen Thema Tod einhergeht. Wir merken, dass viele unserer Freunde, Bekannte und Arbeitskollegen nicht genau wissen, wie sie mit dieser Schwere, mit dieser Ohnmacht, mit der Unberechenbarkeit der Trauer – eigentlich des Todes – umgehen sollen. Und sie gehen dann aus Überforderung gar nicht mit uns um. Vielleicht deshalb, weil sie wissen, dass sie dieses Thema früher oder später auch betreffen wird – mit einer ziemlich genauen Wahrscheinlichkeit von 100 Prozent.

Man stellt sich nicht gern vor, seine Eltern, seinen Freund oder gar sein Kind zu verlieren, das ist mir schon klar. Über den Tod will man vielleicht auch deshalb nicht sprechen. Man könnte ihn am Ende ja sogar noch anziehen. All das ist normal, wenn man betrachtet, welche Distanz wir zum Thema Tod entwickelt haben. »Warum sollte ich über den Tod nachdenken, solange ich noch nichts mit ihm am Hut habe?«, wurde ich einmal gefragt. Und musste über die Annahme dieser Person, sie habe nichts mit dem Tod zu tun, wirklich schmunzeln. Sterben, das tun also immer nur die anderen. Wer seinen Ängsten selbst keinen Raum eingeräumt hat, dem fällt es womöglich nicht leicht, an unserer Krise mit dem Tod teilzuhaben. Manche dieser Menschen kommunizieren dann gar nicht mehr mit uns. Es gab Freunde, die sich nach dem Tod meines Vaters kurz per SMS und dann erst wieder gemeldet haben, als es mir – augenscheinlich – wieder besser ging. »Hey, du weißt ja, wie das ist.«

Mich hat das natürlich verletzt, aber ich glaube trotzdem nicht, dass sich diese Freunde so vermeidend verhalten haben, weil sie charakterlos sind. Sie taten es, weil sie keine Ahnung hatten, wie sie mit der Situation umgehen sollten. »Ich dachte, du brauchst die Zeit für dich«, hieß es dann. Ja, Trauernde haben oft mit Sprachlosigkeit zu kämpfen. Mit ihrer eigenen, weil sie zum Reden oft ein vertrauensvolles Gegenüber benötigen, das ihnen mit Geduld und Zeit begegnet. Aber auch mit den stummen anderen, die sich verloren fühlen in diesem hochsensiblen Bereich, die uns nicht »zu nahe treten wollen«. Was macht man denn, wenn die trauernde Person plötzlich in Tränen ausbricht? Darf man sie überhaupt darauf ansprechen? Oder sticht man damit in eine offene Wunde? Der Bekannte, der die Straßenseite wechselt, wenn er die Witwe erblickt. Die peinliche Stille, die sich einstellt, wenn die Kollegin, die ihr Kind verloren hat, zum Mittagstisch in der Kantine hinzustößt. Die seltsame Stimmung auf der WG-Fete, wenn die junge Frau von einem nichts ahnenden Partygast gefragt wird, wie es denn so läuft bei ihr. Und sie mit dem Downer-Satz »Nun ja … vor zwei Wochen ist meine Mama an Brustkrebs gestorben. Also … geht so«, antwortet. Das dünne Eis der Verletzlichkeit ist glatt.

Zum Teil haben unsere Mitmenschen auch recht, wenn sie glauben, dass dieser eigene Raum in der Trauer benötigt wird. Es ist meiner Meinung nach wichtig, dass man sich seinen Gefühlen auch allein nähern kann. Aber so, wie wir als Menschen unsere Erfahrungen natürlich immer intrinsisch, also in uns selbst bearbeiten, sind wir auch soziale Wesen, die sich auf andere beziehen wollen, sich in ihrem So-Sein mitteilen wollen, die sich nach Geborgenheit und Verständnis und Halt in der Gemeinschaft sehnen. Früher, als unsere Familiengeflechte noch enger waren, als Trauerrituale und die christlich geprägte Kultur mit ihrer Aussicht auf ein ewiges Leben noch fester Bestandteil unseres Zusammenlebens waren, da war es vielleicht leichter, sich in der Trauer zu verbinden. Ich sage weiß Gott nicht, dass früher alles besser war. Aber der Zugang zur gemeinschaftlichen Trauer war ein anderer, ein offensichtlicherer. Heute gilt es, neue Wege der Trauer zu finden und über die, die es bereits gibt, offener zu sprechen.

Verständnis erhalten heißt in der Trauer auch oft, »ausgehalten werden können«. So schwierig, so traurig, so wütend, so verändert und so anstrengend, wie man gerade eben ist. Von anderen und auch von uns selbst. Aber – so kam es mir oft vor – irgendwann muss uns beigebracht worden sein, dass Gefühle, die wehtun, keine guten Gefühle sein können. Dass man diese Art von Gefühlen nicht offen zeigen sollte. Nicht allzu lange fühlen sollte. Dass wir sie möglichst schnell »wegmachen« sollten.

Manchmal erhalten wir dann gut gemeinte Ratschläge. Ratschläge, die Trost spenden sollen, aber oft von der Annahme ausgehen, man müsse Trauer »überwinden«. Und das möglichst in einem adäquaten Zeitrahmen.

»Na komm, lass den Kopf nicht hängen.«

»Nun komm schon, alles wird wieder gut.«

»Du musst das jetzt abschließen, loslassen lernen.«

Das sind einige dieser klassischen Sätze. Das Problem mit diesen Aussagen ist: Es geht uns in der Trauer manchmal sehr, sehr lange nicht besser. Und das kann man eben nicht einfach »wegmachen«. Es geht Trauernden auch nicht immer konstant gleich. Manchmal fühlt man sich tatsächlich besser, vielleicht sogar über viele Wochen und Monate – und dann kommt der Schmerz des Verlustes plötzlich und ohne Vorwarnung wieder über einen hereingebrochen. Die Trauer ist kein Projekt, das einen Anfang und – ja, das ist jetzt gewollter Wortwitz – eine Deadline hat.

Wie Trauer vonstattenzugehen hat, darum ranken sich immer noch viele Mythen. Eine davon ist, dass die Trauer in bestimmten Phasen abläuft, die zeitlich aufeinanderfolgen. Ein weiterer Mythos ist, dass Trauer irgendwann abgeschlossen sein wird. Das deckt sich weder mit meinen noch mit den Erfahrungen von Trauernden, mit denen ich gesprochen und über die ich gelesen habe. Und auch die neuesten Erkenntnisse der Trauerforschung sagen etwas anderes. Dennoch, oft, sehr oft, habe ich den Satz »Irgendwann ist das alles vorbei, und dir geht es wieder gut« gehört. Ja, die Trauer verändert sich, das stimmt. Aber nein: Die Trauer ist kein Prozess, den man schließen und zu den Aktenbergen legen kann. Die Trauer ist nichts, was man bewältigen muss, was man überwinden muss. Ich kann mich deshalb mit dem Wort Trauerbewältigung nicht richtig anfreunden. Die Trauer ist eng mit dem Leben verwoben, sie ist vielleicht sogar das Leben selbst. Ständig und immerzu stirbt etwas, hört etwas Materielles auf zu existieren. Und diese Tatsache tut uns weh. Und dass uns das wehtut, ist normal. Ganz fürchterlich normal.

Wenn wir aber dann Signale erhalten, dass wir uns mit diesen Gefühlen, den ganz schwierigen, nicht zeigen dürfen, lassen wir die Scham unser Leben bestimmen. Und weil wir uns so furchtbar schämen, weil wir uns nicht mehr zugehörig fühlen, weil es schrecklich einsam macht zu leiden, schenken wir diesen schwer auszuhaltenden Gefühlen nicht die Beachtung, die sie mehr als alles andere verdient hätten. Wir glauben dann also wieder, wir müssen Tapferkeitsmedaillen gewinnen, um nicht ins soziale Abseits zu geraten. Und wir schieben unsere Schmerzen und unsere Ängste – die so furchtbar unangebracht sind in einer Welt, in der so viele vorgeben, alles im Griff zu haben – irgendwo tief nach unten in den Bauchraum. Dort unten verschwinden sie aber nicht, sondern gären in ihrem Kerker weiter vor sich hin. Wenn man es überspitzt sagen will, könnte man meinen, dass uns eine Welt, die nicht offen über ihre Schatten sprechen will, ein Stück weit zu Selbsthass erzieht. Da ist etwas in uns, was gesehen werden will, das unsere Geduld, unsere Anteilnahme und unser Weichsein bitterlich benötigt. Und wir watschen es ab, damit wir weiter »dazugehören«. Zu …, ja, zu was eigentlich? Das perfekte Leben ohne Schmerzen, das werden wir nicht finden.

Wir können nach all den Dingen streben, die uns angeblich zu einem glücklichen Leben verhelfen. Wir können versuchen, reich zu werden, den prestigereichsten Job der Welt zu bekommen, den perfekten Body mit uns herumzutragen, in der angesagtesten Clique der Stadt aufgenommen zu werden, uns jede noch so kleine Falte wegspritzen zu lassen und unser Leben absolut Instagram-tauglich präsentieren zu lernen. Aber all dies wird uns unsere Trauer nicht nehmen können. Es wird die Tatsache, dass wir auch mit faltenfreiem Babyface sterblich sind, nicht wettmachen können. Und all das wird am Ende auch nicht zählen, wenn wir mit einem unbestiegenen Berg aus Trauer im Bauch auf unserem Sterbebett liegen.

Mich trieb die Scham über meine Gefühle an einen Ort, der noch viel schlimmer war als die Trauer selbst. Diese Zeit, die ich auf den vergangenen Seiten beschrieben habe, war mein »Rock Bottom«. Der absolute Tiefpunkt. Es ging um Leben, und es ging um Tod. Nicht nur in Bezug auf meinen Vater, auch in Bezug auf mich. Nein, das ist kein bisschen übertrieben und kein bisschen melodramatisch. Ich war komplett am Arsch. Die Stützpfeiler meines sogenannten Glücks waren abgesägt. Es gab für mich kaum noch etwas in der äußeren Welt, was mich hätte definieren können. All meine Träume waren zerplatzt, mein Leben, wie ich es mir ausgemalt hatte, existierte nicht mehr.

In dieser Nacht auf dem Wannenrand entschied ich mich trotzdem dafür, dass ich weiterleben wollte. Weiterleben mit genau jenem Status quo. Als arbeitslose, sitzen gelassene, »schwache« Frau, die froh ist, wenn sie eine Nacht ohne Panikattacken überstehen kann. Für die es ein Erfolg ist, wenn sie es schafft, ihren wund gelegenen Hintern nach oben zu hieven und sich mit ihren fettigen Haaren unter die Dusche zu stellen. Die wie ein kleines, verlassenen Kind säuselnd und brabbelnd kopfüber Tränen in den Boden weint. Genau das ist mein echtes, reales Leben. Der ganz harte Scheiß. Es ist kein »Happy Place«. Es ist nicht Instagram-tauglich.

In meinem Leben klafft eine große Wunde, und ich will meine Kräfte nicht mehr dafür verschwenden, diese Wunde zu verstecken. Ich will all meine Kräfte dazu nutzen, mich um diese Wunde zu kümmern. Ich erkläre mich bereit, es zu wagen, mir selbst ein Licht zu sein. Und danach zu suchen, was jetzt wirklich zählen kann. Danach zu suchen, was mir in diesen Zeiten der Trauer helfen kann.

Trauer, das ist ein Berg aus Schmutz und Edelsteinen

Ich sehe ein Videointerview mit der Schauspielerin Cameron Diaz, das mich sehr berührt und mir hilft, mir das Wagnis der Trauer und den Segen, den wir in ihr finden können, bildhaft vorzustellen. Diaz erzählt darin von einer Vision, die sie in Verbindung mit dem Tod ihres Vaters erlebte. Was sie erzählt, kommt mir bekannt vor. Auch sie begleitete ihren Vater beim Sterben. Auch sie war in Schockstarre.

»Oh mein Gott, er ist tot. Er ist wirklich tot«, dachte Diaz am Morgen, nachdem ihr Vater gestorben war. Dieser Schock, den ich sehr gut kenne. Voller Verzagen, voller Schmerz und Ungewissheit darüber, wie ein Leben ohne ihren Vater überhaupt aussehen könnte, lag sie dort und sah ihren Vater in ihrer Vorstellung plötzlich neben sich stehen. Aber als sie ihn erblickte, war er auch schon wieder verschwunden. Stattdessen klaffte an seiner Stelle nun ein großes Loch, das so tief und dunkel war, dass sie sein Ende nicht einmal ansatzweise erfassen konnte.

Dieses tiefe Loch steht für die Leere, die ein Mensch, den wir lieben, hinterlässt, das begreife ich sofort. Es ist aber auch ein Bild für den Abgrund der Verzweiflung. Jene Verzweiflung, die den Gedanken an ein Leben ohne den geliebten Menschen nicht zulassen kann. Es war aber nicht nur das tiefe Loch, das Diaz sah. Auf der anderen Seite des klaffenden Abgrunds befand sich ein riesiger, unbezwingbar anmutender Berg. Ein Berg aus dunklem Schmutz und Dreck, ein Berg aus Chaos.

Obwohl er ihr beängstigend groß erschien, fühlte sich Diaz von diesem riesigen Hügel magisch angezogen. Instinktiv ging sie um das Loch herum, krempelte ihre Ärmel nach oben und begann, im Schlamm des Berges zu wühlen. Als sie ihre Hände wieder aus dem Dreck zog, fühlte sie, dass sie mit etwas gefüllt waren.

Perplex über das, was sie dort tatsächlich erblickte, hielt sie für einen Moment inne: In ihren Händen schillerten wunderschöne Schätze. Leuchtende Edelsteine und Gegenstände aus Gold, das Letzte also, was man in einem Schuttberg erwarten würde. Diaz begriff, dass diese Schätze für das standen, was ihr Vater ihr hinterlassen hatte – und dafür, dass sie sich durch ihre Trauerarbeit mit diesen Dingen würde verbinden können. Sie wusste, dass sie den Berg immer noch besteigen musste, es führte kein Weg am Schmerz vorbei. Aber sie wusste auch, dass sie in diesem überwältigend großen Schmutzberg etwas Wertvolles finden könnte.

»Ich besteige ihn immer noch«, sagte Diaz zum Ende des Interviews und lachte.

Ich begreife: Den Berg zu besteigen, sich auf die Trauer und das Leben ohne den geliebten Menschen einzulassen, ist mühsam. Es ist schmerzhaft, es ist undurchsichtig, der Berg der Trauer erscheint oft viel zu groß und viel zu dreckig. Aber was ist die Alternative? Der Abgrund der Verzweiflung? Das Loch, das kein Ende zu haben scheint?

Der Trauerberg ist auch meine Verbindung zu meinem Vater. Wenn ich meinen Berg besteigen und in ihm – so wie Diaz – wühlen würde, könnte ich die Schätze, die mir mein Vater durch sein Leben hinterlassen hat, ebenfalls finden. Etwas gefällt mir besonders an dieser Geschichte: Cameron Diaz spricht von diesem Berg nicht wie von einem Feind. Er ist nicht etwas, was es zu »bewältigen« gilt. Der Berg ist der Weg, den wir alle gehen müssen. Es ist das Leben mit unserer Trauer. Es ist das Wagnis. Ein Wagnis, was womöglich nicht einfach so aufhört, womöglich auch gar kein Ende hat. So, wie Diaz es sagte: »Ich besteige ihn immer noch.«

Ich fühle mich verstanden. Ich mag Cameron Diaz in diesem Moment – sehr. Am liebsten würde ich in das Video springen und sie umarmen. Wie seltsam, denke ich. Eine Hollywoodschauspielerin, für die ich mich vorher nicht einmal wirklich interessiert hatte, die ich in die Schublade »nette blonde Frau aus romantischen Komödien« gesteckt hatte, ist in der Trauer zu meiner Verbündeten geworden.

In der Trauer sind wir alle gleich. Das Teilen unserer Erlebnisse ist kraftvoll, das begreife ich auch in diesem Moment. Ich hole mein Notizheft, in dem ich von nun an alles festhalte, was mir hilft und mich berührt und schreibe: »Trauer, das ist ein Berg aus Schmutz und Edelsteinen.«

Trauer ist voll okay

Ich glaube, dass Trauer voll okay ist. Genau so und in der Form, in der sie sich zeigt. So, wie sie gerade in diesem Moment da ist oder auch nicht da ist: Verschüttet oder brennend, stark oder sanft, offen liegend oder subtil – sie ist vollkommen in Ordnung so, wie sie ist. Eines wurde mir auf meinem Weg schnell klar: Die eine, die richtige Art, etwas zu betrauern, gibt es nicht. Die eine allgemeingültige Aussage, was Trauer ist, genauso wenig. Ich würde jedem, der trauert, raten, sich erst einmal von allen Definitionen frei zu machen. Kein Experte kann dir wirklich sagen, was der eine, der konstruktivste, der beste Weg ist, mit Trauer umzugehen. Kein Buch und keine Internetseite können für dich definieren, was du wie, wann und wie lange fühlen solltest.

Nein, ich glaube nicht, dass es die eine, die »gute Trauer« gibt. Ich glaube auch nicht, dass es irgendetwas gibt, was Trauer nicht sein darf. Natürlich heißt das nicht, dass ich den Griff zu Suchtmitteln als konstruktiv empfinde. Und ich würde auch nicht dazu raten, alle sozialen Kontakte abzubrechen und nur noch allein und für sich in seinem stillen Kämmerlein zu sitzen und jahrelang mit seinem Schicksal zu hadern. Was mir aber schnell klar wurde, ist, dass sich keine allgemeingültige Aussage treffen lässt, was Trauer ist und wie sie auszusehen hat.

Den Versuch, den Prozess der Trauer in ein paar Sätze zu packen, sie also letztlich einzurahmen, finde ich grundsätzlich schwierig, und ich bin nicht gewillt, eine Definition der Trauer unhinterfragt auf mich anzuwenden. Für den Trauernden selbst ist sein Prozess oft nicht stringent, keine Abfolge von Phasen, die logisch aufeinander aufbauen. Je nach vorherrschender Situation können und werden sich Menschen, die einen Verlust erlitten haben, vollkommen unterschiedlich verhalten.

Ist der, der eine Erleichterung verspürt, nachdem ein Elternteil nach schwerer Krankheit starb, ein weniger gut Trauernder, als ich es bin, nur weil in meiner Trauererfahrung der Schmerz über die verloren gegangene Bindung im Vordergrund steht? War der Verlust für einen Menschen weniger bedeutend, wenn er lange Zeit erst einmal gar nichts spürt? Oder ganz schnell wieder auf die Beine kommt? Und ist der, der länger trauert, als es allgemeinhin als normal gilt, deshalb ein Mensch mit einer komplizierten Form der Trauer? Ich weigere mich, diese Kategorisierung anzunehmen.

Am Anfang stand für mich also jene Erkenntnis, die ich erhalten musste, um mich überhaupt auf den Prozess der Trauer einlassen zu können: die Erkenntnis, dass die Trauer, meine, deine, unser aller Trauer, vollkommen okay ist. Der Beschluss, meine eigene Trauer – zuerst einmal nur für mich – zu dokumentieren, war auch ein Beschluss, den vielen Fragen, die ich mir aufgrund meines Zustandes stellte, genauer auf den Grund zu gehen. In der Reflexion meiner Empfindungen, aber auch in Gesprächen mit anderen Trauernden, wurde ich wiederkehrend mit einer bohrenden Frage konfrontiert: Der Frage, ob die empfundene Trauer eigentlich im Spektrum der Norm liegt, ob man »noch normal ist« – was dieses berühmte »normal« auch immer bedeuten mag – oder ob die eigene Trauer gar schon im pathologischen, also krankhaften Bereich einzuordnen ist.

Ab wann ist Trauer eigentlich eine Krankheit? Ganz salopp gesagt, fragte ich mich ziemlich häufig, ob ich eigentlich noch alle Latten am Zaun hatte. Ob das, was ich fühlte, einschließlich starker körperlicher Symptomatik, auch in den Trauerprozessen anderer Menschen vorkommt oder ob dieses einschneidende, ja traumatische Erleben meines Verlustes dazu geführt hatte, dass bei mir tatsächlich die ein oder andere Sicherung durchgebrannt ist.

Nun, aus der heutigen Perspektive und mit etwas Ironie betrachtet, würde ich sagen, dass die besagten Sicherungen tatsächlich durchgebrannt sind. Aber – und das ist ein wichtiger Punkt: Vielleicht ist es gar nicht so unnormal, dass ich auf das Erlebte so reagiert habe, wie ich es eben tat. Vielleicht – ziemlich sicher sogar – ist meine Trauer, die Verarbeitung meines Verlustes, nicht krank und so, wie sie sich eben entwickelte, vollkommen okay. Denn die »Sicherungen« meiner bisherigen Welt lösten sich mit dem Tod meines Vaters, dem ersten Mann, den ich liebte, der eine gewisse Sicherheit für die Familie darstellte und an den ich noch so viele Fragen hatte, auch wirklich auf – zumindest gefühlt. Ich glaubte, ich würde verrückt werden vor Schmerz.

Interessanterweise stellte ich im Zuge meiner Recherche fest, dass sich die Frage nach »normaler Trauer« oft nicht nur jene Hinterbliebenen stellen, die sich Monate, teilweise Jahre später immer wieder oder immer noch aufgrund ihres Verlustes in starken Gefühlszuständen wiederfanden, sondern auch jene, denen es schwerfiel, überhaupt etwas zu fühlen und ihre Trauer als »kaum vorhanden« oder »abgespalten« beschreiben würden.

Doch warum fragen wir uns eigentlich, was normale Trauer ist?

Die Tatsache, dass die Gesellschaft ein Bild zu haben scheint, wie viel Trauer ein Individuum erleben sollte – und dieses Bild schließt eine lange, ausgiebige und offen gelebte Trauer oft genauso aus wie eine nicht vorhandene, beziehungsweise nicht gezeigte Trauer –, hat mit Sicherheit einen erheblichen Anteil an jenem Gefühl des »Nicht-mehr-Dazugehörens«. Mit den einen stimmt also etwas nicht, weil sie ihren Schmerz nicht zeigen, vielleicht sogar nicht einmal richtig fühlen können, die anderen erhalten von ihrem Umfeld nach der akuten ersten Trauerphase oft mehr oder weniger direkt die Aufforderung, sie sollen sich am Riemen reißen oder nun endlich »loslassen lernen«. Die Menschen in unserer Umgebung reagieren mit Hilflosigkeit auf ein Thema, das viel zu häufig im stillen Kämmerlein mit sich allein ausgemacht wird.

Ich glaubte, mich den scheinbaren Normen, also der Distanzierung zum Thema Tod und einer veränderten, vielleicht sogar nicht mehr gelebten Trauerkultur, anpassen zu müssen. Im Zuge der drohenden Isolation und dem Druck der gesellschaftlichen Standards beginnen dann viele Trauernde, die Maske des Tapferen zu tragen, die sie manchmal sogar – ich möchte hier nicht für alle Trauernden sprechen – in eine noch kompliziertere Form der Trauer treiben kann.

Ich glaube, dass wir lernen können zu trauern, uns bewusst entscheiden können zu trauern. Ich glaube, dass wir neue Wege finden können zu trauern und im Hinblick auf eine westliche, hochindividualisierte Gesellschaft auch neue Wege finden müssen zu trauern. Und ich glaube, dass die Auseinandersetzung mit dem Tod, eine offene Kommunikation über und – ja – auch mit dem Tod eine wichtige Rolle dabei spielen sollte.

Trauer kommt nicht in Schablonenform

Wer einen Menschen verliert, verliert eine Beziehung, die vielschichtig war, die geprägt war von ganz persönlichen Erfahrungen. Unsere Trauer ist letztlich so individuell, wie auch unsere Wahrnehmungen vom Leben individuell sind, und sie ist so individuell wie die Beziehung, die wir mit dem Verstorbenen pflegten. Gerade deshalb ist sie so, wie sie sich zeigt, erst einmal vollkommen in Ordnung. Davon bin ich fest überzeugt. Niemand kann und sollte auf unsere Verlustreaktionen eine Schablone legen, die bestimmt, welche Form unsere Trauer annehmen sollte – nicht die Gesellschaft, nicht unsere Freunde und Bekannten, nicht einmal

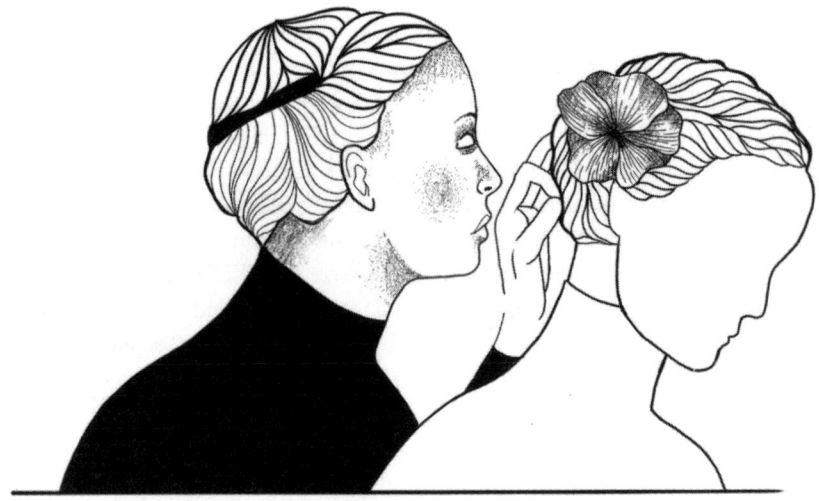

Ärzte, Therapeuten oder Trauerbegleiter. Durch das Verständnis darüber, wie individuell und unterschiedlich Trauer sein kann, können wir somit ein Verständnis für unseren eigenen und den Trauerprozess der anderen entwickeln.

Bereits in unserem Familienkreis sehen wir, wie unterschiedlich Menschen auf den Verlust von ein und derselben Person reagieren können. So sind meine Mutter, meine Schwestern und ich sehr unterschiedlich mit unserer Trauer umgegangen. Während ich auf den Schock des Todes meines Vaters zuerst mit Panikattacken und somit auch stark somatisch reagierte, ist meine Mutter die ersten Wochen in eine Art Beschäftigungstherapie verfallen. Von der Organisation der Beerdigung über die Auflösung der Firma meines Vaters hin zu Dankeskarten und Steuernachzahlungen: Mama war in den ersten Wochen nach dem Verlust des Mannes, mit dem sie 30 Jahre verheiratet war, in ihrer Tatkraft kaum zu bremsen. Sie stemmte so vieles mit links, dass ich mich manchmal fragte, ob sie überhaupt um ihn trauerte. Mir kam ihr Verhalten unglaublich befremdlich vor. »Sie ist wohl gar nicht traurig. Es ist fast so, als sei Papa gar nicht gestorben«, dachte ich enttäuscht und ja, ich verspürte auch Wut. Papa war tot, und sie machte einfach weiter? Ich fand das fast schon unmoralisch. Auch meine Schwestern trauerten stiller, anders, als ich es tat, und ich glaubte, dass ich mit meinen Gefühlen der Verzweiflung, auch der Verzweiflung darüber, dass ich so stark auf den Verlust reagierte, allein auf weiter Flur stand. Ich dachte wirklich, ich litt wohl als einziges Mitglied der Familie in dieser Tiefe.

Ich kann heute sagen: Diese Annahme war falsch, und sie war genauso eine Anmaßung, eine Bewertung der Trauer, wie ich sie selbst von Außenstehenden, vielleicht auch der Gesellschaft erfahren habe. Ich selbst habe also eine Schablone auf die Trauer meiner Familienmitglieder gelegt. Da sich meine Gefühle mehr oder anders externalisierten als die Gefühle meiner Schwestern und meiner Mutter, glaubte ich, meine Trauer sei die schlimmste, einschränkendste und tiefste Trauer von allen. Ich war in Angst und Panik geraten, war vollkommen aus der Bahn geworfen worden, und die anderen schienen das – in meiner Wahrnehmung – alles gar nicht so schmerzhaft zu empfinden wie ich. Meine Schablone war geformt durch meine Bewertung, meine Projektionen und meine Annahmen darüber, wie Trauer auszusehen hat. Warum war das so?

Nun, weil ich so wenig über die Formen der Trauer wusste, weil ich die Reaktionen anhand meiner eigenen Wahrnehmungen beurteilte. Wir alle bewerten ständig, das ist Teil der menschlichen Erfahrung. Doch ich glaube, es sollte keine Regeln geben, die besagen, was Trauer sein darf und was nicht. Denn heute weiß ich, dass ich falsch lag. Meine Reaktion war meine Trauer, die Trauer jedes Einzelnen in der Familie ging ihren eigenen Weg, und die Verlustreaktionen meiner Familienmitglieder war abhängig von ihren Charaktereigenschaften, ihren bekannten Bewältigungsstrategien, ihren individuellen Lebensumständen und ihrer persönlichen Beziehung zu meinem Vater. In meiner Reaktion zeigte sich auch mein Wesen, mein Bindungsverhalten und wie ich mit Verlust und Trennung umgehen oder eben nicht umgehen konnte. Ich drückte meine Gefühle auf die ein oder andere Art schon immer stärker, unmittelbarer aus, als es meine Schwestern taten.

Ich erinnere mich, dass ich als Kind nach einem Streit mit meiner älteren Schwester oft laut weinte, während sie sich in ihr Zimmer zurückzog, die Tür abschloss und, bis sich die Luft gereinigt hatte, oft stundenlang Zeit allein verbrachte. Fühlte ich nur, weil ich »lauter« fühlte, intensiver als sie? Wie konnte ich das überhaupt beurteilen?

Meine Mutter, ein Nachkriegskind, verlor ihren Vater mit nur fünf Jahren und war durch ihre Lebensumstände oft dazu gezwungen, auf Schicksalsschläge praktisch zu reagieren, Dinge selbst – und vielleicht auch als Einzige – in die Hand zu nehmen. Mit 19 wurde sie das erste Mal schwanger, war später viele Jahre alleinerziehend. Mama war ein Macher, das ist es, was sie gut kannte, das hatte sie schon oft emotional gerettet. Die Beschäftigung war eine ihrer Bewältigungsstrategien. Meiner Mutter blieb aufgrund der Umstände oft gar nicht die Zeit, Raum für ihre Gefühle zu schaffen, während ich mich schneller und bewusster auf einen Trauerprozess einlassen konnte. Vor dem Tod meines Vaters war sie diejenige, die ihn täglich und unermüdlich pflegte, danach war sie diejenige, die sich um seinen Nachlass kümmerte. Sie war so beschäftigt, weil ihr kaum eine andere Wahl blieb, und so war es dadurch einfach schwieriger, ihrer Trauer Raum zu geben.

Erst später, als alles erledigt war und sie allein in den gemeinsamen Alterswohnsitz zog und dann wirklich zur Ruhe kam, zeigte sich die traurigere, die leisere, ja auch oft die einsame Seite der Trauer meiner Mutter. Und auch die sehr erschöpfte Seite. Als sie mich eineinhalb Jahre nach dem Tod meines Vaters mit einem schweren Bandscheibenvorfall in Berlin besuchte und ich sie eines abends trotz ihrer starken körperlichen Beschwerden in eine Bar ausführte, kam das »bitterlich schluchzende Mädchen« aus dem Krankenhaus wieder hervor.

»Es ist so still in der Wohnung ohne ihn. Ich vermisse deinen Papa so«, sagte sie unter Tränen. Aus ihrem Gesicht sprach eine tiefe Trauer, eine Sehnsucht nach meinem Vater. Sie war einsam. Sie erzählte mir, wie sehr sie die letzten Jahre geschlaucht hatten, wie schwer es für sie gewesen war, meinen Vater während seiner beschwerlichen Krankheit zu pflegen. Er war oft wütend und ablehnend gewesen in dieser Zeit, und sie hatte es abbekommen. Vielleicht war er auch manchmal wütend, dass sie weiterleben konnte und er nicht, dachte ich. Meine Mutter musste sich selbst durch den schwierigen Berg an Gefühlen kämpfen, der dieser schwere Verlust für sie bedeutete. Und sie hatte es mit Anfang 60 schwerer als ich, sich an die neue Situation zu gewöhnen.

Ich saß dort also mit ihr und betrachtete sie in ihrer Verletzlichkeit, ihrem Schmerz, ihrem Gebrochensein, aber auch in ihrer unglaubliche Stärke. Es war schmerzhaft, sie so zu sehen, und gleichzeitig war ich unglaublich dankbar für ihre Offenheit. Denn durch das Teilen ihrer Verletzlichkeit machte sie sich mir verständlich. Ich begriff: Nur weil sie ihren Schmerz anders zeigte, war er nicht »nicht vorhanden«. Sie trauerte nicht, wie ich es tat – und dieser ihr eigener Prozess war vollkommen okay, so, wie er war.

Vom Tod meiner Texte

Heute, da schrieb ich einen Text über den Tod, den ich ziemlich – also so richtig – gut fand. Ich war stolz auf diesen Text, auf meine Spitzfindigkeit und meinen Wortwitz. Er hatte alles, was ein guter Text für mich beinhalten musste: Geist, Eloquenz und viel Flow. Er war, wenn man so will, voller Leben.

Und dann stürzte mein Computer ab. Und der Text war weg. Weg. Ich konnte es nicht glauben. Erst einmal spürte ich Leere. Wie konnte das passieren, warum hat dieses verdammte Schreibprogramm versagt? Ist es im Jahr 2017 so schwer, einen Text automatisch abzuspeichern, du Assclown von einem Laptop? Es ist nicht so, dass man alle Tage so einen Text hinbekommt. Ich hätte diesen nichtsnutzigen Computer am liebsten gegen die Wand geschmissen. Was soll das? All meine Mühe, meine Energie, mein Herzblut der letzten Stunden: weg. In Luft aufgelöst. Und der Text kommt nicht wieder, ich kann ihn nicht zurückholen, ich kann ihn nicht wiederbeleben. Ich spüre seine Energie noch, aber vor mir liegt lediglich ein weißes Blatt. Ich kann ihn nicht reproduzieren. Es wird nicht mehr dasselbe sein, nicht mehr die gleichen Worte, nicht mehr die gleichen Gedanken, nicht der gleiche Moment. Meine Schöpfung wurde gekillt! Ich könnte weinen vor Wut. Nein, ich weine vor Wut! Mein Text ist, verdammte Scheiße noch mal, … tot.

(Stille)

Mein Text ist tot. Ich hatte ihn »Warum der Tod der ewige Arsch ist« genannt, und im Hinblick auf die Gefühle, die der Tod meines Textes in mir auslöst, scheint mir dieser Titel jetzt umso passender zu sein. Ironisch genau hat mir der Tod jene Kernproblematik deutlich gemacht, die überhaupt dazu geführt hat, dass ich ihn einen ewigen Arsch genannt habe: Er hat mir etwas genommen, was mir lieb war. Nicht zum ersten Mal hat er das getan. Und das tut weh. Es tut weh, dass er einfach kommt, wann er will, und sich nimmt, was er will. Es scheint ihm egal zu sein, wie viel uns Dinge, wie viel uns Menschen bedeuten, wie schwer es ist, das, was wegging, verloren ging, zu betrauern, diese Gefühle auszuhalten. Ich habe mir vorgenommen, ihn näher kennenzulernen, aber leicht ist das nicht. Du bist so erbarmungslos, Tod. Du nimmst, was du willst, und das, was du hinterlässt, zerquetscht mein Herz, es brennt und tut weh, und ich will nicht, dass es brennt und wehtut und mich so wütend und hilflos macht. Au, au, au, au, au, au.

Immer wieder stehe ich vor dieser Hürde: Ich will über dich sprechen, dich aushalten können, dich verstehen oder zumindest fühlen und zugeben können, wie viel Angst du mir machst – und ich möchte anderen zeigen, dass es geht, dir ins Gesicht zu blicken. Und zu dir zu sprechen.

Aber ich muss jetzt, in diesem Moment, nachdem ich den Schmerz darüber, dass du mir meinen Vater genommen hast, irgendwie ausgehalten habe, zugeben, dass du mich sogar mit dem Sterben meines Textes – im Kleinen, aber trotz allem – immer wieder an den gleichen Punkt bringst. Und dass es, wenn ich ganz ehrlich zu mir bin, scheinbar nicht ohne die Einsicht geht, dass du immer wieder verdammt quälend und verdammt schwer zu ertragen bist. Und ich trotzdem weitermache, weil ich irgendwie mit dir eine halbwegs erträgliche Ebene finden will. Au, au, au, Tod. Lass uns reden, bitte!

Eine Annäherung

Meine Trauer ist für mich unweigerlich mit einer grundsätzlichen Auseinandersetzung mit dem Tod verbunden. Sie beinhaltet nicht nur mein eigenes Verhältnis zum Tod, sondern auch das kollektive Verhältnis. Ich musste kein Trauerforscher sein, um festzustellen, dass der Umgang bzw. Nicht-Umgang mit mir als Trauernde in einem Zusammenhang damit steht, wie die Gesellschaft dem Tod im Allgemeinen begegnet. Ich wage mal die These, dass sie das Thema Tod nicht besonders sexy findet.

Ich selbst wollte, bis ich den Tod so nah erlebt habe, so gern über das Sterben nachdenken, wie man mit Ende 20 eben über das Sterben nachdenken möchte: am besten gar nicht. Und eigentlich will man doch mit Ende 70 auch noch nicht über das eigene Ableben nachdenken. Man tut es vielleicht notgedrungen, weil man ja realistisch einschätzen kann, dass einem nicht mehr so viel Lebenszeit bleibt. Doch selbst das scheint nicht mehr unbedingt die Norm zu sein: Auf einem Vortrag hörte ich einen Bestatter von Besuchern einer Messe erzählen, die sich zahlreich darüber beschwerten, dass er mit seinem Unternehmen als Aussteller vor Ort war – es handelte sich um eine »Seniorenmesse«. Nun kann ich die armen Senioren ja auch verstehen: Die meisten kamen wahrscheinlich, weil sie sich mehr für einen »Bungee-Jump-55+« interessierten als für die Wahl zwischen Erd- oder Feuerbestattung.

Jetzt besaß dieser Typ aber die Frechheit, das äußerst unangenehme Thema Tod in den Raum zu werfen und ihnen das Gefühl zu geben, sie stünden bereits mit einem Fuß im Grab.

Vor meinem inneren Auge stelle ich mir die entrüsteten Mittsechziger vor, wie sie sich wütend vor dem Stand des Bestatters aufbäumten und brüllten: »Sterben? Was soll der Mist? Wir sind doch alle jung geblieben. 80 ist das neue 60!«

Schon blöd, das mit dem Tod.

Doch hier kommt sie noch einmal, die harte und unverblümte Wahrheit, für dich, für mich, für die Senioren dieser Erde – und ich weiß, du willst es nicht hören, aber da haben wir etwas gemeinsam: Wir werden alle sterben. Irgendwann, vielleicht in ferner Zukunft, vielleicht morgen. Nicht nur Oma und Opa stehen mit einem Fuß im Grab, wir alle tun es ab jenem Moment, in dem wir unseren ersten Atemzug auf dieser Erde nehmen. Wer kann davon ausgehen, dass das eigene Leben erst in 20, 30 oder 40 Jahren endet? Die Verwundbarkeit meines Lebendigseins wurde mir durch den Tod meines eigenen Vaters schmerzlich bewusst. Durch das Erleben der Endlichkeit meines Vaters musste ich mir eingestehen: Verdammt, es trifft auch uns. Plötzlich, auf einmal, war die Welt kein Ort mehr, in der ich den Tod ausblenden konnte. Plötzlich war das Sterben nicht mehr ein Abstraktum, das Sterben wurde zur Wirklichkeit.

Das Thema Tod bereitet mir natürlich eine scheiß Angst. Diese archaische anmutende Angst, die mich kurz nach dem Tod meines Vaters in nächtlichen Panikattacken befiel, aber auch die Angst, die im Alltag bereits vor der Zeit meines großen Verlustes immer mal wieder in mir aufkam und mich mit meiner Endlichkeit belästigte. Ich spürte sie manchmal in meinem Oberbauch sitzen und fies nach oben kriechen. Bis zur Kehle ließ ich sie kommen, dann, kurz bevor sie zur Panik wurde, zwang ich sie wieder hinab, irgendwo in einen tiefen, dunklen Bauchraum. Nein, es ist noch nicht so weit, dachte ich dann und lebte weiter – in der Welt mit den Anti-Aging-Tipps der InStyle, den schönen Instagram-Influencer-Girls, den Partys, den Diäten, dem Wunsch nach Selbstverwirklichung und der großen Karrieren.

An sich ist nichts falsch an dieser Welt, nur ist sie eben ziemlich verquer, wenn der Tod darin ein ungebetener Gast ist. Wir behandeln den Tod wie einen nervtötenden bösen Onkel, den man meidet, weil er immer die unangenehmen Wahrheiten auf den Tisch bringt. Wenn er aber nie mit am Tisch sitzen darf, dann werde ich im Moment, in dem ich zur Trauernden werde, auch ein Teil dieser buckligen Verwandtschaft, die man nicht mehr zur Dinnerparty einladen möchte. Zumindest nicht, wenn ich alle anderen mit diesem unangenehmen Thema zu lange belästige.

Und somit fühle ich mich oft wie ein Fremdkörper in einer Welt, die für immer leben will. Und obwohl ich schon immer viel gelesen habe, mich für das Zeitgeschehen interessierte, mich mit Philosophie, Religionen und Spiritualität beschäftigte, habe auch ich dieses große Thema viel zu lange in die »Noch nicht so weit«-Box gepackt.

Aber wann wird das »noch nicht so weit« zu einem »schon zu spät«? Papa hat immer auf die Zukunft hingearbeitet. Oft sagte er: »Noch ein paar Jahre, dann setze ich mich mit deiner Mutter zur Ruhe.« Fleißig hat er an seiner Finca auf den Kanaren gebastelt, Geld in den Alterswohnsitz am Chiemsee gesteckt. »Bald ist es so weit, bald lebe ich dann wieder so richtig und lasse es mir gut gehen«, war die Botschaft, die er immer wieder suggerierte. Und als es dann fast da war, das »richtige, das gute Leben«, da starb er. Wenn ich mich an sein letztes Jahr erinnere, kommt es mir so vor, als hätte er in diesen letzten Monaten mehr Leben, mehr Präsenz im Hier und Jetzt in sich zugelassen, als all die vielen Jahre zuvor.

Ich erfasse die Tragik, die darin steckt. Sie lässt mich nicht mehr zu Ruhe kommen. Ich möchte den Tod nicht nur nicht mehr verdrängen, ich kann ihn nicht mehr verdrängen.

Ich habe beschlossen, mich dem Tod anzunähern, meine Trauer ganz offenherzig ins Leben fließen zu lassen. Ich möchte dies nicht allein tun: Ich möchte Menschen treffen, erzählen, zuhören, mich austauschen, erfahren, was sie über den Tod und über die Trauer zu sagen haben, was sie erlebt haben. Ich möchte wissen, wie es früher war und warum wir den Themen Tod und Trauer heute so distanziert begegnen. Ich möchte festhalten, was ich erlebe und erfahre, innen wie außen. Ich tue dies nicht als Expertin, ich suche. Ich glaube, ich brauche eine gehörige Portion Mut, aber irgendetwas in mir sagt mir, dass es das wert ist. Irgendetwas sagt mir, dass diese Suche wichtig ist. Vielleicht – ich mag diese Vorstellung – ist es sogar Papa, der mir das sagt.

Ich stelle mir vor, wie ich meine innere »Noch nicht so weit«-Box hervorhole. Ich stelle sie vor mich und schreibe, bestimmt und mit einem dicken Stift »Lieber Tod, wir müssen reden« darauf.

Warten auf Cori – Wie man dem Tod ins Auge blicken kann

Es ist ein schöner Tag für eine erste Begegnung. Es ist sehr warm, aber dank einer angenehmen Brise weit davon entfernt, zu heiß zu sein. Als sei die Sonne heute mit einem besonders sanften Gemüt an ihre Arbeit gegangen, hinterlässt sie viele funkelnde Lichtspiele in den schulterlangen blonden Haaren des Mädchens am Tisch links neben der Eingangstür. Um meine Füße hüpfen fünf Spatzen auf der Suche nach zu Boden gefallenen Brotkrümeln und sehen dabei so aus, als führten sie einen eigens für diesen Moment einstudierten Tanz auf. Ich applaudiere ihnen gedanklich und setze mich an einen Tisch im Halbschatten.

Als die Kellnerin zu mir kommt, höre ich mich ein Frühstück bestellen, ohne wirklich hungrig zu sein – und auch nur, weil ich mich mit etwas beschäftigen möchte, während ich warte. Dann aber fällt mir ein, dass sich eines meiner verschlissenen Notizbücher in meiner Tasche befindet.

Bevor ich beginne, meine vielen Gedanken durch Schreiben zu sortieren, sehe ich mich um: Das Café ist voll, es ist Mittagszeit. Die Menschen, die an den Tischen sitzen, sind fast ausnahmslos schön. »Alles, auf das Sonne scheint, ist wunderschön«, habe ich einmal in einem Lied gehört und nie wieder vergessen. Ist es möglich, dass sich mein Sinn für Schönheit nach der schweren Zeit verändert hat? Zumindest habe ich oft das Gefühl, dass ich weicher in die Welt blicke.

Die schönen Menschen unterhalten sich jedenfalls angeregt, lachen laut auf oder warten auf irgendwen oder irgendetwas. Nun, um ehrlich zu sein, tippen viele auch nur gelangweilt aussehend in ihre Smartphones. Eine junge Frau mit langen braunen Locken glaubt, jemanden, vielleicht einen Bekannten, einige Tische weiter entdeckt zu haben, steht auf und schleicht sich mit verdruckster

Haltung und einem schüchternen Halblächeln an seinen Tisch. Er ist es wohl wirklich, denn sie sieht erleichtert aus, als sich der junge Mann erhebt und auf das Halblächeln der Frau jetzt eine verschrobene Halbumarmung folgt, die – so kommt es mir vor – in beiden ziemlich unbehagliche Gefühle auslöst.

Ach, ich liebe peinlich berührende Momente. Sie sind süß, sie zeigen etwas Echtes. Das, was unter unseren einstudierten Rollen liegt. Wir glauben ja immer, dass alle anderen außer uns selbst das Leben gecheckt haben. Und dann, in diesen Begegnungen der Peinlichkeit, zeigen sich all unsere Unsicherheiten. Keiner hat's gecheckt, glaub' ich wirklich.

Ich frage mich, was hinter dieser Begegnung steckt. In diesem Moment entdecke ich das Schild des Kinos auf der gegenüberliegenden Straßenseite: »Intimes«, steht da mit dicken weißen Buchstaben geschrieben. Ich muss kurz schmunzeln. Wer weiß, wie intim diese beiden irgendwann einmal miteinander waren. Und damit meine ich nicht einmal zwingend Sex. Ich stelle mir vor, wie sie vor einigen Monaten während einer langen Partynacht viele Stunden eng umschlungen auf einem dreckigen, aber wunderbar flauschigen Teppich lagen und sich gegenseitig ihre – sich zu diesem Zeitpunkt butterweich anfühlenden – Unterarme streichelten. Dann offenbarten sich die beiden ihre größten Ängste und tiefsten Geheimnisse, während sie sich gegenseitig in ihren tellergroßen Pupillen verloren. Ihr starkes Nähebedürfnis war wohl die Folge eines durch Ecstasy bedingten Serotoninausschusses. Sorry, sehr unromantisch, aber wir sind ja schließlich in Berlin. Vielleicht erzählte der junge Mann der jungen Frau dann, dass er Angst vor dem Sterben habe. Oder der Lockenkopf ihrem neuen Freund von ihrer Angst vor dem Leben. Und da, in diesem Moment, in dem sie einander zuhörten und sich öffneten, fühlten sie sich ganz nah und verbunden in ihrer beiderseitigen Verletzlichkeit. Weil es ja das ist, was uns alle verbindet: dass wir es alle nicht gecheckt haben. Bis dann nach einigen Stunden die Wirkung des MDMA in ihren Glücksgefühl-Hirnen nachließ.

Und alles, was jetzt – zurück in ihren Alltagsrollen – von der tiefen Innigkeit dieser Nacht übrig geblieben ist, ist der Nachgeschmack des Peinlich-berührt-Seins. Jener, der entsteht, wenn man einem Fremden in einem emotional aufgeladenen Moment einen tieferen Einblick in die eigene Seele gewährt hat. Die beiden verabschieden sich jetzt und gehen zurück an ihre Plätze. Ich schüttle den Kopf. »Phantasma, Phantasma, Madame«, sage ich leise zu mir selbst. Und schreibe.

Berlin, Ende Mai. Ich bin zu früh. Ganze 60 Minuten vor der verabredeten Zeit habe ich mich an unserem Treffpunkt eingefunden. Das ist nun alles andere als typisch für mich, denn normalerweise bin ich chronisch zu spät, und eigentlich bin ich auch nie in dieser Gegend. Aber heute ist ohnehin alles anders als sonst. Ich bin nervös, und ich glaube, ich weiß genau, warum. Eigentlich liebe ich das Unbekannte und finde es aufregend, neue Menschen oder fremde Orte kennenzulernen. Nicht zu wissen, was auf mich zukommt, löste schon immer mehr erwartungsvolles Bauchkribbeln als kalten Angstschweiß in mir aus. Ich möchte mir das Unbekannte erschließen, möglichst viel erkennen. Die Freude ist allerdings auch deshalb eine Freude, weil ich aus Erfahrung weiß, dass das Fremde nicht fremd bleiben wird. Aber jetzt weiß ich, dass manche Dinge wohl unergründet bleiben werden und ich das, was mich quält, nie ganz verstehen werde. Ich glaube, ich begreife das langsam. Mich fasziniert der Gedanke, dass jeder Mensch anders fühlt, jeder also seine ganz eigene innere Welt besitzt, die möglicherweise ähnlich, aber nie, nie ganz gleich ist. Sogar, wenn wir ähnliche Erlebnisse haben. So wie unsere Fingerabdrücke alle ähnlich aussehen, aber nie identisch sind. Die wirkliche Erfahrungswelt des anderen bleibt somit auch immer ein Geheimnis, und das löst neben der besagten Faszination manchmal auch Unbehagen in mir aus.

Früher wollte ich immer alles von anderen Menschen wissen. Immer, wenn ein anderer still wurde, fragte ich: »Was denkst du gerade?«, und ich fühlte mich mehr als berechtigt, eine Antwort zu erhalten. Heute glaube ich, dass ich oft alles erfahren will, weil ich die Unsicherheit des im Geheimen Liegenden nicht aushalten kann. Das Fremde, das fremd bleibt. Wohl, weil es dann zur nagenden Unsicherheit werden kann. Ich will keine Angst haben, niemand will Angst haben. »Es ist doch alles in Ordnung, oder? Es geht weiter, nicht? Ich werde geliebt, oder? Da ist doch sicher jemand, der sich bei all dem etwas gedacht hat?« All diese inneren Fragen und noch viele mehr, die doch letztlich immer auf das Eine hinauslaufen: Ich will wissen, was hinter der Stille, dem Unbekannten steckt, und mich vergewissern, dass ich in Sicherheit bin. Eigentlich will ich immer nur eines: Ich will hören, dass alles gut wird. Nah und warm und schön und ohne Angst. Mutterleib-Style. Geborgenheit. Der Ausblick aufs Paradies, die eine, unermüdliche Hoffnung.

Ich suche das in meinen Beziehungen, meiner Arbeit, vielleicht sogar in der ersten Versicherung, die ich vor Kurzem abgeschlossen habe. Mit 30! Und schlussendlich suche ich wohl nach der beruhigenden Antwort, dass hinter all dem, diesem Leben, etwas Sinnstiftendes steckt. Es vielleicht sogar wirklich eine höhere, Sinn gebende Macht gibt, einen Masterplan.

Papas Tod aber hat alle Sicherheiten infrage gestellt. Ich kann nicht vergessen, wie er nachts voller Angst umherwanderte. Wissend, dass er sterben wird. Und ich, ich konnte ihm keine Antwort geben, er konnte sich keine Antwort geben, es gab keinen Boden mehr und auch keinen Sinn hinter seinem Sterben. Und vielleicht ist eine wichtige Erkenntnis nun auch, dass diese letzte Fremde ein Geheimnis bleiben wird. Die große Fremde, jene, die beginnt, wenn wir aufhören zu atmen, wird im Verborgenen bleiben, solange wir leben. Und ja, die einzige Sicherheit ist vielleicht, dass es nie eine Antwort darauf geben wird, die mich zufriedenstellt. Und das Nichtwissen, diese Unsicherheit, macht mir solche Angst. Sie geht nicht weg, sie ist immer latent da. Ich habe also nur wenige Möglichkeiten: Ich kann dieser Angst, der großen Angst vor dem Tod, entgegentreten, zumindest ein Stück weit. Oder ich kann sie für den Rest meines Lebens verdrängen. Will ich aber nicht mehr, glaube ich. Deshalb bin ich heute gekommen. Der erste Schritt.

Wie wir dem Tod begegnen können – Gespräch mit Cori

Wie wir dem Tod begegnen können, der eigenen Endlichkeit, damit beschäftigt sich Cori. Als ich den Stift absetze, frage ich mich, ob ich Cori nicht auch eine verdruckste Halbumarmung zur Begrüßung geben werde – und dann höflicherweise lächeln und heimlich dabei denken, wie »seltsam« diese ganze Situation doch ist. Schließlich ist dieses Treffen ja auch sehr ungewöhnlich. Zumindest für mich. Aber das, was Cori tut, ist ohnehin ziemlich ungewöhnlich, und das beruhigt mich ein wenig: Eine junge Frau Ende 20 gibt Kurse, die »How to face death« heißen. Ich habe Cori auf dem für mich naheliegendsten und banalsten Weg gefunden: der Google-Suche.

»Berlin, Workshop, Tod«, das waren die Suchbegriffe, die ich eingegeben hatte. Irgendwo muss man bei seiner Recherche ja anfangen. Ich stieß nach einiger Zeit der Suche auf die School of Life, eine Art Coaching-Institut für philosophische Themen, und dann auf Cori, eine junge Psychologin aus Irland, die dort einen Kurs zu besagtem Thema anbot. Bereits während ihres Studiums befasste sich Cori in ihrer Forschung mit den Themen Suizid und Selbstverletzung. Harter Tobak also. Oder etwa doch nicht?

Ich blicke auf und sehe eine Frau mit einem kurzen blonden Bob auf mich zukommen. Sie lächelt, als sie mich sieht.

»Muriel?«, formt sie lautlos mit ihren Lippen und sieht mich fragend an.

»Yes!«, rufe ich und springe auf. Ich bin froh und erleichtert, denn ich glaube zu erkennen, dass diese Frau, die auf mich zukommt, eine Person sein könnte, die keinen Icebreaker benötigt, sondern eher ein ziemlicher Charmebolzen ist. Cori umarmt mich, es fühlt sich herzlich an.

»Wie schön, dich zu treffen«, sagt sie, und ihre hübschen blaugrünen Augen blitzen freundlich auf. Das ist also Cori. Nein, nach düsteren, morbiden Gesprächen sieht diese Frau definitiv nicht aus. Eher wie die Art von Mensch, mit der man sich eigentlich sofort anfreunden möchte. Ich glaube, wir sind uns auf Anhieb sympathisch. Ich hoffe zumindest, dass ich ihr genauso sympathisch bin wie sie mir. Cori setzt sich mir gegenüber an den Tisch.

»Hi«, sagt sie lächelnd, während sie mich erwartungsvoll ansieht und sich eine Haarsträhne hinters Ohr streicht. Und noch bevor ich loslegen kann, um dieses Gespräch in einen klassischen Interviewmodus zu lenken, sagt Cori mit einem charmanten britischen Akzent: »Erzähl mir mehr von dir!«

Jetzt werde ich doch wieder nervös. Es fällt mir immer noch schwer, meine Erlebnisse wiederzugeben. Ich habe dann das Gefühl, ich muss immer eine kleine Distanz zu meiner »inneren Trauerecke« bewahren, sonst sitze ich im Handumdrehen mit einem tränenverschmierten Gesicht vor meinen Gesprächspartnern. Es schmerzt immer noch, über all das zu sprechen, manchmal mehr, manchmal weniger. Und das, obwohl sich mein alltägliches Leben wieder relativ normal anfühlt. Ich erzähle ihr also – nachdem ich einen tiefen, geräuschvollen Luftzug genommen und einen noch tieferen und geräuschvolleren Seufzer ausgestoßen habe – vom Tod meines Vaters. Von seiner Krankheit und seinem Leidensweg. Von meiner Trauer und meinen vielen Fragen. Vom Schreiben darüber. Und davon, dass ich mir viele Gedanken über den Tod im Allgemeinen mache. Über das reale Sterben, das ich gesehen habe, über mein eigenes Sterben und über den Umgang mit dem Tod in unserem täglichen Leben. Ich sage, dass ich dieses Thema nicht mehr verdrängen kann. Richtig ansehen kann ich Cori dabei nicht. Ich merke, wie ich beginne, fahrig zu werden. Es ist anstrengend, über etwas zu sprechen, was sich für mich so übermächtig groß anfühlt. Es ist schwierig, die Balance zu finden, weil ich nicht dramatisch wirken will. Und gleichzeitig um jeden Preis versuche, meine Erfahrungen nicht in die Banalität abgleiten zu lassen. Es fühlt sich oft so an, wie das Gespräch, dass ich vorhin zwischen den zwei Fremden beobachtet habe: immer ein wenig misslich, peinlich. Eine prekäre Situation. Aber womöglich eben nur für mich in meiner Berührbarkeit.

Cori, die die ganze Zeit aufmerksam zuhört, sagt mit einer Klarheit und Bestimmtheit in der Stimme: »Es tut mir sehr leid, was mit deinem Vater geschehen ist und was du erlebt hast.« Und sieht mich dabei direkt an. Weil ich verhindern möchte, in Tränen auszubrechen, winke ich kurz ab und murmel so etwas wie: »Danke. Es ist schon okay.« Was natürlich fast schon eine amüsant-absurde Lüge ist, denn wäre es »okay«, würde ich wohl kaum hier sitzen. Um jetzt in nicht allzu emotionales Fahrwasser zu geraten, werfe ich den Ball schnell zurück in Richtung Cori: Wie sie dazu kam, Kurse über die Auseinandersetzung mit dem Tod zu geben, will ich wissen. Und bin froh, dass Cori versteht und den Ball sofort auffängt.

Sie erzählt mir von einem feuchtfröhlichen Abend mit Freunden in London. Eine dieser Zusammenkünfte, bei denen man über »Gott und die Welt« diskutiert. Irgendwann in dieser Nacht seien sie auf das Thema Tod zu sprechen gekommen. »Und wir haben festgestellt, dass zwar alle etwas zu berichten haben, wir aber nie offen darüber sprechen. Dass wir – dass die Gesellschaft – zu wenig miteinander darüber spricht. Wir wollten das ändern.«

Das »Re:Designing Death Movement« war geboren. Eine Gemeinschaft von Menschen, die zwar in verschiedenen Arbeitsbereichen agieren – darunter Designer, Ethnologen, Psychologen, Anthropologen und Bestatter –, aber alle das gleiche Ziel haben: eine neue, eine offene, vielleicht auch eine modernere Auseinandersetzung mit dem Tod. So veranstaltet das »Re:Designing Death Movement« unter anderem Workshops zum Thema Beerdigungen. Genauer gesagt Workshops, die das Planen von Beerdigung – und im weitesten Sinne auch die eigenen Beisetzungswünsche – beinhalten können. Damit die Teilnehmer aber behutsam an das Thema herangeführt werden, planen sie erst einmal in Gruppen die Beerdigungen von fiktiven Charakteren wie Darth Vader oder James Bond. Das regt den kreativen Fluss ohne Angsthemmung an, und so können Ideen erst auf diese Charaktere projiziert werden, bevor man später eventuell auch über die eigenen Beisetzungswünsche reflektiert. Dieser Workshop soll einen Anstoß geben und Wege aufzeigen, wie man dieses sensible Thema angehen kann.

Ich gehe in mich: Das kann auch seltsam anmuten, denke ich. Denn erstens ist man zum Zeitpunkt seiner eigenen Beerdigung ja faktisch nicht mehr anwesend, und zweitens ist das doch – so könnte man meinen – eigentlich etwas, worüber man erst dann spricht, wenn der Tod unmittelbar bevorsteht. Aus eigener Erfahrung kann ich aber bestätigen: Man spricht manchmal auch dann nicht konkret darüber, wenn man über seinen kurz bevorstehenden Tod Bescheid weiß. Auch wir unterhielten uns nicht mit meinem Vater über seine Beerdigung. Zwar glaube ich, dass wir sie letztlich wirklich passend – und das heißt in seinem Falle unkonventionell – gestaltet haben, aber ich hätte mir im Nachhinein gewünscht, auch von ihm selbst noch erfahren zu haben, was er wirklich wollte. Weil es ja um seinen Abschied vom Leben ging.

Wenn mir eines aufgefallen ist in dieser ganzen Zeit, seitdem der Tod in meinem Leben präsent geworden ist, dann ist es das, was Cori gerade gesagt hat: dass mit ihm viel Sprachlosigkeit einhergeht. Immer noch. Obwohl oft darüber berichtet wird, dass der Tod kein Thema mehr ist, das wir verdrängen, dass er eben kein Tabu mehr ist, so habe ich doch an allen Ecken und Enden zumindest eine große Unsicherheit empfunden: bei den Ärzten und Pflegern, in meinem Freundeskreis, ja sogar in meiner eigenen Familie.

Weil mir im Moment aber keine der anderen genannten Gruppen Antworten liefern kann, frage ich mich: »Warum war das bei uns so? Jetzt mal ganz konkret?« Nun, meine einzige Antwort ist eigentlich: weil es schmerzte. Es schmerzte unfassbar, über den bevorstehen Tod meines Vaters zu sprechen. Es schmerzte, einem Menschen, den man unfassbar lieb hat, mit diesem Abschied zu konfrontieren. Ihm also die Brutalität, die Ausweglosigkeit der Situation, in der er sich befindet, noch einmal bewusst zu machen. Man will diese Person nicht verletzen, man weiß nicht, was man sagen kann, wie weit man gehen darf. Und so trauten auch wir uns nicht, darüber zu sprechen. Heute weiß ich nicht, ob das richtig war. Auch weil ich gern wissen würde, wie Papa darüber dachte. Als ich vor einiger Zeit den Vortrag einer Wissenschaftlerin, die über die Bewältigungsstrategien unheilbar kranker Kinder forscht, besuchte, überkam mich im Lauf ihrer Ausführungen über die Forschungsergebnisse die Vermutung, dass die Eltern dieser Kinder zwar unglaublich liebevoll, pflegend und schützend Beistand leisteten, aber – so schien es – wenig bis kaum mit ihren sterbenden Kindern über den Tod sprachen. Um meiner Vermutung genauer auf den Grund zu gehen, sprach ich die Wissenschaftlerin nach ihrem Vortrag an. Sie sagte mir, dass sie auch nur eine Tendenz, ein Gefühl nennen könnte und aufgrund ihres Mangels an empirischen Daten zu diesem Punkt keine klare Aussage treffen konnte. Tendenziell stimmte sie mir aber zu. Und erzählte mir von einem todkranken Jungen, der heimlich mit seinem großen Bruder seine gesamte Beerdigung plante – ohne auch nur ein Sterbenswörtchen an seine Eltern zu richten. Mich berührte das zutiefst: Nahm er die Sprachlosigkeit seiner Eltern aufgrund ihres überwältigenden Schmerzes wahr – und somit die Planung seiner Beerdigung selbst in die Hand? Ein kleiner Junge bringt den Mut auf, seine eigene Beerdigung zu planen. Warum können wir Erwachsenen das nicht auch tun?

Cori sagt, dass ein Gespräch über diese letzten Wünsche immer sehr schwer ist, aber nicht nur eine praktische Hilfe für Hinterbliebene sein kann, sondern auch eine Möglichkeit darstellt, sich der eigenen Mortalität bewusst zu werden. Und so kann das Sprechen über die Wünsche zur eigenen Beerdigung – wenn sie uns auch nicht mehr als Lebende betrifft – als eine Art Herantasten an dieses heikle Thema Tod begriffen werden. Der Tenor ist also: Warum nicht gemeinsam offener über diese Dinge sprechen? Und warum irgendwann und nicht eben schon jetzt dieses Gespräch über unser Ende führen?

In seinem gewohnten Umfeld kann dann derjenige, der das im Anschluss an die Workshops möchte, mit seinen Angehörigen auch mithilfe von hellen und schlicht designten Kärtchen, bei denen ich unweigerlich an hübsche Visitenkarten oder – nun ja – eine wirklich sehr hübsche Version von Organspendeausweisen denken muss. Auf diesen Kärtchen kann man zum Beispiel angeben, dass man gern verbrannt oder seebestattet werden möchte. Und hält dies für eine Wunschperson, mit der man darüber gesprochen hat, auch schriftlich fest. Das kann dabei helfen, diese Konversation mit seinen Lebenspartnern, Geschwistern, Verwandten, Kindern, Eltern oder Freunden zumindest anzustoßen. Wer möchte, kann dieses Gespräch natürlich auch vertiefen – und tatsächlich seine eigene Beerdigung planen.

Grundlegend finde ich diese Idee ziemlich spannend. Ich grübel über meine eigenen Beerdigungswünsche nach. Und denke an all die modrig aussehenden, düsteren Beerdigungsinstitute, die sich in Berlin oft in großer Anzahl in der Nähe von Krankenhäusern befinden und an denen ich immer ganz schnell vorbeihusche, während ich mit aller Kraft versuche, nicht hinzusehen. Ich sehe natürlich dennoch hin, weil sie so qualvoll grässlich sind – und weil man bei unfassbar hässlichen Dingen ja oft genauso wenig wegsehen kann wie bei überwältigend schönen. Ich sehe vor meinem inneren Auge triste, mit schwerem violettfarbenem Samtstoff ausgelegte Schaufenster aufpoppen. Schaufenster, in denen Urnen in rotem oder königsblauem Marmorlook ein einsames Dasein unter üppigen Mengen aus wulstigen und speckig glänzenden Satinvorhängen fristen – auf denen zu allem Überfluss noch Plastikblumengirlanden ranken, während die absolut erschauderungswürdigste Krönung des Ganzen immer noch ein staubiges, kotfarbenes Reklameschild ist, auf dem mit fetten, penetranten Buchstaben »Discount-Bestattungen. Urnen und Särge zum halben Preis«, geschrieben steht.

»Nein, nein, nein«, ruft mein innerer Sittenwächter des guten Geschmacks nervös, und ich beschließe, meiner gesamten Familie sehr bald meine eigenen Beerdigungswünsche mitzuteilen. Natürlich MUSS eine Beerdigung weder teurer sein, als sie ohnehin schon ist, denke ich, noch sollte ihre Vorzeigbarkeit im Vordergrund stehen. Es geht ja schließlich nicht um die Markteinführung eines neuen, schicken Lifestyle-Produkts. Auch halte ich nicht viel von diesem narzisstisch anmutenden Schnickschnack à la »seine Asche ins All schießen lassen«.

Aber warum können wir nicht versuchen, unseren Beerdigungen – ja, unser Ende – als Teil unseres Lebens anzusehen? Die Tatsache, dass wir uns bei allen Festlichkeiten des Lebens so unglaublich viel Mühe geben, unsere Geburtstage, Hochzeiten oder den neuen amerikanischen Trend der Babypartys mit viel Liebe und Muße gestalten, aber unsere eigenen Beerdigungen oft derart stiefmütterlich behandeln, zeigt zumindest eine interessante Diskrepanz. Ich stelle mir vor, wie ich mir, anstatt des obligatorischen »Wedding-Boards« auf Pinterest, eine Sammlung erstelle, die ich dann »Muriels Beerdigung« nenne. Ja, ich bin sterblich. Ja, das wird mir durch so eine Aktion wahrscheinlich bewusster werden. Morbide? Na ja, definitiv nicht morbider als die Schaufenster des Grauens in Beerdigungsinstituten.

Cori gab ihren ersten Workshop im englischen Leeds, größtenteils mit älteren Menschen.

»Und das war geil«, sagt Cori mit viel Enthusiasmus in der Stimme. »Wir haben alle Spaß gehabt, wir haben viel gelacht und total viel reflektiert.« Nur einer älteren Frau Mitte siebzig, einer Priesterin, habe der Workshop missfallen.

»Ich wollte wissen, was sie so gestört habe, weil mir das sehr wichtig ist, und sie sagte mir, dass ihr das alles zu heiter war. Schließlich sei der Tod ja kein witziges Thema«, endete Cori. Aber Humor sei für Cori oft ein guter Weg, die Tür zum Thema Tod zu öffnen.

Ich denke daran, dass wir oft in Papas Krankenzimmer lachten. Dass dieses bisschen Heiterkeit – ja, man könnte es auch Galgenhumor nennen – unser sicherer Ort, unsere kleine Insel des Vergessens war. Ich stimme Cori zu. Humor kann helfen, der Angst entgegenzutreten, eine Tür zu öffnen. Cori redet in einem dynamischen Tempo und mit viel Energie. Ich fühle mich sehr wohl mit der Prise Leichtigkeit, die sie in unser Gespräch einfließen lässt. Ich glaube, wir sind genau im richtigen Flow für diesen Austausch ...

Muriel: »Cori, ich wurde des Öfteren damit konfrontiert, dass es eigentlich keinen Sinn macht, sich über den Tod Gedanken zu machen. Weil wir nichts dagegen tun können. Dass es mehr Sinn macht, ihn wegzuschieben, bis er dann passiert, irgendwann. Und dann, dann ist man eben tot. Ich habe aber gemerkt, dass das Trauern für mich gar nicht ohne die Auseinandersetzung mit dem Tod geschehen kann. Und dass es doch naheliegen könnte, dass der Umgang mit Hinterbliebenen mit dem allgemeinen Umgang mit dem Tod korreliert. Zumindest ist das meine Erfahrung.«

Cori: »Ja. Warum sollen wir überhaupt über den Tod reden? Warum? Nun, ich glaube, wir sollten über die existenzielle Grundlage unseres Lebens sprechen. Wir sollten verstehen, dass der Tod wirklich real ist. Und ich glaube auch, dass wir erst dann richtig über die Trauer sprechen können. Und wenn wir über unsere Trauer gesprochen haben, dann können wir über die Werkzeuge und Taktiken nachdenken, wie wir mit unserer Trauer umgehen können. Für mich ist beispielsweise ein Zugang, um sich mit dem Tod auseinanderzusetzen, die Philosophie. Manche Menschen sagen ja, in der Philosophie ginge es letztlich immer darum, zu lernen, mit dem Tod umzugehen.«

In ihren Kursen führt Cori Menschen zu Fragestellungen, mit denen sie sich zuvor vielleicht nie oder nur wenig beschäftigten.
    »Was würdest du tun, wenn du nur noch ein Jahr zu leben hättest?«, ist eine dieser Fragen und wurde durch das Buch »A Year To Live« von Stephen Levine inspiriert. Er geht davon aus, dass die Auseinandersetzung mit der eigenen

Sterblichkeit dazu führt, dass wir intensiver leben und beginnen, mehr Prioritäten zu setzen.

»Zwölf Monate Leben. Was würdest du tun?« Am Ende dieser Aufgabe fragt Cori immer nach einem kurzen Resümee. Viele der Kursteilnehmer sagen dann zum Beispiel, dass sie mehr Zeit mit ihrer Familie verbringen möchten. Andere erkennen durch diese Fragestellung, dass sie ein sehr erfülltes Leben führen, häufig Zeit mit ihrer Familie verbringen und einen tollen Job haben. Und trotzdem sagen sie, dass sie jetzt eine kleine Veränderung vornehmen werden und zum Beispiel erst mal einen Urlaub buchen wollen. Wieder andere sagen, dass sie sehr viel angehen würden. Und stellen Überlegungen an, ob sie die Art, wie sie leben, vielleicht ändern sollten. Cori bittet die Teilnehmer dann immer, diese Frage mit nach Hause zu nehmen.

Ich frage mich, was ich tun würde, hätte ich nur noch zwölf Monate zu leben. Was würde ich tun? Jetzt mal ganz ganz ehrlich? Spontan würde ich antworten, dass ich mit weniger Angst und Zweifel agieren würde. Ich würde mich trauen, mehr Dinge zu tun, die mich ängstigen, Gefühle aussprechen, trotz der Möglichkeit der Ablehnung. Mich zeigen, so, wie ich bin. Ich würde in Momenten, in denen ich sonst zu schüchtern bin, vielleicht einfach handeln. Ich würde den süßen Typen an der Bar vielleicht mal selbst ansprechen, anstatt immer diejenige zu sein, die in ihrem sicheren Turm sitzen bleibt. Ich würde versuchen, Chancen nicht verstreichen zu lassen. Ich würde mit mir für vergebene Versuche aber auch nicht mehr so hart ins Gericht gehen. Ich würde anderen schneller vergeben, aber mich auch mehr für mein Wohlbefinden einsetzen. Bestimmte Dinge würde ich vielleicht einfach nicht mehr akzeptieren. Ich würde mich häufiger entschuldigen und mehr helfen. Ich würde keine Reise mehr verschieben, die ich geplant habe. Ich würde endlich Gitarrespielen lernen. Und meine Französisch-und Spanischkenntnisse auffrischen. Ich würde lauter lachen, wenn mir nach Lachen zumute ist. Ich würde tanzen, wenn ich tanzen will. Auch wenn man mich für verrückt hält. Ohnehin wäre es mir vielleicht weniger wichtig, was andere von mir denken könnten. Ich würde Geheimnisse anvertrauen. Und mindestens eine Person bitten, mir ein Geheimnis anzuvertrauen. Ich würde meiner Mama und meinen drei Schwestern ständig sagen, dass ich sie liebe. Zu den Menschen, die mir so begegnen, wäre ich vielleicht netter und verständnisvoller. Ich würde mich mehr um meine Freunde kümmern, mir Zeit nehmen, neue Freundschaften aufbauen. Und ich würde vielleicht endlich diese Kinderpatenschaft übernehmen, von der ich schon so lange spreche. Mir fällt auf, dass sich einige dieser Dinge schon durch meine Trauer verändert haben. Der Tod meines Vaters hat bereits zu einer stärkeren Auseinandersetzung mit meinem Leben geführt. Ja, die Auseinandersetzung mit dem Tod ist auch eine Auseinandersetzung mit dem Leben. Warum stelle ich mir diese Frage eigentlich nicht öfter? Ich denke an die Aufzeichnungen einer Palliativschwester, die Sterbende im Angesicht ihres Todes nach den Dingen befragte, die sie in ihrem Leben anders machen würden. Wie viel könnten wir von diesen Menschen lernen? Ich nehme mir vor, dieses Thema später noch einmal genauer zu beleuchten.

Cori: »Wenn Menschen also nun diese Idee von ihrem eigenen Tod erhalten und sich darüber Gedanken machen, können sie auch besser mit dem Tod anderer Menschen umgehen lernen. Denn daher kommt oft diese große Unsicherheit, die Angst. Die Menschen haben in Bezug auf den Tod oft vor bestimmten Dingen Angst. Sie haben Angst davor, nicht mehr zu existieren. Denn das ist etwas, was unser Gehirn gar nicht richtig verarbeiten kann. Der Gedanke, dass wir nicht mehr existieren könnten, ist etwas, was wir gar nicht richtig erfassen können. Andere Menschen haben vor dem Sterben selbst Angst. Vor den Schmerzen, die sie haben könnten. Andere machen sich viele Sorgen darüber, wie ihre Familie ohne sie weiterleben soll. Oder wie sie ohne ihre Familie weiterleben könnten. Wenn du dir diese Ängste bewusst machst, dann kannst du sie auch bei anderen Menschen besser verstehen. Ich glaube, das ist sehr, sehr wichtig.«

Muriel: »Wow. Es ist wirklich beruhigend zu hören, dass nicht nur ich so empfinde. Alle haben die gleichen Ängste. Ich dachte in meiner Trauer oft, dass mit mir etwas nicht stimmt.«

Cori: »Kennst du Meghan O'Rourke? Sie ist eine amerikanische Schriftstellerin, die für den New Yorker arbeitet. Sie hat ihre Mutter verloren und schreibt darüber, wie sie ihre Trauer komplett verschluckt hat. Sie trug nach dem Tod immer die Kleidung ihrer Mutter. Und die Leute sagten ihr irgendwann: ›Ach komm, das ist aber langsam verrückt. Es ist jetzt schon zwei, vier oder sechs Monate her, und du solltest jetzt mal langsam wieder normal werden, dich besser fühlen.‹ Man hat ihr gesagt, dass ihre Trauer womöglich krankhaft sei. Worauf sie immer entgegnete: ›Ich bin noch nicht bereit. I don't want to fucking heal right now. Hört auf mir zu sagen, dass ich endlich heil werden soll. Ich bin noch nicht bereit zu heilen. Ich will meine Mutter zurück. Das ist, was ich fühle. Ich bin sauer, ich bin traurig. Und ihr versucht, mir zu sagen, dass ich in diese netten, kleinen Kategorien passen soll.‹«

Muriel: »Ich habe Gänsehaut. Ich habe das Gefühl, du sprichst von mir.«

Cori: »Es gibt ja angeblich diese Phasen der Trauer, die von Elisabeth Kübler-Ross abgeleitet sind und zeitlich aufeinanderfolgen. Leugnen, Zorn, Verhandeln, Depression, Akzeptanz.«

Muriel: »Ja, die kenne ich.«

Cori: »Genau. Meghan O'Rourke schreibt also in etwa: ›Das sind diese schrecklichen kleinen Schubladen. Und ich passe in diese Schubladen nicht hinein. Meine Emotionen sind so roh, so wild, so durcheinander. Sie können nicht in Kategorien gepackt werden.‹«

Muriel: »Es ist erstaunlich, dass man immer noch so oft von diesen Trauerphasen spricht. Dabei sind sie, soweit ich weiß, auch in der Trauerforschung stark kritisiert worden.«

Cori: »Ja, Kübler-Ross sprach auch nicht einmal von Trauernden in diesen Phasen. Ihre Studien bezogen sich auf Palliativpatienten, Menschen, die im Sterben lagen. Das ist nicht Trauern. Das Trauern ist so ein komplizierter Vorgang, und jeder muss seinen eigenen Weg finden.«

Muriel: »Ich habe immer das Gefühl, dass ich mich für mein Tempo, für meine Art zu trauern irgendwie rechtfertigen muss. So wie Meghan O'Rourke. Weil meine Trauerreaktion so unglaublich stark war. Ich weiß, dass jeder seinen eigenen Weg hat. Ich will mir auch nicht mehr sagen lassen, dass ich nicht mehr traurig sein soll. Es fällt mir aber schwer, überhaupt zu wissen, wie ich trauern kann, weil ich eben genau diesen Weg selbst suchen muss. Das gemeinschaftliche Trauern, so, wie es das vielleicht einmal gab, das existiert ja nicht mehr. Und ich lebe in einer großen Stadt, meine Familie ist überall verstreut. Ich fühle mich mit meiner Trauer auch oft allein.«

Cori: »Ja, hinzukommt, dass die Trauer in unserem Zusammenleben nicht thematisiert wird. Nehmen wir beispielsweise einen Terrorangriff. So und so viele Menschen sterben. Dann hört man von den Überlebenden, die von einem Staatsmann besucht werden. Aber die Hinterbliebenen der Getöteten, die, die mit all diesem Schmerz zurückbleiben, über die wird dann kaum noch gesprochen. Denn das ist eben die schwierige Geschichte, nicht die erleichternde. Ich wünschte mir, dass Menschen, die in der Öffentlichkeit stehen, mehr über den Tod sprechen würden. Dass wir diese Gedanken mehr teilen und uns mehr austauschen würden. Aber es gibt schon eine Veränderung. Der Fakt, dass eine junge Frau wie ich eingeladen wird, um über den Tod zu sprechen, zeigt das. Vor zehn Jahren hätten Menschen vielleicht noch gesagt: ›Das ist lächerlich. Was weißt du denn schon über den Tod?‹ Und es ist so toll, wenn Menschen über ihre Erfahrungen schreiben. Es ist so tröstlich zu begreifen, dass man nicht allein ist.«

Muriel: »Die Würdigung dieser schwierigen Situation – ich glaube, das hilft Trauernden sehr. Weißt du, bei mir wurde wenige Wochen nach dem Tod meines Vaters eine Depression diagnostiziert. Und ich war zu diesem Zeitpunkt so hilfsbedürftig, dass ich alles, was man mir sagte, einfach angenommen habe. Heute meine ich: Das war keine Depression. Ich glaube, es gibt die Tendenz, normalen Reaktionen, die es schon immer gab – schon vor dem Fortschritt der Medizin – einen Stempel, Krankheit genannt, aufzudrücken.«

Cori: »Warum diese Labels? Man könnte vielleicht auch einfach antworten: ›Nein, ich habe keine Depression. Life is just a bitch at the moment.‹ Das Leben kann verdammt hart sein. Und weißt du, es wäre nichts, überhaupt nichts falsch an dir, würdest du an einer Depression leiden. Aber warum müssen wir dieses Wort an Menschen heften, die eine Reaktion auf einen Verlust zeigen? Es ist nicht ungesund, es ist komplett normal, sich zerstört zu fühlen, wenn jemand, der dir die Welt bedeutet hat, stirbt. Besonders in einer Gesellschaft, in der der Tod so unsichtbar ist. Wir begreifen gar nicht mehr, dass wir sterben werden. Wir werden doch sicher alle hundert, nicht wahr? Nicht wahr?«

Muriel: »Inwiefern glaubst du, dass unsere Leistungsgesellschaft und dieser ständige Push nach vorn damit zusammenhängen?«

Cori: »Es gibt ja jetzt immer mehr Start-ups, die sich mit dem Thema Tod beschäftigen. Und darin zeigt sich genau das. Es geht eben immer um die Verlängerung des Lebens. Alle fragen sich: Wie können wir das Gesundheitssystem verbessern, damit wir länger leben? Warum fragen wir nicht: Wie können wir das Gesundheitssystem verbessern, damit wir besser sterben? Es geht nicht um das Sterben, um Palliativpflege. Warum setzen wir uns nicht mehr für ein friedliches Sterben ein? Tod und Würde sind hier das Stichwort.«

Muriel: »Cori, erzähl mir davon, wie die Menschen auf deine Kurse reagieren.«

Cori: »Am Anfang versuche ich immer, einen Icebreaker zu benutzen. Der Schlüssel zu einer Öffnung klappt oft wunderbar mit Humor. Dieser Woody-Allen-Spruch zum Beispiel: ›Ich habe keine Angst zu sterben. Ich will nur nicht dabei sein, wenn es passiert.‹ Ich merke dann, dass die anfängliche Nervosität langsam schwindet. Und ich lasse die Teilnehmer immer in kleinen Gruppen und in Paaren arbeiten, sodass sie Vertrauen aufbauen können und ihre Geschichte nicht immer wieder oder vor einer großen Gruppe erzählen müssen. Ich bekomme wahnsinnig tolles Feedback. Die Leute sagen eigentlich immer, dass es ihnen viel geholfen hat, einen Raum zu bekommen, über all das zu sprechen. Und du? Erzähl mir von deiner Erfahrung mit der psychologischen Begleitung. Hat dir das geholfen?«

Muriel: »Ja. Aber ich habe nie Medikamente genommen. Ich hatte einfach immer das Gefühl, dass Medikamente gegen den Schmerz meine letzte Option sind. Ich habe das Glück, dass meine Schwester Psychologin ist. So wusste ich natürlich durch sie, welche psychologischen Angebote mir zur Verfügung stehen. Sie hat mir auch nahegelegt, mich behandeln zu lassen. Aber eben eher mit Gesprächstherapie und Tanz und Meditation und Körpertherapie, nicht mit Angsthemmern und Psychopharmaka. Ich bin sehr froh darüber, weil es mir immens geholfen hat. Ich bin zwiegespalten: Einerseits finde ich, man sollte sehr vorsichtig sein mit einer voreiligen Diagnose. Andererseits werden Diagnosen ja auch gestellt, damit man überhaupt eine Therapie genehmigt bekommt. Ich glaube nicht, dass ich depressiv war. Im Moment, an dem ich mir eingestanden habe, dass ich

Hilfe brauche und mich um mich kümmern muss, wurden meine sogenannten Symptomatiken, wie zum Beispiel die Panikattacken, mit einem Schlag besser. Ich glaube, das ist ein wichtiger Punkt. In dem Moment, in dem man Raum schafft für seinen Schmerz, für diesen ganzen Berg voll Trauer, beginnt ein Heilungsprozess, eine Veränderung. Der Schmerz hört nicht auf, aber er wird gesehen. Ich würde jedem, der unter seiner Trauer wirklich leidet, dazu raten, sich Hilfe zu holen.«

Cori: »Das ist gut zu hören.«

Muriel: »Gleichzeitig weiß ich natürlich, dass es Menschen gibt, die der Verlust nicht so stark mitnimmt. Oder Menschen, denen es hilft, wieder viel arbeiten zu gehen. Es sollte kein ›Jetzt musst du traurig sein. Jetzt musst du wütend sein.‹ geben. Ich persönlich habe aber niemanden getroffen, der Trauer erlebt hat und gesagt hat: ›Ja, das war alles super easy, und ich bin da so durchgerutscht.‹ Niemanden. Alle Menschen, mit denen ich gesprochen habe, sagen: ›Das war eine harte Zeit. Und ist es manchmal auch immer noch.‹ Aber der Austausch mit anderen über die Trauer, der war immer wahnsinnig gut.«

Cori: »Wir haben mit dem ›Re:Designing Death Movement‹ vor einigen Jahren bei der Design Week einen Workshop gegeben. Die meisten Leute waren ungefähr Mitte 20, und viele haben vorher noch nie über ihre Erfahrungen berichtet. Und dort kam so eine tolle Energie zustande. Viele Menschen haben von sehr berührenden Erlebnissen erzählt. Eine Frau hat davon berichtet, wie ihre Oma starb. Und sie wollte in den Sarg klettern und ihrer Oma einen Kuss geben. Und alle haben gerufen: ›Was? Was machst du denn da?‹ Und so viele Leute haben bei dieser Geschichte gelacht. Und das finde ich immer wieder erstaunlich. Die Leute lachen oft erst mal, und dann kommen doch die sehr persönlichen Geschichten. Es ist ja auch ein verrücktes Thema. Wir werden sterben, das ist verrückt. Und das Teilen dieser Geschichten ist wichtig. Da kann Humor geschehen, aber eben auch der Schmerz der Trauer Platz haben.«

»Die Leute sagen mir immer: ›Wow, du bist gar nicht, wie ich dachte, dass du bist. Ich dachte, du bist so eine Gothic-Braut mit Totenkopf in der Hand. Aber du bist so eine glückliche, lebendige Person.‹«

Ich lache.

Muriel: »Das höre ich auch oft. Dass ich trotz allem so glücklich wirke und viel lache. Und ich sage dann immer: ›Ja, ich bin auch glücklich. Auch.‹«

Cori: »Ja, wir Menschen sind wunderbar komplexe Wesen. Wir können lachen und Freude ausstrahlen, obwohl wir gleichzeitig leiden, obwohl irgendetwas in uns auch Schmerzen bereitet. Es ist so wichtig, dass man Menschen in Trauer den Raum gibt, all das zu sein. Und es sollte ihnen erlaubt sein zu sagen: ›Ich fühle mich gerade einfach nur furchtbar.‹ Da sind ja die Deutschen eigentlich auch schon weiter. In Irland, wo ich aufgewachsen bin, antwortet man auf die Frage nach der Befindlichkeit immer mit: ›Großartig. Mir geht es super.‹ In Deutschland sagen die Menschen, nachdem sie etwas nachgedacht haben, oft so Sachen wie: ›Nun ja, heute habe ich ein wenig Kopfschmerzen.‹«

Wir lachen beide.

Cori: »Jeder hat eine Geschichte. Jeder hat eine Geschichte mit Schmerz. Und es ist schön, wenn Menschen das miteinander teilen.«

Muriel: »Ich habe einen sehr internationalen Freundeskreis. Wenn ich mit meinen Freunden aus Mexiko, Afrika oder Israel spreche, haben sie natürlich unterschiedliche Dinge in Bezug auf den Tod und die Trauer erlebt. Aber eines ist oft ähnlich: Man trauert mehr in Gemeinschaft. Und dazu gehört ja auch das Teilen dieser Geschichten, das Sprechen über den Tod. Die ritualisierte Form der Trauer. Ich frage mich, wie wir neue Wege dieses gemeinschaftlichen Trauerns finden können.«

Cori: »Nun, das ist auch etwas, mit dem wir uns beschäftigen. Mit neuen Ritualen der Trauer. Oder alten Ritualen, die wieder neu belebt werden. Manche Menschen mögen die alte Tradition, das Fenster zu öffnen, nachdem ein Mensch gestorben ist, um seine Seele frei zu geben. Andere schreiben Briefe an den Tod – und verbrennen sie dann. Wieder andere organisieren Treffen, in denen man über den Verstorbenen spricht, Geschichten über ihn teilt. Das Sprechen, das Teilen unserer Gedanken und Geschichten in Bezug auf Tod und Trauer, ist ein sehr guter Weg.«

Muriel: »Womit ich immer wieder Probleme habe, sind die Bilder der letzten Monate. Das Leid meines Vaters. Bis heute weiß ich oft nicht, wie ich diese Bilder richtig verarbeiten soll. Einer Freundin, deren Vater auch an Krebs starb, geht es ähnlich. Es ist schwer, diesen Anblick zu vergessen.«

Cori: »Du kannst vielleicht langsam versuchen, diese Bilder wieder durch andere Bilder zu ersetzen. Sieh dir alte Fotos an, frage nach den Umständen. Sieh dir an, was dein Vater für ein toller junger Mann gewesen ist. Sieh dir seine Kinderbilder an. Er war so viel mehr als dieser schwerkranke Mensch am Ende seines Lebens. Verbinde dich mit den Bildern seines Lebens. Und versuche, dich zu erinnern, was für ein wunderbarer Mann er war. Ein Vater, der seine Töchter liebte. Halte daran fest.«

Muriel: »Das ist eine schöne Idee. Wenn wir eigene Wege der Trauer finden müssen, weil die traditionellen Wege ihre Gültigkeiten verloren haben oder schlichtweg nicht mehr existent sind, dann müssen wir vielleicht kreativ werden mit unserer Trauer. Ich frage mich oft, wo ich einen Zugang zu meinen Gefühlen finde, wo der Schmerz über den Verlust gut heilen kann. Ich suche also selbst, anstatt mich auf alte Traditionen zu verlassen. Mein Vater hatte zum Beispiel einen großen Bezug zur Natur. Also suche ich die Verbindung zu ihm in der Natur. Wenn ich spazieren gehe, stelle ich mir oft vor, dass er in den Bäumen sitzt, oder ich sehe ein Tier und denke, dass er das sein könnte.«

Cori: »Ich finde das total schön. Den Verstorbenen suchen, in jenen Dingen, die er mochte. Und sich damit auch wieder mit der Welt zu verbinden, nicht allein zu bleiben in seiner Trauer. Mein Vater lebt noch – und er ist ein Farmerboy. Und wenn ich durch die Natur fahre, dann fühle ich mich ihm auch nahe. Wenn man die Sonne sieht, die durch die Berge scheint und denkt: ›Das ist mein Papa‹, dann wird der Schmerz zu einem seligen Schmerz.«

Es ist gar nicht so schwer über den Tod zu sprechen, denke ich später auf dem Nachhauseweg. Manchmal – heute zum Beispiel.

Der Tod ist auch nicht mehr das, was er mal war – Sterben damals und heute

Unsere westliche Gesellschaft hat sich in den vergangenen 200 Jahren durch die Industrialisierung, Säkularisierung, Urbanisierung und Individualisierung rasant verändert.

Und so darf es uns eigentlich gar nicht wundern, dass sich auch in der Art, wie wir sterben, ein starker Wandel vollzogen hat.

Während der Sterbende früher meist im Kreise seiner Familie und Angehörigen bis zu seinem Tod gepflegt wurde, sind es heute vorwiegend Spezialkräfte wie Ärzte und Pfleger, die sterbende Angehörige in Institutionen betreuen. So stirbt seit Beginn der 80er-Jahre die Mehrzahl der Menschen in Krankenhäusern oder Alten- und Pflegeheimen.

Wir sterben also meist in Institutionen, jedoch haben Umfragen ergeben, dass zwischen genau dieser Realität und unseren Vorstellungen darüber, wie wir sterben wollen, eine Diskrepanz besteht. So ist der Wunsch nach einem Sterben zu Hause im Kreise unserer Liebsten immer noch groß. Die Mehrheit der befragten Deutschen gibt in Umfragen an, im engsten Kreis ihrer Familie oder in ihrem gewohnten Umfeld in den Tod begleitet werden zu wollen. In einer Studie aus dem Jahr 2014 äußerte rund jeder Zweite den Wunsch, zu Hause sterben zu wollen. Jeder dritte Befragte sagte, er wolle in einem Hospiz gepflegt werden.

70 Prozent jener Befragten, die selbst schon einmal Erfahrungen mit der Pflege und Sterbebegleitung eines Angehörigen gemacht haben, gaben an, nicht allein sterben zu wollen. Als Begleitpersonen wünschten sich 82 Prozent ihren Lebenspartner und 70 Prozent ihre Familienangehörigen. Jeder Vierte gab an, er

könne sich auch vorstellen, von einer Pflegekraft in den Tod begleitet zu werden. Begleitung durch Vertreter von religiösen Institutionen liegt scheinbar nicht im Trend: Nur 18 Prozent ziehen eine seelsorgerische Sterbebegleitung, zum Beispiel durch einen Priester, in Betracht.

Allerdings resultierten aus anderen Studienergebnissen, wie der Studie »Leben und Tod, in Thüringen«, noch weitere Feinheiten, die darauf Bezug nehmen, warum bestimmte Menschen zu Hause und andere in Institutionen sterben wollen. Und auch diese Ergebnisse zeigen, dass wir uns vor allem wünschen, beim Sterben umsorgt und nicht allein zu sein: So sagten jene Menschen, die in keinem engen Verhältnis zu ihrer Familie standen oder schlichtweg keine Familie mehr oder noch keine Familie hatten (Verwitwete, Ledige und unter 30-Jährige), dass sie lieber nicht zu Hause sterben möchten.

Das Fazit der Studie war, dass der gewünschte Sterbeort ein Indikator für die soziale Integration ist und Auskunft über die Nähe oder Distanz zur eigenen Familie gibt. Der angegebene Wunschsterbeort bestätigte für die Forscher also, dass die Vorstellungen über den eigenen Tod sehr stark vom Faktor der eigenen Familienstrukturen abhängt.

Dass sich unsere Gesellschaft durch den demografischen Wandel mit weniger Geburten und höherer Lebenserwartung langsam aber sicher zu einer »Gesellschaft der Alten« entwickelt hat, ist allseits bekannt. Wir sterben später – viel später – als zu vorindustriellen Zeiten. Die heutige Lebenserwartung von Menschen in industrialisierten Gesellschaften liegt bei durchschnittlich 82 Jahren und hat sich seit dem Ende des 19. Jahrhunderts nahezu verdoppelt. Und auch in Zukunft werden Menschen in westlichen Gesellschaften immer älter werden. Mitarbeiter des Max Planck Instituts für demografische Forschung (MPIDR) haben aufgrund von Prognosen der Vereinten Nationen errechnet, dass 28 Prozent der Mädchen, die heute in Deutschland geboren werden, durchschnittlich 92,8 Jahre leben werden. Bei heute geborenen Jungen gehen die Forscher von einer durchschnittlichen Lebenserwartung von 87,8 Jahren aus.

Eine der Hauptgründe dieser höheren Lebenserwartung ist die Verbesserung der Lebensbedingungen in Industrienationen, die dazu geführt hat, dass sich die Gefahr von früher lebensbedrohlichen Krankheiten durch Infektionen drastisch verringern konnte. In Europa kam es vor dem 18. Jahrhundert aufgrund der Pest und Hungersnöten zu einer hohen Sterblichkeit, die je nach Auftreten dieser Ereignisse schwankte. Die damalige Lebenserwartung lag zwischen 20 und 40 Jahren. In den nächsten beiden Jahrhunderten stieg die durschnittliche Lebenserwartung durch das Zurückdrängen von Infektionskrankheiten auf circa 50 Jahre. Um das Jahr 1880 setzte die sogenannte »epidemiologische Transition« ein, eine Zeit, die bis heute anhält. In ihrem Verlauf wurden Infektionskrankheiten zwar fast vollständig zurückgedrängt, aber allmählich durch chronische und degenerative Krankheiten ersetzt (Imhof 1981: S. 198 ff.; Streckeisen 2011: S. 23 ff.).

Konkret haben verschiedene Gesichtspunkte zur Verbesserung unserer Lebensbedingungen und somit zur Verlängerung unseres Lebens beigetragen:

- Naturwissenschaftliches Wissen, medizinischer Fortschritt und bessere hygienische Bedingungen
- Gesicherte Existenzbedingungen und die Abnahme von Kriegen
- Medizinisch-technische und pharmazeutische Erkenntnisse – unter anderem die Erfindung von Impfstoffen, Antibiotika, Technologien zur Bekämpfung von Herzproblemen, sowie Dialyse- und Transplantationsbehandlungen

Mit dem Anstieg der Lebenserwartung hat sich auch der Zeitpunkt, wann wir das erste Mal mit dem Tod eines nahen Angehörigen in Berührung kommen, ins Erwachsenenalter verschoben.

Rituale

Der Einfluss und das Repertoire von religiösen Glaubensinhalten und Traditionen haben sich in unserer modernen Gesellschaft stark verringert und somit auch die Anwendung von Ritualen als wichtige und hilfreiche Säule in der Verlusterfahrung, ausgelöst durch den Tod. Doch was sind Rituale eigentlich, und was ist die ursprüngliche Funktion von Trauerritualen?

Rituale können per Definition als »Technik zur Bewältigung der Allgemeinheiten und Besonderheiten des Alltags« (Weis 2003: S. 285) umschrieben werden. Der Begriff Ritual im ursprünglichen Sinne umfasst das Verständnis, dass es sich hier um eine Technik handelt, welche in bestimmten Situationen immer wieder, also wiederholend angewendet wird. Die Teilnehmerzahl bei ritualisierten Handlungen darf nicht kleiner zwei sein. Das Ritual schließt im idealen Fall alle Mitglieder einer Gemeinschaft mit ein. Daher kann ein Ritual im eigentlichen Sinne nicht individuell sein. Ein weiterer essenzieller Punkt bei der Definition von Ritualen ist, dass sich die Teilnehmenden über den Symbolcharakter, also den Gehalt des Rituals, bewusst sind. Das ist wichtig, da das Ritual somit von Alltäglichem abgegrenzt werden kann. Das heißt also konkret, dass die tägliche Runde Joggen oder das Trinken der morgendlichen Tasse Kaffee kein Ritual darstellt, obwohl es im Sprachgebrauch oft so verwendet wird.

Die Funktion von Ritualen ist, eine Verhaltenssicherheit in außeralltäglichen oder nicht gewohnten Situationen zu bieten. Nach einem Todesfall können Rituale also dabei helfen, die Trauer der Hinterbliebenen zu kanalisieren. So kann verhindert werden, dass sich die jeweiligen Individuen sozial zurückziehen.

Zeremonien, Bräuche usw. sind als Riten zu bezeichnen. Ein Ritus ist also die konkrete Umsetzung eines Rituals. Riten sind die Hilfsmittel, um veränderte Lebenssituationen oder Interaktionsabbrüche zu bewältigen. Sie sollen die Reintegration der Individuen nach Krisen erleichtern.

Trauerrituale – wie zum Beispiel die Beerdigung – sind laut des Forschers Arnold van Gennep ein Übergangsritus. Unvorhergesehene oder außeralltägliche Situationen stören demnach das soziale und individuelle Leben eines Menschen. Die Übergangsriten sollen die Störung abschwächen und sind für die Reintegration der Individuen in ihr soziales Leben förderlich. Laut van Gennep gliedert sich ein Übergangsritus immer in drei Stufen: Trennung, Umwandlung und Angliederung. Die Dauer dieser Übergangsphase hängt von kulturell festgelegten Trauerregeln ab.

Zusammengefasst sind Trauerrituale also ein Versuch, Trauer zu strukturieren und eine Erleichterung im Umgang mit der Situation zu erreichen. Sie bieten Halt und Orientierung, damit der Trauernde von der Gesellschaft nicht desintegriert wird.

Sprich: Der Abschied soll ermöglicht werden, aber auch eine Wiederangliederung an die Gemeinschaft.

Einige – besonders früher, aber auch heute noch – im europäischen Raum gängige Riten und Gebräuche in Bezug auf Sterben, Tod und Trauer sind folgende:

- Kranksalbung, auch »Letzte Ölung« genannt: Darin sehen katholische Christen eine Stärkung der Seele, die Trost und Mut schenken und dabei unterstützen soll, das Leben im Diesseits in Frieden zu verlassen.

- Die Aussegnung: eine kurze Andacht in der evangelischen Liturgie, bei der ein Sterbender oder ein bereits Verstorbener noch einmal gesegnet wird. Die Aussegnungsfeier gibt den Angehörigen die Möglichkeit, von dem Verstorbenen Abschied zu nehmen, ihn auf seinem letzten Weg zu begleiten oder »in Gottes Hände« zu legen.
- Sterbekerze und Sterbekreuz: Beim Empfang der Sterbekommunion oder bei Eintritt des Todes wird die Sterbekerze angezündet. Es soll zur inneren Erleuchtung führen. Das Sterbekreuz, auch »Festhaltekreuz« genannt, wird einem Sterbenden in die Hände gelegt, sodass er sich beim Sterben an »Gott festhalten kann«.
- Das Sterben zu Hause im Kreise der Familie: Die Totenwaschung und Ankleidung übernahmen früher Familienangehörige, der Leichnam wurde im Anschluss zu Hause aufgebahrt, sodass sich Familie und Freunde in aller Ruhe und von gemeinsamen Gebeten begleitet vom Verstorbenen verabschieden konnten.
- Öffnen der Fenster: Unmittelbar nach dem Tod wurde das Fenster geöffnet oder gekippt, damit die Seele des Sterbenden aus seinem Mund in den Himmel entweichen konnte.
- Das Schließen von Mund und Augen: Der Tote soll zur Ruhe kommen. Ein Zeichen des Respekts – für ein würdevolles Aussehen.
- Die Totenglocke: Das Läuten der Totenglocke oder Sterbeglocke zeigt das Sterben eines Mitgliedes einer christlichen Gemeinde an. Meist ist oder war es die Kirchturmglocke.
- Das Aufbahren der Toten zu Hause.
- Das Waschen und Herrichten des Toten im Sterbezimmer. Heute wird dies meist von Beerdigungsinstituten übernommen. Wenn der Tod zu Hause eingetreten ist, darf der Verstorbene offiziell bis zu 36 Stunden zu Hause aufgebahrt liegen.
- Das (gemeinsame) Abschiednehmen mit Klagen, Weinen, Singen und Beten.
- Die Trauerkleidung: Das Tragen von schwarzer Kleidung im sogenannten »Trauerjahr« war früher für ein Jahr »vorgeschrieben«.
- Am offenen Grab ein Schäufelchen Erde auf den eingelassenen Sarg werfen, um dem Verstorbenen die letzte Ehre zu erweisen. Heute werden stattdessen auch häufig Blumen verwendet.

- Trauerzüge mit dem Sarg durch die Gemeinde hin zum Friedhof.
- Leichenschmaus: Er dient dazu, beim gemeinsamen Essen oder Kaffeetrinken im Anschluss an die eigentliche Trauerfeier im Gedenken an den Verstorbenen zusammen zu sein.

Trauerrituale und Bräuche in der modernen Gesellschaft

Natürlich wäre es eine Utopie zu denken, dass wir in einer modernen Gesellschaft die Riten und Gebräuche in Form von Zeremonien genauso lebendig halten könnten, wie es früher der Fall war oder heute noch in traditionellen Gesellschaften der Fall ist. Tatsächlich stellt sich eher die Frage, inwiefern Ritualisierung von Trauer in westlichen Gesellschaften überhaupt noch möglich ist. Im Regelfall werden Handlungen, die die Leiche direkt betreffen, wie die Waschung, das Ankleiden und die Aufbahrung usw. von Bestattungsunternehmen und nicht, wie früher üblich, von den Familienmitgliedern getätigt. Allerdings besteht auch heute noch die Möglichkeit, einen Leichnam für maximal 36 Stunden zu Hause aufzubahren. In der Regel muss eine Leiche allerdings nach fünf Tagen begraben werden. Bestattungen in der Moderne werden also fast ausschließlich von Bestattungsunternehmen verantwortet und somit den Hinterbliebenen aus der Hand genommen. Bestattungsunternehmen sind wirtschaftlich orientierte Unternehmen und dadurch auf Effizienz ausgerichtet. Der Tod ist in diesem Sinne also in der Leiche materialisiert, die »entfernt« werden muss. Zum anderen ist der Tod in diesem Zusammenhang ein ökonomisches Phänomen, welches sich in Preisen für eine erbrachte Dienstleistung ausdrückt (Kahl 2008: S. 3496).

In Deutschland herrscht Friedhofszwang, der Ort der Bestattung kann also nicht individuell entschieden werden. Die Erdbestattung ist mit 60 Prozent aller Bestattungen immer noch die häufigste Form der Bestattung, gefolgt von Feuerbestattungen. Allerdings nimmt die Einäscherung als Bestattungsform zu. Grund hierfür sind die geringeren Kosten für Urnen und Urnengräber.

Nachdem die Leiche vom Bestattungsunternehmen versorgt wurde, findet in der Regel eine Trauerzeremonie statt. Diese ist ebenfalls von einem klaren Zeitfenster geprägt, das oftmals wenig Raum für ein »Realisieren des Todes« sowie für individuelle Wünsche, die Bestattung betreffend, zulässt. Nach der eigentlichen Bestattungszeremonie findet meist ein sogenannter Leichenschmaus statt, der von vielen Betroffenen aber als »unangenehm« beschrieben wird. Die Emotionen, die mit dem Tod zusammenhängen, werden meist auf später, auf das Private verschoben. Dadurch steigt das Gefühl des »Alleinseins«, der Desorientierung oftmals an.

Die öffentliche Bestattung scheint das einzig verbliebene Trauerritual der modernen Gesellschaft zu sein. Aber haben Bestattungen heute noch jenen Charakter von Ritualen nach der oben genannten Definition? Die Antwort hierauf ist im Regelfall ein klares Nein.

Der Ablauf einer Bestattung ist zwar standardisiert, aber nicht motiviert durch die Sicherheit, die die Handlungen vermitteln sollten. Der Ablauf von Bestattungen in Deutschland wird vordergründig von Kosten und rechtlichen Grundlagen bestimmt. Bei der Wahl der Begrabungsstätte sind Hinterbliebene eingeschränkt, und die Wahl des Bestattungsunternehmens ist von den finanziellen Mitteln abhängig.

Die Zahl der Teilnehmer bei Bestattungen variiert, oft beschränkt sie sich aber auf die engsten Angehörigen. Und die kollektive Trauerarbeit ist wiederum meist auf die Bestattung als einzig verbliebenes Ritual beschränkt, welches keine feste Regelung mehr vorgibt, wer daran teilzunehmen hat.

Die Bestattungen finden meist nicht vor dem Gedanken statt, eine Person respektvoll ins Jenseits zu geleiten, vielmehr steht die »Entsorgung« der Leiche im Vordergrund. Somit geht der symbolische Gehalt von Bestattungen verloren.

Auch die Abgrenzung des Alltäglichen ist in modernen Bestattungen nicht wirklich wiederzufinden. Da der Symbolcharakter fehlt, gibt es auch keine festgelegte, sozial anerkannte Zeit für die Trauer nach der Bestattung. Es scheint fast so, als würden die Hinterbliebenen nach der Beerdigung direkt in ihren Alltag zurückkehren müssen. Die Reintegration der Trauernden wird durch die Privatisierung der Trauer erschwert, da sie nicht mehr als Trauernde gekennzeichnet werden.

Moderne Trauerkultur beschränkt sich also auf die Bestattung, die selbst kaum mehr als Ritual im eigentlichen Sinne gekennzeichnet werden kann.

Der zentralste Punkt ist das Fehlen des symbolischen Charakters. Der Glaube an ein Jenseits oder die Frage danach wird bei Bestattungen nicht oder nur kaum berücksichtigt. Bestattungen haben statt symbolischem nunmehr auch kommerziellen Charakter.

Die von van Gennep genannten Phasen eines Übergangsritus sind in der Form der modernen Bestattung nicht klar erkennbar. Gerade die bewusste Trennung vom Verstorbenen ist kaum möglich, wenn die Zeit dafür beschränkt ist und wenn der Kontakt mit der Leiche meist von spezialisierten Expertengruppen wie Krankenpflegern und Bestattern übernommen wird. Der »konkrete Tod« verschwindet also schnell aus der Welt der Hinterbliebenen. Die sogenannte »Phase der Umwandlung« ist auf die unmittelbare Bestattung beschränkt. Der gesamte Trauerprozess danach findet im Privaten statt. Und für diese Phase gibt es in unserer modernen Gesellschaft keine sozial anerkannte Dauer mehr. Somit wird der Trauernde meist gar nicht »gesehen«, da es kein sichtbares Zeichen seiner Trauer gibt. Das Tragen von schwarzer Kleidung, die früher üblicherweise diesen Übergang symbolisierte und zeitlich festlegte, ist kein gängiger Brauch mehr.

Das Zurück ins Leben ist somit also extrem schwer. Das Reintegrieren findet eigentlich gar nicht statt, da es so etwas wie Reintegrieren gar nicht mehr gibt. Die Gesellschaft verlangt, dass der Alltag nach der Bestattung wieder einkehrt und dass den gewohnten Verpflichtungen, wie zum Beispiel der Arbeit, möglichst schnell wieder nachgegangen wird. Eine Übergangsphase scheint es nicht mehr zu geben.

Die Bestattung ist also nunmehr nur ein Symbol dafür, den Tod vom Leben zu trennen. Und die Art und Weise, wie sie ausgeführt wird, wird vordergründig von Gesetzen und Finanzen bestimmt. Dieser Status quo kann letztlich zu der Schlussfolgerung führen, dass die Bestattung in ihrer eigentlichen Zeremonie sinnentleert geworden ist. Sie stellt also nicht mehr den Übergang in eine Trauerphase dar, sondern ist in ihrem eigentlichen Ritual zwar erhalten geblieben, aber ihr Ziel und Sinn ist nicht mehr die Trauerbewältigung.

In einigen Sonderfällen kann aber eine besondere Ritualisierung der Trauer festgestellt werden. So nehmen bei einer großen Anzahl von Todesopfern, wie zum Beispiel bei Unfällen, Naturkatastrophen oder Terroranschlägen eben nicht nur die nahen Angehörigen, sondern auch die Gesamtgesellschaft an der Ritualisierung der Trauer teil. Dies kann sich in Riten wie öffentlichen Gedenkzeremonien, Schweigeminuten oder auf Halbmast hängenden Fahnen darstellen. Auch der soziale Status eines Verstorbenen, beispielsweise beim Tod eines Politikers oder bekannten Künstlers, führt oft zu einer größeren Anteilnahme. Die Todesursache beeinflusst die Ritualisierung von Trauer in der Gesellschaft. Starb der Mensch etwa an einem Gewaltverbrechen, werden diese Todesfälle häufiger an die breite

Öffentlichkeit getragen. Hier wird dann oft bewusster ritualisiert, die Unterstützung der Hinterbliebenen wird häufiger angeboten, die Trauer wird sozial eher anerkannt. Die Präsenz dieser Todesfälle in den Medien bewirkt, dass sie als »bedeutender« wahrgenommen werden. Dies kann man zum Beispiel aber auch auf die Veröffentlichung von Todesfällen beziehen. Gibt es eine Traueranzeige, steigt im Normalfall die Teilnahme der sozialen Umgebung an der Beerdigung und durch die Sichtbarkeit des Todesfalls auch die Akzeptanz der eingeleiteten Trauerphase.

Fasst man all dies zusammen, bleibt letztlich die Tatsache übrig, dass auf eine Beerdigung, die oft nur vordergründig ritualisierte Abläufe hat, keine kollektiv anerkannte und festgelegte Zeit der Trauer folgt. Der expressive Teil der Trauer ist gesellschaftlich auf ein Minimum beschränkt. Da aber die eigentliche Phase der Trennung nicht mehr vollzogen wird, weil der Leichnam meist kurz nach dem Tod in die Hände von spezialisierten Gruppen übergeben wird, die Leichen oft gar nicht mehr oder nur schnell und mit Unbehagen von Angehörigen und dem erweiterten sozialen Umfeld gesehen werden, ist die Zeit nach dem Tod eines Menschen oft mit einer Verleugnung und – so sagen manche Experten – einer ewigen Suche verbunden. Der eigentliche Sinn eines Trauerrituals, also die Sicherheit in der Bewältigung von nicht-alltäglichen, elementaren Einschnitten in das Leben, kann von der Bestattung als einziges bleibendes »Ritual« meist nicht erfüllt werden. Jede weitere Form von Ritualen, die im Anschluss an eine Bestattungsfeier umgesetzt werden, sind heute »selbst gestaltete, symbolische Handlungen, die auf Eigeninitiative zurückgehen und selten vom weiteren sozialen Umfeld mitgetragen und initiiert werden« (Schäfer 2002: S. 18).

Trauer 2.0

Nach dem Soziologen Jörg Bergmann zeichnet sich durch die fortschreitende Pluralisierung von Lebensstilen in unserer modernen, säkularisierten Gesellschaft ein »dialektisches Spannungsverhältnis« ab: »Rituale werden abgelehnt, weil sie als veraltet, einengend und hinderlich wahrgenommen werden. Und Rituale werden gesucht und erfunden, weil Gefühle nach einer Ausdrucksgestalt verlangen und weil die Erfahrung einer Gruppengemeinschaft nach ritueller Selbstinszenierung drängt. (…) Jedenfalls scheint die Gleichzeitigkeit von Ritualabwehr und Ritualmangel ein typisches Merkmal moderner Gesellschaften zu sein« (Bergmann 2000: S. 159).

Das Handeln, das auf Trauer und Sterben bezogen ist, ist nach Alois Hahn der Ausdifferenzierung unterworfen. Die Wahl, welche Form die Trauer heute in Form von Riten annehmen kann, ist beliebig und individuell. Begräbnisse widersprechen den Bedürfnissen der meisten Menschen. Im Zuge dessen gab es zum Beispiel Bestrebungen, Friedhöfe zu privatisieren.

Der traditionelle Friedhof wird in Zukunft wohl immer mehr an Bedeutung verlieren. Stattdessen treten andere Formen der Erinnerung zutage, die aber weniger mit ritualisierten Abläufen zu tun haben. In einer Gesellschaft, die zunehmend über Medien kommuniziert, ist eine dieser Formen die digitale, die virtuelle Trauer. Aber auch die von den Verstorbenen zu Lebzeiten genutzten Kanäle der Kommunikation, wie zum Beispiel Facebook oder Instagram, können – wenn Trauer hier kommuniziert wird – den Charakter der gemeinschaftlichen Trauer annehmen.

So werden auf den Profilseiten der verstorbenen Facebook-Mitglieder post mortem von anderen Nutzern Inhalte hinterlassen. Dies können persönliche Worte, die sich an den Verstorbenen richten, Segenswünsche, aber auch Ausdruck der eigenen Gefühle der Trauer sein. Facebook ist beziehungsorientiert, das heißt, hier entstehen (Online-)Freundschaften meist *nach* bereits bestehender (Offline-)Freundschaft oder Bekanntschaft. Facebook ist für die meisten Nutzer keine Alternativwelt, sondern ein zusätzlicher Kanal der Kommunikation, der Freundschafts- und Beziehungspflege. Daher kann diese Form der Kommunikation auch als eine neue Form der Trauerverarbeitung gesehen werden. In den meisten Fällen richten sich die Einträge auf der Pinnwand des Verstorbenen weiterhin, wenn auch nur von außen betrachtet, auf formal-sprachlicher Ebene an den Verstorbenen selbst. »Ich vermisse dich. Ich kann nicht glauben, dass du nicht mehr hier sein sollst.«

Die Facebook-Seite wird die Tage und Wochen nach dem Tod oft als Plattform zum Abschied genutzt, die Einträge enden häufig mit der Abschiedsformel »R.I.P.«: requiescat in pace.

Auf Facebook findet weniger ein formeller Ausdruck der Gefühle wie in klassischen Todesanzeigen statt, sondern vielmehr handelt es sich um gefühlsbetonte Mitteilungen an den Verstorbenen. Worte, die das Vermissen ausdrücken, den Unglauben, aber auch zum Beispiel emotionale Entlastungen in Form von Entschuldigungen, die nach dem Tod an diesen Menschen gerichtet werden und die von der ganzen Gemeinschaft gesehen werden können. Der Fokus liegt auf der Erinnerung, auf dem Weiterleben des Verstorbenen, der mit der Kraft der Gemeinschaft nicht in Vergessenheit geraten soll. Facebook wird also hier zu einer Plattform der Erinnerungskultur. Die Form, in der Trauer ausgedrückt wird, ist informell, trotzdem ist ein Bewusstsein für Pietät erkennbar. So werden wenig Fotos oder Videos gepostet, auch die Kommentarfunktion wird selten genutzt. Bei traditionellen Festtagen oder Geburtstagen wird die Pinnwand des Verstorbenen oder eine »Memorial-Seite« genutzt, um mit dem Verstorbenen »zu sprechen« oder sich seiner gemeinsam mit anderen zu erinnern.

Einen weiteren wichtigen Tag stellt oft der Todestag dar, der den Hinterbliebenen virtuell als Erinnerungsstütze dient. Aber auch zu anderen Gelegenheiten, wie nach dem Besuch des Grabes oder wenn sich in einer bestimmten Situation, zum Beispiel einer Aktivität, die man immer früher gemeinsam unternommen hat, Erinnerungen einstellen, wird dies auf den Seiten der Verstorbenen geteilt. Fast immer findet dies in der formellen Ansprache an den Verstorbenen statt, dient also für die Hinterbliebenen weiterhin als Kommunikationsform mit dem Toten.

Die Hinterbliebenen vermögen durch diese kommunikativen Handlungen auf individuelle Weise ihre Emotionen zu kanalisieren und ihre Beziehung zum Verstorbenen neu zu strukturieren.

Auch an anderen Stellen ist das World Wide Web eine Ausdrucksform der gemeinschaftlichen Trauer geworden. Auf virtuellen Friedhöfen erhalten Verstorbene einen Platz, der für Besucher jederzeit erreichbar ist. Dort kann man Segenswünsche hinterlassen, seine Gedanken teilen, eine digitale Kerze anzünden.

Trauerforen, Blogs rund um das Thema »Trauer und Tod« und virtuelle Trauerbegleitung sind ebenso Formen der Trauer im Netz. Die Netztrauer ist ein Kind der Freiheit, sie folgt keinen starren Regeln. Diese neue Trauerkultur weist in Richtung Individualisierung und betont den Rückblick auf die persönliche Lebensleistung. Der Soziologe Thorsten Benkel erklärt das in einem Interview mit der »taz« so: »Menschen basteln sich ihre Privatkonfession. Es ist nämlich so: Je ungleicher eine Gesellschaft ist und je riskanter das Leben und die sozialen Sicherungssysteme sind, umso stolzer ist man auf das, was man selbst geschaffen hat. Im Trauerprozess wird genau das bilanziert.«

La mer

Ich habe Sehnsucht nach dir, Papa. Ich hatte immer Sehnsucht nach dir.
Ich seufze tief und blicke fragend nach oben zu deinem Bild in Schwarz-Weiß an der Wand. Und du, du blickst geradeaus in diesen Raum, in dem ich jetzt lebe und in dem du nur noch als Erinnerung existierst. In dem immer frische Blumen stehen, obwohl ich nie ganz angekommen bin. Ob ich überhaupt jemals wieder irgendwo ankommen kann, frage ich dich. Aber du, du blickst nur weiter geradeaus und bleibst still. Aus den Lautsprechern tönt ein Lied. »La mer. Qu'on voit danser le long des golfes clairs. À des reflets d'argent. La mer«, singt Charles Trenet und lässt bittersüße Bilder meiner Kindheit in mir aufsteigen.

Dein Vater spielte es einmal für mich, an einem der wenigen Tage, an denen ich ihn kennenlernen konnte. Er setzte mir einen Kopfhörer auf, lachte und sagte: »Das ist mit mein Lieblingslied. Ist es nicht wunderbar?« Ich konnte dieses Lied danach nie wieder vergessen. Es war untrennbar mit meinem Großvater und unserer flüchtigen Begegnung verbunden.

Du hattest viel von ihm. Er war nur kurz in unserem Leben, mit Charme umspielte er mein kleines Enkeltochter-Herz. Und damit wahrscheinlich auch deines. Ich solle Austern mit ihm essen, sagte er und trank Rosé und rauchte. Und dann, als deine Hoffnung wohl wieder aufkeimte, die Hoffnung eines Kindes auf die Liebe seiner Eltern – womöglich die aufrichtigste und reinste Form der Hoffnung –, da war er auch schon wieder verschwunden aus unserem Leben. Obwohl du das Vertrauen hattest, ihm die Tür noch einmal öffnen zu können.

Ich wünschte, er hätte dich nicht abermals im Stich gelassen, Papa. Ich wünschte, er hätte nicht mit deiner Hoffnung gespielt. Ich wünschte, er hätte begriffen, was ihm entgangen ist. Ich wünschte, er hätte das Leuchten in deinen schönen Augen sehen können. Und ich wünschte, er hätte dich auch mit demselben Leuchten in den Augen angesehen. Es ist ein ungerechter Kampf, wenn Kinder um die Wertschätzung ihrer Eltern kämpfen müssen. Weil Kinder damit oft unerbittlich gegen sich selbst kämpfen. Dann, wenn ihr Wunsch nach einem strahlenden Blick einfach nicht erwidert werden kann. Und sie diesen Kampf meist trotzdem niemals ganz aufgeben können. Heute begreife ich so viel mehr, als ich vor deinem Tod begreifen konnte. Ja, ich habe Sehnsucht nach dir, Papa. Ich hatte immer Sehnsucht nach dir.

Ich habe mich mit einem alten Freund von dir getroffen. Weil ich wissen wollte, wer du warst, bevor du mein Vater wurdest. Ich dachte, dieses Treffen könne mir dabei helfen. Die Fragen beantworten, die ich nun nur noch einem Bild an meiner Wand stellen kann. Eines, das immer still bleibt. Nein, ich wollte Mama nicht danach fragen. Weil Mama ihre Antworten immer erst durch ihr Mutterherz rutschen lässt – und somit gar nicht anders kann, als sie zu verfälschen. Und eigentlich wollte ich auch wissen, wer du warst, bevor du Mama kennengelernt hast.

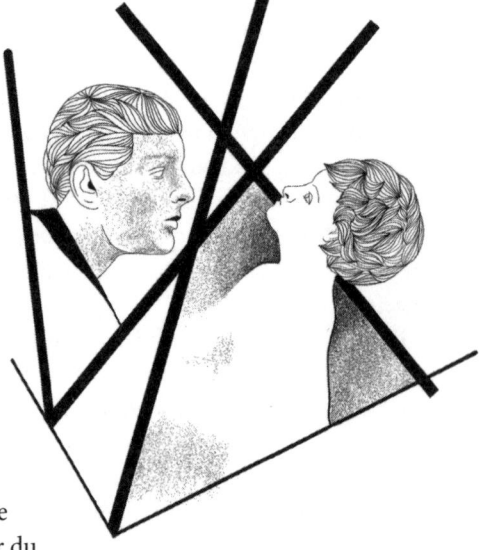

Ich wollte dein Leben nicht nur anhand der Aneinanderreihung von Erlebnissen begreifen, die ich von dir kenne. Ich wollte wissen, wo meine Wurzeln liegen, was ich von dir geerbt habe, was mich beeinflusst hat, auch unwissentlich. Ich dachte, es sei nie zu spät.

Dein Freund sagte, man sähe gleich, dass ich deine Tochter bin. Ich hätte viel von dir. Du seist ein schillernder Mensch gewesen. Ein Mensch, der Barone kannte und Freunde im Wald hatte, die sich dort vor dem Militärdienst versteckten. Irgendjemanden hättest du immer angeschleppt.

Er sagte, du seist ein Frauenheld gewesen und in den Bars in Berlin, da hingen alle an deinen Lippen, auch wenn du nur irgendetwas Belangloses erzähltest. Er sagte, du wärst einmal mit einer älteren Frau und danach mit ihrer Tochter zusammen gewesen. Und dass das Ärger gegeben hätte. Er sagte, du hättest gern gefeiert – und viel. Du hättest die Menschen nach den gemeinsamen Partys in den Bars zu gemeinsamen Partys in deine Küche eingeladen. Und dann irgendwann gesagt, dass du schlafen gingest. Dass aber alle gern bleiben könnten. Es wäre okay für dich gewesen, wirklich. Er sagte, du hättest einmal das alte dreckige Waschbecken in deiner Wohnung in Neukölln mit einem Trick wieder blitzsauber bekommen. Er erzählte vieles, dieser alte Freund.

Nur bei einer Sache druckste er herum. Er wüsste nicht, ob er mir so etwas erzählen könne, sagte er. Und ich winkte ab, ich wusste schon, was kommt.

»Ach, die Sache mit dem Heroin? Keine Sorge, mein Vater hat offen über die wilden Zeiten gesprochen.« Nur einmal hättet ihr es probiert, versicherte mir dein alter Freund. Und du hättest dann die ganze Nacht durchgepennt. Als du Mama dann kennenlerntest, sei er einmal mit euch nach Korsika geflogen. Und ihr hättet nachts immer gestritten, um dann am Morgen wieder selig vereint und Händchen haltend am Frühstückstisch zu sitzen.

Manche Dinge ändern sich nie, sagte ich. Nichts Neues, Papa, nichts Neues, dachte ich mir. Nur Geschichten. Geschichten, die meine Sehnsucht nicht stillen konnten. Die nach dir. Nicht die nach Geschichten.

Aber eines sagte er dann noch, diese eine letzte Sache, die mich doch berührte. Nur berührte sie mich nicht auf eine schöne Art und Weise. Er sagte, dein Strahlen, dieses unglaubliche Strahlen in den Augen, das hättest du irgendwann verloren in diesen Nächten in den Bars. Und es sei auch nie mehr wiedergekommen. Nie mehr. Dein künstlerisches Potenzial, dein ganzes Potenzial, das hättest du nie ganz entfaltet. »Er hat sein Strahlen verloren. Für immer.«

Und da, da spürte ich dann diesen Stich in meinem Herzen, diesen Stich, den ich gut kannte. Und ich spürte Wut in meinem Bauch. Wut auf diesen alten Freund, der es wagte, über das Strahlen in deinen schönen Augen zu urteilen. Wütend auf mich, weil ich womöglich ausschließlich Heldengeschichten hatte hören wollen. Wütend auf dich, weil ich immer noch nicht wusste, wer du warst. Wütend auf den Krebs, der uns kaum noch Zeit gelassen hat. Und wütend auf die Zeit, die sich gegen uns gerichtet hat.

Ich lief geknickt und tief verdrossen von diesem Treffen mit deinem alten Freund nach Hause. Weil es war, wie es immer war, Papa. Wieder einmal und immer wieder. Alles, was ich gewollt hatte, war doch, von deinen Kämpfen zu erfahren. Und du, du hast sie nie mit anderen geteilt. Und so habe auch ich einen ungerechten Kampf gekämpft.

Ich habe immer noch Sehnsucht nach dir, Papa.

Von roten Abendsonnen und schönen Fingernägeln

»Hast du deinen Eltern all die Dinge vergeben, mit denen sie dir wehgetan haben?«, will ich von Tara, meiner Mitbewohnerin, wissen. Wir sitzen zusammen am Fenster unserer Küche und sehen in einen wunderschönen, rot gefärbten Abendhimmel. »Mmmhh«, summt sie, während sie einen Zug von ihrer Zigarette nimmt und aus dem Fenster in Richtung des Berliner Fernsehturms blickt. »Du weißt ja, wir hatten ein schwieriges Verhältnis. Aber irgendwie habe ich ihnen schon vergeben, als sie noch am Leben waren.«

Tara hat ihre Eltern verloren. Beide. Auf einen Schlag. Sie starben bei einem Autounfall, kurz nachdem Tara nach einer längeren Zeit im Ausland zurück in die USA gezogen war – um sich ihren Eltern wieder anzunähern. Ich mag mir gar nicht ausmalen, durch welche Hölle sie gegangen sein muss. Oft spricht sie nicht darüber. Viele ihrer Freunde wissen bis heute nicht, dass Taras Eltern gestorben sind. Es fällt ihr schwer, sich zu öffnen. Ich sehe sie an, wie sie da sitzt, mit ihrem akkurat geschnittenen schwarzen Bob und dem geraden, nach vorn gerichteten Blick. Sie hat etwas Kämpferisches an sich, etwas Amazonenhaftes. Sie wirkt meist diszipliniert und kontrolliert, aber jetzt, in diesem Moment am Fenster, sieht sie sehr verletzlich aus. Fast wie ein kleines Mädchen.

»Schöner Nagellack«, sagt sie beiläufig, so, als wolle sie etwas Leichtigkeit in unser Gespräch bringen.

»Danke«, sage ich und bleibe doch hartnäckig. »Aber bereust du nicht, dass du bestimmte Dinge nicht mit ihnen besprochen hast?«

»Doch natürlich. Da gibt es Dinge, die blieben ungeklärt. Dinge, die mich verletzt haben. Ich höre sie in manchen Situationen auch heute noch Sachen anbringen, die sie damals zu mir gesagt hätten. Wenn ich zum Beispiel einen neuen Job anfange, und es ist wieder etwas, das mit Kunst zu tun hat, dann stelle ich mir vor, wie sie mich schief ansehen und sagen: ›Wirklich? Schon wieder?‹ So, als hätte ich es zu nichts gebracht. In ihren Augen war das keine ›richtige‹ Arbeit. Manchmal bin ich auch froh, dass ich jetzt diese Freiheit habe, zu tun und zu lassen, was ich will. Dass dieser Druck nicht mehr da ist. Keiner kann mir mehr sagen, dass mein Weg falsch ist.«

Taras Stimme ist brüchig, als sie darüber spricht. Ich bewundere ihre Ehrlichkeit. Ja, man vermisst die Verstorbenen, weil man sie liebte. Natürlich liebte man sie. Aber gleichzeitig muss man nicht verleugnen, dass es auch schwierige Dinge gab. Schattenseiten. Und dass diese Dinge oft immer noch in unseren Leben schwelen – obwohl der andere Part der Beziehung tot ist. Oder gerade deshalb. Dass man diese Dinge nicht mehr klären kann, das ist oft belastend. An wen soll man seine offenen Fragen richten? Man weiß ja, dass man keine Antwort erhalten wird.

»Sie haben dir nicht genug Anerkennung gegeben«, sage ich.

»Nie«, flüstert Tara und sieht mich an. Ihre Augen sind jetzt glasig. So viel Schmerz, denke ich.

»Weißt du, ich habe heute diesen alten Freund von meinem Vater getroffen. Und … er sprach von einer Seite meines Vaters, die ich auch kenne, eine Seite, die irgendwie destruktiv war. Er war ein toller Mann, ein liebevoller Vater, aber er hatte eben auch diese andere Seite an sich. Es war interessant zu hören, dass die wohl auch schon vor der Familiengründung da war. Dass sie nichts mit uns zu tun hatte. Ich liebte meinen Vater, jeder weiß das. Und deshalb fällt es mir schwer, darüber zu sprechen. Es fühlt sich manchmal so an, als würde ich sein Vermächtnis beschmutzen. Und nichts liegt mir ferner. Aber es gab nun mal diese Seite an ihm, die uns auch irgendwie im Weg stand. Er hat seine schwierigen Emotionen oft nicht richtig zum Ausdruck gebracht, außer manchmal mit Wut. Ich habe mich dann immer gefragt, woher diese ganze Wut kam. Wie ein Löwe hat er manchmal durch die Gegend gebrüllt. Er war so sanft, und dann war er plötzlich total geladen. Er hat sein Potenzial nicht ganz entfaltet, viele Träume immer nach hinten geschoben. Ich glaube, seine Wut hatte damit zu tun.

Er hat aufgehört zu malen, obwohl er so ein guter Maler war. Er ist nie nach Südamerika gereist, obwohl er das immer wollte. Er hat sich kein Motorrad gekauft – obwohl er so oft davon sprach. Und ich glaube, sich das nicht zu erfüllen oder nicht zu gestatten – und stattdessen immer in der Versorgerrolle sein zu müssen – hat ihn wütend gemacht. Ich habe oft gemerkt, dass er einsam und verletzt war, aber er hat uns nicht richtig daran teilhaben lassen. Er war manchmal ein ›Mr. Unavailable‹.

Ich dachte lange, wir könnten ihn nicht richtig glücklich machen, oder dass wir schuld daran seien, dass er sich entzieht. Ich habe als Kind oft geglaubt, ich müsse ihn aus seiner Traurigkeit retten. Bis zum Schluss habe ich irgendwie immer darum gekämpft, richtig an ihn heranzukommen. Und es macht nun auch mich traurig und wütend, weißt du? Ja, manchmal bin ich wütend auf ihn. Er hätte seine Träume doch verwirklichen können, er hätte offener über seine Gefühle und Wünsche reden können. Ich fühle mich oft hilflos, weil es so tragisch war. Ich kann seine Entscheidungen nicht rückgängig machen, und ich kann nicht mehr mit ihm darüber reden. Viele haben diese ungelösten Bereiche mit Verstorbenen, und ich frage mich, wie wir das klären können.«

Tara sieht mich an. »Ja, ich verstehe das. Sehr gut sogar.«

Sie denkt nach. Und sagt dann: »Vielleicht können wir daraus lernen. Vielleicht können wir aus den Dingen, mit denen uns unsere Eltern wehgetan haben, lernen. Und es anders machen. Sie weiterentwickeln. Wir können nicht ändern, was sie getan haben. Oder nicht getan haben. Wir können nicht die Verantwortung für ihre Taten übernehmen. Wir müssen das akzeptieren, auch wenn es schmerzt. Aber wir können aus den gleichen Mustern aussteigen. Manchmal bin ich sehr hart zu anderen. So hart, wie meine Eltern zu mir waren. Früher war es mir egal, wenn mich jemand darauf hingewiesen hat. Heute nehme ich das ganz anders an und versuche, mein Verhalten zu ändern. Ich bin weicher geworden, weil ich gesehen habe, wie schnell das Leben vorbei sein kann. Ich bemühe mich um andere. Der Tod meiner Eltern hat eine Entwicklung angestoßen. Ich gebe mir die Chance zur Entwicklung, und ich will einen Sinn in den Dingen erkennen.«

»Du meinst, wir können die Dinge anders machen und kultivieren, diese Dinge, die unsere Eltern vielleicht nicht so gut konnten? Es anders angehen und uns somit auch mit den offenen Fragen versöhnen?«

»Ja. Wir können damit vielleicht besser heilen.«

»Ich mag, was du da sagst. Vielleicht wird aber immer ein Restschmerz übrig bleiben. Vielleicht müssen wir auch lernen, mit offenen Fragen zu leben.«

»Schau mal«, ruft Tara und zeigt auf einen riesigen Schwarm schwarzer Vögel, die wie Kunstflieger aussehen und wie auf ein Kommando hin in Richtung des rot gefärbten Himmels fliegen. So, als wollten sie besiegeln, was wir gerade gesagt haben. Wir lachen uns an.

»Sie haben ihr Bestes gegeben, oder? Sie konnten es nur so gut, wie sie es eben konnten.«

»Ja. Wir können sie nicht ändern, Muriel. Wir können nur uns ändern.«

»Vielleicht musst du manchmal auch weicher mit dir selbst sein, Tara.«

Ich erzähle ihr, dass ich mir immer die Hand aufs Herz lege, wenn es mir schlecht geht, von meinen Übungen des Selbstmitgefühls, davon, dass ich oft versuche, mir selbst ein guter Freund zu sein in den Zeiten des Schmerzes. Tara findet das gut.

»Ja, ich möchte weicher mit mir werden. Mich um mich kümmern, Verständnis für mich entwickeln. Meine Gedanken stehen nie still. Ich habe oft Verlustängste. Es fällt mir schwer, mich auf Beziehungen einzulassen. Ich mache dann ganz schnell dicht, weil ich Angst habe, dass ich wieder so einen Schmerz erfahren könnte. Dass ich Menschen verliere, die mir wichtig sind.«

»Ich kenne das. Seit Papas Tod fällt es mir schwer, mich wieder auf eine Beziehung einzulassen. Eigentlich habe ich es auch noch nicht wieder getan. Und manchmal träume ich davon, dass mich meine Freunde nicht mehr mögen und ich sie wieder verliere. Diese Angst sitzt tief.«

»Es kostet viel Kraft. Man ist so bedürftig, und man saugt jede Wärme förmlich in sich auf. Die Angst, das wieder zu verlieren, ist riesig.«

Ich beobachte Tara dabei, wie sie sich die Haare ihres akkurat geschnittenen Bobs vors Gesicht zieht, so, als wolle sie sich verstecken.

»Du hast so viel erreicht, Tara«, sage ich. Sie sieht mich erstaunt an. »Du sitzt hier mit mir, wieder in Europa. Du passt gut auf dich auf, du bist am Leben, du machst dir Gedanken darüber, wie du ein gutes Leben führen kannst. Trotz deines schweren Schicksals. Du hast deine Eltern verloren. Du konntest dich nicht mehr verabschieden. Mann, Tara. Da geht es nicht um einen abgebrochenen Fingernagel. Das ist der ganz harte Tobak im Leben. Und trotzdem sitzt du hier heute und redest mit mir über all das … Und schau, wie schön du deine Fingernägel lackiert hast.« Wir beginnen beide zu kichern. »Danke, dass du das mit mir teilst«, sage ich ihr und wir umarmen uns.

»Es ist schön, jemanden zu haben, der diese Erfahrung versteht«, sagt Tara.

Alejandra – Der Tod, das muss ein Mexikaner sein

In Mexiko gibt es eine Legende, die besagt, dass der Mensch drei Tode stirbt. Den ersten, wenn unser Körper aufhört zu funktionieren und unser Herz aufhört zu schlagen. Den zweiten Tod stirbt man, wenn der Körper im Boden zu Mutter Erde zurückkehrt. Und der dritte Tod, der wirkliche Tod, kommt erst dann, wenn sich niemand mehr an uns erinnert.

»Corazóóóóóón«, höre ich es aus der Gegensprechanlage rufen. »Hola, hola«, singt Alejandra, als ich das Treppenhaus betrete. Sie lehnt entspannt lächelnd in ihrer Eingangstür.

»Ich habe dir keine Blumen, aber dafür Jalapeños mitgebracht«, sage ich und lache. Wir umarmen uns wie immer lang und herzlich, und während mich Alejandra hineinbittet, sprudeln die Worte auch schon aus ihr heraus. Sie redet immer schnell und mit einem starken spanischen Akzent. Alejandra beim Erzählen zu beobachten, hat etwas sehr Unterhaltsames. Ich kenne niemanden, der das R schöner rollt als meine mexikanische Freundin. Während sie das tut, fährt sie mit der Zungenspitze an die Rückwand ihrer Schneidezähne, und ihre Nase beginnt sich lustig zu kräuseln. Ihre dunklen Augen blitzen auf, wenn sie Geschichten erzählt, und man hat dabei immer das Gefühl, dass sich die Energie ihres Wesens auch in ihrem Gesicht widerspiegelt. Alejandra ist ein Mensch, aus dem Freude sprudelt. Freude, die sie unmittelbar zeigt.

»Ich habe uns schon etwas zu essen vorbereitet. Setz dich, Corazón, ich schenke dir ein Glas Wein ein.«

Alejandra ist Schauspielerin und Köchin, eine schöne, zierliche Frau, die wir in unserem Freundeskreis liebevoll »La Bomba« nennen. Ganz einfach, weil sie genau das ist: eine richtige Bombe. Auf Partys ist Alejandra immer die erste und letzte Person auf der Tanzfläche. Sie wirft die langen schwarzen Haare durch die Luft, ihre Hüften kreisen wild, und sie animiert alle zum Mitmachen. »La Bomba« ist keine Frau, der es unangenehm ist, im Mittelpunkt zu stehen. Sie genießt es, sie weiß um ihre Anziehungskraft. Man könnte auch liebevoll sagen, dass Alejandra eine richtige Rampensau ist.

Aber – und das ist der Grund meines heutigen Besuchs – eine Rampensau, mit der man erstaunlich gut über den Tod sprechen kann. Bereits als ich ihr das erste Mal vom Sterben meines Vaters erzählte, meine Gedanken über das Leben mit Trauer und meine Ängste vor Tod mit ihr teilte, merkte ich, dass Alejandra mit einer Unbedarftheit und Selbstverständlichkeit über dieses Thema spricht, wie ich es selten zuvor erlebt habe. Auf diese Feststellung, die ich ihr dann auch mitteilte, sagte Alejandra: »Weißt du, in meiner Heimat Mexiko hat der Tod eine besondere Stellung. Wir haben kein Problem, über ihn zu sprechen. Wir laden ihn ein, wir feiern ihn.« Den Tod feiern? Ihn einladen? Nichts, was hier in Deutschland zum Alltag gehören würde. Und irgendwie auch befremdlich.

Ich hatte vom Día de los Muertos, dem »mexikanischem Allerheiligen« bereits gehört, ich kannte natürlich die Bilder der bunten Totenköpfe und Altare und wusste, dass diese beiden ersten Tage im November, an denen – so heißt es – unsere Ahnen durch das Portal der Toten zu den Lebenden zurückkommen, in Mexiko mit großen Prozessionen und Festen begangen wird. Und ich hatte immer das Gefühl, dass diese Feste – im Gegensatz zu den katholischen Allerheiligenfesten meiner bayerischen Kindertage – nicht düster und still, sondern trotz ihrer Andächtigkeit voller Leben sind. Aber so richtig viel Ahnung hatte ich nicht über diese mexikanische Tradition, dem Tod und der Trauer mit Freude zu begegnen.

»Unsere Toten sind Teil unseres Lebens. Wir sprechen mit ihnen. Wir laden sie zum Essen ein. Wir pflegen unsere Beziehung mit ihnen. Wir streiten auch mit ihnen«, erzählte mir Alejandra.

Mich machte das alles wahnsinnig neugierig, und ich wollte gern mehr darüber erfahren. Doch bevor ich Alejandra überhaupt fragen konnte, ob sie mir mehr darüber berichten wollte, bot sie mir von sich aus ein Gespräch an.

»Wir sollten uns die Zeit nehmen, darüber ein wenig mehr zu sprechen, Corazón«, sagte sie mir mit ihren funkelnden Augen und dieser für sie typischen heiteren Melodie in der Stimme. So, als ob sie mit mir über die normalste Sache der Welt reden wollte. Vielleicht ja, weil es für sie die normalste Sache der Welt ist.

Und jetzt sitze ich also mit Wein und Essen in Ales Küche und habe das Gefühl, dass sie unserem Gespräch mit großer Vorfreude entgegenblickt. Wir unterhalten uns ein wenig über die Neuigkeiten der vergangenen Wochen. Es ist abermals seltsam, sich mit einer Person zu treffen, um über den Tod zu reden. Aber ich denke, Alejandra kann es kaum erwarten.

Wir verlagern unser Gespräch in ihr Wohnzimmer. Während ich mich auf einen Stuhl setze und überlege, was ich eigentlich alles von ihr wissen möchte, zündet Alejandra zahlreiche Kerzen an, und aus den Lautsprechern tönt klassische mexikanische Volksmusik. Durch die warme und behagliche Atmosphäre, die entsteht, habe ich fast das Gefühl, tatsächlich in eine andere Welt einzutauchen. Alejandra holt einen Bildband aus dem Regal, ein Rezeptbuch.

»Das ist ein Buch über den Día de los Muertos, und darin finden sich typische Gerichte für die Festlichkeiten. Hier kannst du auch Bilder von den mexikanischen Altären sehen, die wir am Tag der Toten überall schmücken. Sieh es dir mal an, ich mache uns Tee.«

Während Ale zurück in die Küche verschwindet, schlage ich eine Seite in der Mitte des Buches auf. Auf einem Schwarz-Weiß-Bild blickt mir eine Frau mit ernstem, stolzem Blick entgegen. Ich kenne diese Frau, natürlich tue ich das: Es ist Frida Kahlo, Mexikos berühmteste und vielleicht auch seine Lieblingstochter. Das besagte Foto wurde zur Feier des Día de los Muertos vor ihrem Haus aufgenommen. Ich habe gelesen, dass der Kultstatus Frida Kahlos so weit geht, dass Fotos ihres Konterfeis auch auf den Altären und Gabentischen am Tag der Toten aufgestellt werden.

Ich lese weiter und erfahre, dass das Zelebrieren von Totenfesten eine rund 3000 Jahre alte pre-hispanische Tradition ist, die bereits von indigenen Kulturen begangen wurde. Die Azteken luden zum Ende der Erntezeit ihre Verstorbenen zu sich ein, um sie bei Speisen und Musik zu bewirten und zu ehren. Weinen war hier nicht erlaubt, denn die Azteken glaubten, dass die Tränen den Weg der Toten rutschig und tückisch machen würden. Mit den spanischen Eroberern kam die christliche Einflussnahme ins Land. Aber den spanischen Missionaren gelang es nicht, die alten Traditionen aufzulösen, und so vermischten sich der christliche Allerheiligentag mit der indigenen Tradition zu einem einzigartigen Fest.

Welch tröstliche und schöne Tradition das ist, denke ich. Einmal im Jahr gedenkt das ganze Land der Menschen, die es am meisten vermisst und kocht für sie die Dinge, die sie am liebsten gegessen haben. Und tanzt und singt und trinkt und lacht mit ihnen. Und ehrt sie und ihr Leben, indem man sie sich immer wieder in Erinnerung ruft. Während ich durch das Buch blättere, setzt sich Alejandra auf ihr Fensterbrett und beobachtet mich. In ihrem Blick liegt etwas Feierliches.

Ich muss schmunzeln, denn ich mag ihren Versuch, unser Gespräch fast schon zeremoniell zu gestalten, es zu etwas Besonderem werden zu lassen. Sie erzählt mir, dass ihre Familie aus der Provinz Michoacán stammt, in der die Insel Janitzio liegt, die für ihre Feierlichkeiten am Tag der Toten in ganz Mexiko bekannt ist. Alejandra erwähnte bereits zuvor, dass sie eine besondere und enge Beziehung zu ihrer verstorbenen Großmutter hatte, diese aber vor einigen Jahren post mortem Risse erhielt, nachdem Alejandra von einem Familiengeheimnis erfuhr. Ein Geheimnis, das ihre Großmutter mit ins Grab nahm: Alejandra hat eine ältere Schwester. Ihr Vater zeugte nicht nur mit Alejandras Mutter ein Kind, sondern fast zeitgleich ein weiteres Baby mit einer anderen Frau. Diese Schwester kam nur wenige Monate vor Alejandras Geburt zur Welt und ging später, wie Alejandra, von Mexiko nach Europa.

Alejandra wird emotional, als sie darüber spricht. »Mein Vater hat während seiner Ehe mit meiner Mutter ein Kind mit einer anderen Frau gezeugt, und meine Großmutter wusste davon. Ich war unglaublich enttäuscht von ihr, weil wir so eine enge Bindung zueinander hatten. Eine Bindung, die ich mit meinem Vater damals nicht hatte. Wie konnte sie mir so etwas verschweigen? Ich fühlte mich von ihr um die Beziehung zu meiner Schwester betrogen«, erzählt Alejandra mit ernstem Blick. Zwei Jahre lang war Alejandra wütend auf ihre Großmutter. So wütend, dass sie sich weigerte, das traditionelle Fest am Tag der Toten für sie auszurichten. Dieses Jahr aber – so hat sich Alejandra fest vorgenommen – möchte sie sich mit ihrer Großmutter versöhnen. Nicht in Deutschland, sondern vor Ort in Mexiko, in der besagten Provinz Michoacán.

Mich fasziniert, dass Alejandra diese Versöhnung so ernst nimmt. Dass sie wirklich davon überzeugt ist, dass die Verbindung mit ihrer Großmutter nie abgebrochen ist. Dass es nie zu spät ist, um zu vergeben. Auch nicht, wen der andere Part tot ist.

Muriel: »Alejandra, hast du Sterbefälle in Deutschland erlebt?«

Alejandra: »Oh ja. Als ich das erste Mal mitbekommen habe, dass ein Mensch in Deutschland verstorben ist, und ich gehört habe, dass der Tote ganz schnell von einem Bestatter abgeholt wurde, war ich total verwirrt. Ich dachte: ›Wie? Der wird jetzt abgeholt und bleibt nicht aufgebahrt zu Hause bei seiner Familie?‹ Es gab keine Totenwache, wie wir sie in Mexiko ›Velatorio‹ nennen. Bei uns bleibt man ein oder zwei Tage mit dem Toten zu Hause und pflegt ihn. Man hat Zeit mit dem Toten, Zeit, besser loszulassen, Zeit, sich in Ruhe zu verabschieden. Bei unseren Totenwachen kommen alle Verwandten und Freunde und nehmen Abschied, und du als Familienmitglied wäschst den Toten zuvor und kleidest ihn an, bevor er in einem Sarg aufgebahrt wird – das ist ganz selbstverständlich.«

Muriel: »Wir kennen die Totenwache schon auch. Aber es ist heute keine gängige Tradition mehr. Eher in den ländlichen, christlichen Gebieten. Viele Menschen sterben in Krankenhäusern, und man hält dort keine richtige Totenwache mehr ab, zumindest nicht so, wie du sie beschreibst. Aber es besteht die Möglichkeit, sich zu verabschieden. Die Leiche meines Vaters lag noch einen Tag in seinem Krankenbett und alle, die wollten, hatten die Möglichkeit, ihn zu sehen. Viele kamen nicht. Einen Toten anzuschauen ist mittlerweile schon etwas Gruseliges. Wir kommen ja eigentlich nicht mit dem Tod in Kontakt. Nicht direkt zumindest. Ja, also hier ist das, was du beschreibst, nichts Obligatorisches mehr. Keine wirkliche Tradition mehr, so, wie du es kennst.«

Alejandra: »Wir reden ja auch im Vorfeld viel über diesen Moment. Meine Mutter hat ihre eigene Beerdigung schon geplant. Sie hat mir gesagt, welche Lieder wir spielen sollen. Sie hat gesagt, wir sollen tanzen. Sie will Livemusik. Ich selbst will, dass sie mich noch einmal so richtig aufstylen und hübsch machen.«

Muriel: »Mit Minikleid und High Heels?«

Wir lachen.

Alejandra: »Ja, zum Beispiel. Versteh mich nicht falsch: Es ist auch für uns wahnsinnig traurig, wenn jemand stirbt. Aber auch das Feiern seines Lebens ist uns wichtig. Der Tote geht ja auch nicht sofort. Seine Seele ist ja noch da und verabschiedet sich.«

Muriel: »Ihr glaubt also, dass die Seele des Verstorbenen mit euch eine Abschiedsparty feiert?«

Alejandra: »Neeeeeeein. Wir glauben das nicht ... Es ist so!«

Muriel: »Aha.«

Ich selbst habe nicht so einen unerschütterlichen Glauben. Ich ordne das Ganze – mit allem Respekt für Alejandra – eher in die Kategorie »magisches Denken« ein. Aber ich will mich anderen Perspektiven auch nicht verschließen. Und es interessiert mich wirklich, wie Alejandra von der offenen Todeskultur in ihrer Heimat geprägt wurde. Schließlich empfinde ich es als sehr wohltuend, so offene Gespräche über den Tod führen zu können.

Muriel: »Wann hast du das erste Mal einen Toten gesehen?«

Alejandra: »Das war meine Oma. Sie war krank, sie auch hatte Krebs wie dein Vater. Ich war gerade mit meinem damaligen Freund im Brasilienurlaub. Ich hatte ein seltsames Gefühl und habe den Urlaub abgebrochen, um nach Mexiko Stadt zu fliegen. Ich bin dort angekommen, und am nächsten Tag ist sie gestorben. Sie hat auf mich gewartet. Ich habe sie gesehen und mit ihr geredet, und es war schwierig für mich, weil ich ja in Deutschland lebte und sie nicht regelmäßig sehen konnte. Als ich sie zuletzt sah, war sie noch diese immer perfekt geschminkte, wunderschöne, stolze alte Frau. Und ich komme dort an und sehe sie in einem kleinen Bett liegen – kurz vor dem Sterben. Aber ich bin so froh, dass ich mich verabschieden konnte. Dass ich gespürt habe, dass ich hinfliegen muss.«

Ich erinnere mich an diese Momente, als ich meinen Vater kurz vor dem Sterben sah. Und dass eine Freundin meiner Eltern, die seit langer Zeit in einem Hospiz arbeitete, später zu mir sagte: »Er hat gewartet. Ich habe über Jahre gesehen, wie sich auf wundersame Weise – und nonverbal – vor dem eigentlichen Sterben zueinanderfügt, in welcher Art und Weise der sterbende Mensch gehen will. Ob er wartet, bis alle aus dem Raum gegangen sind oder sich verabschieden konnten. Dass er entscheidet, wer diese Begleitung auf sich nehmen kann und für wessen Psyche es vielleicht zu viel wäre. Oft hatte ich das Gefühl, dass das alles einen Sinn ergibt. Dass der Sterbende so viel mehr spürt, als wir glauben.«

Alejandra sagt bestimmt: »Meine Großmutter kam mich dann ja auch jedes Jahr besuchen, wie du weißt.«

Muriel: »Am Día de los Muertos?«

Alejandra: »Ja. Ich habe ihr bis vor zwei Jahren jedes Jahr einen Schrein aufgebaut und ein Fest vorbereitet, und sie hat mich dann immer besucht.«

Ich sehe sie an und kann natürlich nicht so recht daran glauben, was sie mir da erzählt.
Alejandra lacht – ein wenig verlegen. Ich kann mir vorstellen, dass viele Menschen hier so wie ich reagieren. Dass Alejandra von dieser Tradition erzählt und sie denken: »Das ist ja ganz süß. Aber eigentlich sind das nur nette Geschichten, um sich zu trösten.« Ich schäme mich ein wenig für meine Arroganz. Aber der Glaube an ein Jenseits, an ein Weiterleben der Seelen fällt mir wirklich schwer.

Muriel: »War das Thema Tod durch deine Kultur immer präsent?«

Alejandra: »Ja, klar. Der Día de los Muertos ist eines unserer wichtigsten Feste, also ist der Tod auch ein fester Bestandteil meiner Kultur. Wir reden oft über den Tod. Wir personifizieren ihn auch. Ich habe zwar als Kind nie einen Toten gesehen, aber seit dem Kindergarten habe ich viel über den Tod gesprochen. Und das auch oft mit Humor. Wir lachen über den Tod.«

Muriel: »Ihr lacht über den Tod?«

Alejandra: »Ja, das ist doch ganz normal. Wir feiern den Tod. Es ist doch genauso normal zu sterben, wie geboren zu werden. Er wird zu jedem von uns kommen. Wir entscheiden, wie wir leben, weil wir wissen, dass wir sterben. Ja, wir nehmen den Tod mit Humor.«

Muriel: »Wie sieht das zum Beispiel aus?«

Alejandra: »Wir schreiben kleine Gedichte, lustige Texte. Satira, verstehst du? Sie heißen ›Calavera‹ oder ›Caleverita‹. Das heißt wörtlich übersetzt, ›Totenkopf‹, ist aber eben auch der Name für diese Gedichte. Ich kann das schwer erklären.«

Alejandra kichert in sich hinein und sieht so aus, als hätte sie sich gerade an die ein oder andere dieser Calaveritas erinnert.

Alejandra: »Also, diese Gedichte haben alle einen Rhythmus, und wenn wir sie rezitieren, lachen wir uns darüber kaputt. Jeder schreibt Calaveritas in der Schule. Dann schreibst du darüber, wie der Tod deinen Freund trifft oder deine Lehrerin, den Präsidenten oder eben dich selbst.«

Muriel: »Waaaas? So etwas macht ihr?«

Alejandra: »Ja! Die Leute hier sagen: ›So etwas Makaberes! Das kann man doch nicht machen.‹ Aber warum denn eigentlich nicht? Das ist doch lustig. Wir backen Brote mit Totenköpfen darauf, ›Pan de muerto‹. Wir machen Totenköpfe aus Zucker, die ›Calaveras de Azúcar‹, und dann schreiben wir unsere Namen darauf und essen sie.«

Muriel: »Man isst sein eigenes Ende?«

Alejandra: »Natürlich. Oder den Tod deines Freundes zum Beispiel. Oder deiner Mutter. Oder deines Vaters. Aber ich finde es eigentlich am coolsten, seinen eigenen Tod zu essen.«

Wir lachen beide.

Muriel: »Was hat diese Tradition mit dir gemacht? Was macht diese Bewusstheit über den Tod mit den Mexikanern? Was glaubst du?«

Alejandra: »Wir feiern das Leben mehr. Mexiko ist ein sehr fröhliches Land. Und ein Land der Gemeinschaft. Ein buntes, lautes Volk. Wir haben Einflüsse von den

Urvölkern, den Azteken, aber auch den Einfluss der Spanier. Ich glaube, diese Kultur ist wahnsinnig spannend. Wir sind sehr traditionell, wir sind sehr stolz. Wir halten unsere Traditionen aufrecht, und diese Tradition kommt ja bereits aus der Zeit der Azteken. Der Día de los Muertos ist einzigartig, diese Stimmung ist unbeschreiblich. Die Öffnung zum Reich der Toten. Es war immer etwas ganz Besonderes für mich. Aber erst als ich Mexiko verlassen habe, habe ich gemerkt, wie besonders das Ganze ist. Das hat mich immer begleitet. Ich lebe seit 15 Jahren in Deutschland und feiere das jedes Jahr auch hier. Ich habe einen riesigen Koffer, der kommt immer mit, egal, wo ich hinziehe. Meine Freunde sagen immer: ›Nichts ist wichtiger für dich als dieser Koffer.‹«

Muriel: »Was ist drin?«

Alejandra: »Calaveras aus Zucker, die bunten Totenköpfe. Auf die muss ich immer ganz besonders aufpassen. Stoffe, Kerzen, Todessymbole. Einfach alles, was ich für meinen alljährlichen Altar, den ›ofrenda‹, hier brauche.«

Muriel: »Du hast recht. Mexiko hat wirklich eine besondere Art mit dem Tod umzugehen.«

Ich werde nachdenklich. Schaurig-schön ist das, mitunter auch obskur für Außenstehende wie mich, denke ich. Gerade weil der Tod von den Mexikanern so bunt, so nah – fast hochachtungsvoll – in das tägliche Leben eingeflochten zu sein scheint. Das erkennt man auch an dem seit dem Jahre 1940 zum ersten Mal beobachteten Phänomen der mexikanischen Schutzpatronin Santa Muerte, der ›heilige Tod‹, auch Doña Sebastiana oder Nina Blanca, das weiße Mädchen, genannt. Die katholisch anmutenden Ikonen der Santa Muerte erinnern an Madonnen – nur eben tote Madonnen. Denn Santa Muerte, die ihren mythologischen Ursprung wohl in der aztekischen Gottheit Mictecacihuatl, der Königin der Unterwelt und des Jenseits hat, ist eine Art weibliche Version des Sensenmannes. Neben besagter Sense in der rechten Hand, hält diese Figur, die mittlerweile Kultstatus erreicht hat und an jeder Straßenecke in Mexiko zu finden ist, in ihrer Linken einen Globus. Und – und das mutet tatsächlich etwas grotesk an – sie trägt in ihren unzähligen Ausführungen auch hin und wieder Diademe im Haar oder kitschige Kleidchen in den verschiedensten Farben. An Schreinen werden dem heiligen Tod Opfergaben dargebracht, um um Schutz und Beistand, aber auch für einen Tod ohne Qual und Angst zu bitten. Die Opfergaben erinnern an das, was man zu einem guten Leben, nun zumindest für eine gute Party benötigt: Zigarren, Tequila, Joints und Blumen. Ursprünglich hatte Santa Muerte ihre größte Anhängerschaft im Milieu der Kriminellen, sie war die Heilige der Gangster. Doch diese Zeiten sind längst vorbei. Millionen Anhänger hat die Skelettfrau mittlerweile in Lateinamerika und bei den US-amerikanischen Latinos, darunter die meisten aus der Mitte der Gesellschaft. Nicht mehr nur die Drogendealer der Kartelle, sondern auch Polizisten, Ärzte, Verkäufer und Büroangestellte suchen in den Zeiten von korrupten Regierungen, steigender Armut und unerbittlicher Gewalt in Lateinamerika nach Schutz und Trost bei Santa Muerte. Das, was sie symbolisiert, ist lebensnah und auch ein Spiegel der Seele des Landes, denn schließlich sind die Gefahren, ist die Armut, ist der Tod in Mexiko auch nahe an der Wirklichkeit der Menschen. Santa Muerte ist die robuste, vielleicht grobe Version der Mutter Maria. Sie ist eine Frau, der nichts fremd ist.

Die Menschen wissen, dass sie das Prinzip des Frommen, der alle Regeln befolgt und sich nur dadurch einen sicheren Platz im Paradies verdienen kann, in ihrer Lebensrealität gar nicht aufrechterhalten können. Der katholischen Kirche, die nicht nur in westlichen säkularisierten Gesellschaften, sondern auch in den traditionell katholischen Ländern Lateinamerikas immer mehr als eine weltfremde Institution wahrgenommen wird, ist der Kult um den heiligen Tod indessen – darüber kann man sich kaum wundern – ein Dorn im Auge. Heidnisch, gar satanistisch sei die Verehrung der Skelettfrau, auszumerzen sei dieser Kult, so der Tenor. Papst Franziskus nannte Santa Muerte ›eine Kommerzialisierung des Todes‹. Aber der personifizierte Tod trifft auch einen Nerv, den die katholische Kirche vielleicht gar nicht treffen kann: den Nerv der Lebenslust. Der Lust nach Leben, einem freien, fern von strengen moralischen Vorstellungen. Angenommen werden, so, wie man eben ist. Und vielleicht ist es genau das, was ich im mexikanischen Umgang mit dem Tod bemerke und was mich so fasziniert: Der Tod ist kein Feind, er wird umarmt – und umarmt zurück.

Die Erinnerung an den Tod ist eine Erinnerung daran, seinem Leben Wert zu verleihen. So wie Alejandra sagt: »Wir feiern den Tod, denn er ist der, der sowieso auf uns wartet.« Und das heißt im Falle von Santa Muerte auch: Wir verehren dich Tod, weil wir uns auf dich verlassen können. Bei dir sind wir alle gleich. Du nimmst uns zu dir, so, wie wir sind. Arm oder reich. Sünder oder Heiliger. Wir feiern dich, weil du der bist, der uns begreifen lässt, dass wir am Leben sind. Es ist unser Leben. Es ist wertvoll, egal, wo wir stehen. Und weil Santa Muerte eine warme und barmherzige Herberge bietet, ist sie eben auch das spirituelle Zuhause für alle jene, die sich von den reglementierenden Glaubenssätzen der Kirche ausgestoßen fühlen: Homosexuelle, Transsexuelle, Häftlinge, Prostituierte und Drogendealer. Santa Muerte, der heilige Tod, ist unter diesem Aspekt vielleicht christlicher, als die katholische Kirche es je war.

Muriel: »Was genau feierst du am Tag der Toten?«

Alejandra: »Also, in Mexiko selbst glaubt man, dass in der ersten Nacht die verstorbenen Kinder zu uns kommen. In der zweiten Nacht sind es dann die Erwachsenen. Die Menschen schmücken alles farbenfroh für die Ankunft der Toten, mit Blumen und Girlanden und Kerzen. Und dann gehen alle auf die Friedhöfe, sie sind voll mit Menschen. Und man macht ein Picknick und trinkt und tanzt und gedenkt der Verstorbenen. Aber ich bin ja hier in Deutschland, also mache ich ein wenig mein eigenes Ding. Am 30. Oktober kaufe ich alles ein, um die typischen traditionellen Gerichte zuzubereiten. Ich koche aber vor allem das, was meiner Oma am besten geschmeckt hat. Sie isst ja auch mit mir. Ich feiere so mit ihr, wie wir mit ihr gefeiert haben, als sie noch am Leben war. Sie kommt ja auch an diesem Tag zu mir, sie ist mein Gast, also mache ich es schön für sie. Dann backe ich das ›Pan de muertos‹. Am 1. November esse ich dann nur mit ihr. Ich stelle ihre Bilder auf und – ganz wichtig – Kerzen und Blumen, damit sie den Weg zu mir findet.«

Muriel: »Damit sie den Weg zu dir findet?«

Alejandra: »Ja, all diese Seelen auf den Straßen müssen ihren Weg finden. Die Kerzen müssen die ganze Nacht brennen, denn vielleicht bringen die Verstorbenen noch Gäste mit, und auch die sollen ihren Weg zu deinem Haus finden … Nun ja, und dann zünde ich Copal an, Baumharz. Ein sehr penetranter Geruch, sage ich dir. Aber sobald es danach riecht, weiß ich, dass die Nacht mit unseren Toten begonnen hat. Es transportiert mich in die richtige zeremonielle Stimmung.«

Muriel: »Alles in dieser Nacht scheint sehr bedeutungsvoll.«

Alejandra: »Das ist es. Auch die Zutaten haben eine Bedeutung. Wasser und Salz stehen zur Stärkung auf dem Tisch. Der Tote muss sich von seiner Reise erst mal erholen. Und die Ringelblumen, sie sind zum Beispiel orange und gelb, weil das die Farben sind, die die Toten am besten erkennen können. Ich habe immer eine Liste und überprüfe alles auf Vollständigkeit.«

Muriel: »Und wie geht es dann weiter?«

Alejandra: »Am zweiten Tag lade ich dann alle meine Freunde ein. Sie sollen auch Bilder mitbringen von ihren Verstorbenen. Dann spielen wir Musik und feiern. Meine nicht-mexikanischen Freunde bekommen dann auch eine Calaverita, den Zucker-Totenkopf, mit ihrem Namen drauf, den man dann essen kann. Denn die Liebe und die Freundschaft überdauern den Tod. Manche finden das lustig, andere viel zu makaber. Sie haben mir gesagt, ich soll ihren Namen wegmachen.«

Muriel: »Das ist interessant. Ich habe oft das Gefühl, hier will man die reale Möglichkeit des eigenen Todes von sich fernhalten. So, als würde man seinen eigenen Tod anziehen, wenn man die Tatsache, dass man sterben wird, nur offen ausspricht. Aber ihr habt ja bestimmt auch Angst. Ihr versucht, dem Tod seinen Schrecken zu nehmen. Der Ausgangspunkt ist ja der gleiche. Nur der Umgang ist ein anderer.«

Alejandra: »Ein ganz anderer. Bei uns ist es ja wirklich fast gegenteilig. Wir sitzen da und laden den Tod ja quasi ein, wir konfrontieren uns mit ihm.«

Muriel: »Wenn wir den Tod auf keinen Fall essen wollen, dann klammern wir vielleicht den realsten Teil unseres Lebens aus: dass wir nicht nur geboren wurden, sondern auch sterben werden.«

Alejandra: »Ja! Wir werden alle sterben. Und es ist ja auch irgendwie aberwitzig, wenn man daran denkt, dass es uns alle treffen wird. Es macht die Probleme, die nicht wichtig sind, kleiner.«

Ich finde Alejandras Art, mit diesem Thema umzugehen, befremdlich und zugleich erstaunlich. Ich verstehe den Ansatz, dem Tod seinen Schrecken nehmen zu wollen. Aber Alejandra spricht so tiefenentspannt über den Tod, dass ich fast nicht glauben kann, dass sie dem Sterben so ruhig entgegentritt. Nicht jeder sieht diese Tradition so positiv wie Alejandra. Der berühmte mexikanische Schriftsteller Octavio Paz zum Beispiel merkte an, dass das Lachen über den Tod auch auf eine Verachtung des (oftmals schwierigen) Lebens zurückzuführen sein könnte. Gleichzeitig konnte Paz den starken Kontrast zwischen der mexikanischen und unserer westlichen Umgangsweise mit dem Tod kaum treffender benennen, als er schrieb: *Für einen Bewohner von New York, Paris oder London ist der Tod ein Wort, das man nicht ausspricht, weil es einem die Lippen verbrennen könnte. Der Mexikaner hingegen macht sich über ihn lustig, herzt ihn, schläft mit ihm, feiert ihn. Der Tod ist sein liebstes Spielzeug und seine dauerhafteste Liebe.*

Alejandra: »Also: Diese Skelette, mit denen wir die Altäre schmücken, sind auch ulkig. Sie haben verschiedene Berufe, sind Polizisten oder Ärzte. Manche haben Zahnlücken. Bei uns ist immer etwas Humor dabei. Der Tod ist nicht düster. Natürlich gibt es Menschen, die an diesem Tag traurig sind. Wir sind auch traurig bei Beerdigungsfeiern. Wir heulen uns tot. Aber wir tanzen auch und trinken Tequila und spielen Livemusik. Es ist auch ein Fest. Ja, ein Mensch ist gegangen, er verabschiedet sich. Aber wenn wir schon Abschied nehmen müssen, können wir zumindest später sagen: ›Und was für ein Abschied das war!‹ Wir wiederholen diesen Abschied dann jedes Jahr, aber ohne dass viele Tränen fließen. Es spendet Trost.«

Muriel: »Glaubst du, die Mexikaner haben weniger Angst vor dem Tod?«

Alejandra lacht kurz auf.

Alejandra: »Ich glaube, dass wir ein sehr nahes Verhältnis zum Tod haben. Das liegt auch daran, dass wir tief in unsere Emotionen eintauchen, sie zulassen. Wenn wir lachen, dann lachen wir laut. Wenn wir weinen, lassen wir auch diesen tiefen Schmerz zu. Wenn du das tust, wirst du dich befreit fühlen. Du musst beide Seiten zulassen können. Beides ist in Ordnung. Das gilt auch beim Abschiednehmen von unseren Toten. Bleibe bei deinem Verstorbenen, wasche ihn, sieh ihn an, rede mit ihm, nimm dir Zeit, dich zu verabschieden. Du kannst all das rauslassen. Es wird dich befreien.«

Muriel: »Aber du bist doch von der Trauer des Schmerzes auch nicht verschont geblieben.«

Alejandra: »Natürlich nicht. Ich vermisse meine Großmutter sehr oft. Aber ich verbinde mich mit ihr.«

Muriel: »Wie?«

Alejandra: »Auf eine Art dadurch, dass ich ihr Erbe weiterführen möchte. Meine Großmutter stammte aus dem Ort El Grullo, aus einer alten, angesehenen Gastronomenfamilie. Sie besaßen ein berühmtes Hotel in Mexiko, in dem die mexikanischen Stars der 50er-Jahre immer gegessen haben. Das Hotel wurde später verkauft, und meine Großeltern gingen nach Mexiko City. Ich möchte dieses Hotel, das immer noch existiert, irgendwann zurückkaufen. In Mexiko Stadt haben meine Großeltern große Feste mit Livemusik veranstaltet. Meine Familie väterlicherseits, die Familie Beltran, ist riesig. Und diese Feste, zu denen wirklich nur Mitglieder dieser großen Familie eingeladen wurden, nannten sich ›Beltranadas‹. Aber diese Tradition ging irgendwann verloren. Meine Eltern sind geschieden, und ich habe erst seit rund drei Jahren wieder einen guten Kontakt zu meinem Vater. Und dann habe ich begonnen, diese Familienfeste wieder ins Leben zu rufen. Und das will ich auch in Zukunft tun. Ich will ihr Erbe weiterführen. Und ja, natürlich auch über die mexikanische Küche. Das Kochen hatte immer einen immensen Stellenwert bei meiner Großmutter ... Ich habe meine Oma oft aus Deutschland angerufen und um Rat gefragt, wenn ich etwas nachgekocht habe. Heute ist sie nicht mehr da. Aber immer wenn ich koche oder eines ihrer Rezepte ausprobiere, ist sie für mich anwesend. Sie hat mir ein Buch mit Familienrezepten hinterlassen, das seit Generationen weitergereicht wurde. Schau mal ...«

Alejandra steht auf und holt ein kleines Büchlein, das sie mir feierlich überreicht. Ich schlage dieses kleine Notizbüchlein auf. Auf der ersten Seite steht in fein säuberlicher Schreibschrift eine Widmung ihrer Großmutter geschrieben. Dahinter befinden sich – ebenfalls in Handschrift – zahlreiche mexikanische Rezepte. Alejandra blickt liebevoll auf das kleine Buch. Dann zeigt sie mir ein antikes goldenes Armband, das sie trägt und das ebenfalls von ihrer Großmutter stammt. Ich spüre: Für Alejandra sind diese kleinen Dinge voller Wert. Ich muss an den

Spruch denken, den wir für Papas Beerdigungseinladungen ausgesucht hatten: »Wenn das, was du liebst, zu einer Erinnerung wird, dann wird diese Erinnerung zu einem Schatz.«

Ich spüre auf einmal eine Wärme in meinem Herzen, ich bin unglaublich dankbar für diese Momente und die Verbundenheit, die ich hier mit meiner Freundin leben kann. Wahrscheinlich hat jeder trauernde Mensch einen Bereich, den der Verstorbene liebte, über den man sich mit ihm verbinden, ihn lebendig halten kann. Oder sein geistiges Erbe – wie auch immer es aussehen mag – weiterleben lassen kann.

Alejandra: »Ich habe sie jahrelang nach ihrem Tod immer bei mir gespürt. Bis ich mich dann fürchterlich mit ihr gestritten habe. Aber jetzt bin ich bereit, sie wieder zu mir zu rufen. Deswegen werde ich dieses Jahr nach Mexiko fahren. Ich weiß, sie wartet auf mich.«

Muriel: »Wenn du sagst: ›Ich habe mich mit ihr gestritten‹, was bedeutet das? Du kriegst ja keine Antwort, wie kannst du dich dann mit ihr streiten oder versöhnen?«

Alejandra: »Doch. Ihre Antwort war, dass sie mich nicht mehr besucht hat. Ich habe sie nicht mehr gespürt. Als ich von meiner Halbschwester erfuhr und dann sehr enttäuscht von meiner Großmutter war, weil keiner in der Familie darüber gesprochen hat und sie davon wusste, da habe ich ihr gesagt: ›Oma, wie konntest du mir das nur antun? Ich habe ihn Deutschland gelebt und meine Schwester in England, und wir wussten nicht voneinander.‹ Mit der Zeit habe ich erkannt, dass meine Großmutter einfach einer anderen Generation angehört hat. Sie war eine ältere Dame, und sie meinte es nicht böse. Sie wollte uns wahrscheinlich schützen. Jetzt möchte ich mich versöhnen, weil ich sie einfach energetisch von mir abgeschnitten hatte. Nachdem ich meine Wut über sie ausgesprochen habe, hat sie mich nie mehr beim Kochen besucht. Sie hat das gespürt. Sie war weg.«

Muriel: »Wie hast du sie denn gespürt? Ich selbst bin oft verzweifelt, weil ich nicht weiß, ob es eine Verbindung gibt, die den Tod überdauert. Ich suche sie, aber ich kann nicht so fest daran glauben wie du. Auch wenn ich manchmal das Gefühl habe, dass ich meinen Vater spüre.«

Alejandra: »Klar, du spürst ihn. In dir. So, wie ich meine Großmutter in mir spüre. So viel von ihr ist in mir.«

Alejandra bricht in Tränen aus.

Alejandra: »Okay, das ist etwas heftig jetzt. Alles, was gerade so in meinem Leben passiert, darauf wäre sie sehr stolz. Wenn ich mich nicht mit ihr versöhne, kann ich es nicht mit ihr teilen. Solange ich wütend bin, bin ich von ihr abgeschnitten. Ich gehe nach Mexiko, und dort werde ich sie treffen. Sie wird dort sein und auf mich warten. Und ich sage dir, Muriel, auch wenn du nicht daran glaubst: Sie spüren uns. Das tun sie. Und wenn wir bereit sind, wenn wir das wollen, dann sind sie da. Und wenn ich jetzt nach Mexiko fahre zum Día de los Muertos und ihr all meine Gefühle erzähle, dann können wir das abschließen. Und nichts wird zwischen uns stehen. Ich liebe sie ja. Ich liebe das Kochen, und wenn ich irgendwann einen Preis gewinnen sollte, dann wird sie da sein, und sie wird stolz auf mich sein. Aber ich brauche das Ritual in Mexiko. Nach einem großen Streit braucht es eine große Versöhnung. Welch anderer Tag kann das sein als der Día de los Muertos?«

Alejandras Tränen berühren mich. Ich erkenne, das Alejandra von einem zutiefst menschlichen Gefühl getrieben ist: dem Wunsch nach Versöhnung. Sie will mit diesem Menschen, den sie liebt, in Frieden sein. Ihr Glaube lässt zu, dass sie davon überzeugt ist, dass das auch heute – nach dem Tod ihrer Großmutter – noch möglich ist. Und das ist etwas Heilsames, auch wenn es für mich ungewohnt erscheint. Vielleicht werden Dinge zu etwas Wahrhaftigem, wenn wir nur fest genug daran glauben. Auch wenn diese Wahrhaftigkeit nicht überprüfbar ist. Ich glaube, es ist richtig, wenn es hilft.

Ich denke erneut an einen Satz, der mir schon einmal half: »Alles kann Medizin sein.«

Muriel: »Weißt du, ich habe das Gefühl, dass diese Rituale und diese alten Traditionen dem Leben mehr Magie geben. Hier ist alles so rational. Manchmal sehne ich mich nach ein wenig mehr Fantasie. Ich gehe ja eher von meiner Weltsicht aus, die vom Naturalismus geprägt ist. Alles ist irgendwie naturwissenschaftlich erklärbar. Ich kann nicht so richtig an ein Leben nach dem Tod glauben. Aber manchmal denke ich auch: Nun ja, es gibt keine Beweise für das Gegenteil. Ich lächle manchmal ein wenig über das, was du sagst. Aber dann frage ich mich auch wieder: Mit welcher Arroganz kann ich das tun? Wer sagt, dass ich richtig liege und du nicht? Ich meine, diese Tradition ist so alt, und irgendwie ist das auch schön und gibt dem Leben Hoffnung. Ich mag das an euch Südamerikanern. Deshalb mag ich Jodorowsky-Filme vielleicht so gern. Weil sie voller Surrealismus sind, weil sie der harten Wirklichkeit trotzen. Und deswegen fasziniert mich auch dein fester Glaube an das Reich der Toten. Hier wird der Tod nicht so gefeiert, nicht so ins Leben gelassen. Es ist ja fast lustvoll bei euch, den Tod so zu zelebrieren. Manchmal möchte ich auch nicht so realistisch sein, was auch immer das bedeuten mag. Ich will nicht immer trocken denken müssen. Nach dem Motto: Mein Vater ist jetzt unter der Erde und das war's eben. So ist nun mal das Gesetz der Natur, und die Existenz einer Seele ist nicht bewiesen, deshalb ist sie auch nicht vorhanden. Manchmal will ich so sein wie ihr Mexikaner. Ich will auch tanzen und trinken und lachen und das Leben meines Vaters feiern und ihn immer noch finden können im Hier und Jetzt. Daran glauben können. Manchmal glaube ich zu spüren, dass er da ist, und hoffe klammheimlich, dass das stimmt.«

Alejandra: »Dann ist er da.«

Muriel: »Dann denke ich aber: Wie kannst du so einen Quatsch glauben?«

Alejandra: »Nein. Wenn du es spürst, ist es wahr. Denke nicht, dass du dir das nur einbildest. Lass es doch einfach da sein. Wenn du glaubst, es ist wahr, dann ist es so.«

Muriel: »Puh. Du bist hartnäckig.«

Alejandra: »Mein deutscher Exfreund fand meine Art, mit dem Tod und der Trauer umzugehen, auch immer süß, aber er hat das alles natürlich nicht wirklich geglaubt. Und ich habe ihm gesagt: ›Pass auf, die Zeichen werden kommen.‹ Ich habe dann Kerzen angemacht zum Día de los Muertos, wie jedes Jahr. Und man darf diese Kerzen nicht selbst auspusten. Alle Kerzen waren neu. Und alle Kerzen sind am nächsten Tag ausgegangen, nur die am Platz meiner Großmutter, dort, wo ihr Bild stand, die brannten weiter. Gut, das kann Zufall sein. Aber am nächsten Tag das gleiche Spiel: Neue Kerzen, alle sind ausgegangen, nur ihre Kerze brannte weiter. Sie schickte mir Signale. Und warum sollte ich nicht daran glauben dürfen? Ich fühle sie. Wenn die anderen darüber lachen wollen, dann ist mir das scheißegal. Dann verpassen sie so etwas Schönes wie die Zeichen unserer Verstorbenen. Für mich ist das so wunderschön, es macht mich glücklich. Ich sage dir was: Komm mit nach Mexiko zum Día de los Muertos. Du wirst verstehen, was ich meine. Was glaubst du, wie sehr sich dein Vater freuen wird, wenn er endlich nach Südamerika reisen kann? Mit dir. Du lädst ihn zu dir ein, am Día de los Muertos.«

Ich lächle. Ihm hätte das bestimmt gefallen. Vielleicht mache ich das ja tatsächlich. Vielleicht begleite ich Alejandra im kommenden November nach Mexiko. Mir gefällt dieser von unserem Gespräch geprägte Gedanke: Mein Papa ist solange lebendig, wie wir uns an ihn erinnern. Er hat sich in seiner Form vielleicht aufgelöst, er ist zurück in die Erde gegangen. Aber es bleibt etwas zurück, in mir. Und dadurch kann etwas Neues entstehen. Durch die Erinnerung an ihn, das Weiterführen von etwas, was ihm wichtig war, erhält er eine neue Existenz in meinem Herzen. Wer weiß, wie sehr das Leben meiner Enkel dadurch noch beeinflusst werden wird, wie sehr mein Vater ihre Wege mitbestimmen wird. Das ist ein wunderschöner Gedanke.

Muriel: »Er wollte immer nach Südamerika. Er hat kurz vor seinem Tod noch von Südamerika gesprochen.«

Alejandra: »Er wird mit dir kommen, wenn du das willst. Er wird diese Reise mit dir machen.«

Muriel: »Ich bekomme Gänsehaut, wenn du das sagst. Du glaubst das tatsächlich, oder?«

Alejandra richtet sich auf, so, als wolle sie einen Schwur ablegen: »Ich schwöre hoch und heilig, ich glaube es. Und es tut mir leid, dass du es noch nicht glaubst. Zeig ihm Südamerika, fahre mit ihm nach Mexiko. Gib ihm diese Chance. Zeig ihm all das, was er noch sehen möchte. Sei dir sicher, dass ihr diese Reise zusammen macht.«

Muriel: »Vielleicht mache ich das tatsächlich. Es ist ein tröstlicher und schöner Gedanke. Ich habe noch eine Frage an dich: Hast du Angst zu sterben?«

Alejandra: »Nein, nicht so richtig.«

Muriel: »Auch nicht vor dem Moment?«

Alejandra: »Ein bisschen vielleicht, ja. Aber: Live full and die empty. Ich lebe sehr intensiv. Ich tue die Dinge, die ich liebe. Ich werde bereit sein, wenn es so weit ist. Das Einzige, was mir Angst machen würde, ist, dass ich mich nicht getraut habe zu leben. Aber ich glaube an das Leben und meine Träume und an all das, was du Magie nennst. Ich werde irgendwann sterben, und dann treffe ich meine Oma und alle anderen, und dann sage ich: ›Habt ihr euch mein Leben angesehen? Cool, nicht?‹«

Alejandra lacht.

Auch ich lächle. Ich habe meine Scheuklappen geöffnet, habe Alejandras Perspektive in mein Herz einfließen lassen. Mal sehen, was daraus entsteht. Schnell hole ich mein Notizbuch aus der Tasche, um einen Satz niederzuschreiben, der mir gerade in den Sinn gekommen ist: »Der Tod, das muss ein Mexikaner sein.«

Mindfuck - Lieber Tod, wir müssen reden

Muriel: Lieber Tod, lass uns bei null beginnen.

Tod: Ach, du schon wieder. Ganz schön hartnäckig.

Muriel: Es ist nicht so, dass ich nicht aufgeben wollte, über dich zu schreiben. Ich blicke ja auch kaum noch durch. Jeder hat mittlerweile seinen Senf zu diesem Thema beizutragen. All diese Thesen, von denen ich lese, verwirren mich. Also habe ich mir überlegt, dass wir eine richtig anstrengende Analyse der Zeitgeschichte starten könnten. Lass uns darüber reden, wie wir wirklich zu dir stehen, was die aktuelle Lage ist. Manche sagen ja, du seist ein Tabu. Andere behaupten, du seist alles andere als ein Tabu, du seist mittlerweile sogar entzaubert, gar ausgeschlachtet worden. Was denn nun? Hassen wir dich? Mögen wir dich? Haben wir überhaupt keine Beziehung mehr zu dir? Ich will es verstehen. Wirklich.

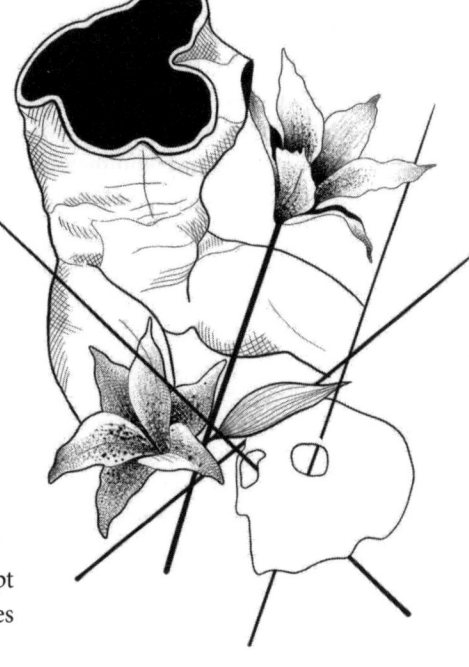

Tod: Du weißt doch: Es gibt keine einfachen Antworten auf komplizierte Sachlagen.

Muriel: Ich weiß, das ist eine ungewöhnliche Bitte. Wer hat heute noch Zeit und Muße für langwierige Gespräche und Grundsatzdiskussionen? Und für diesen ganzen tief gehenden, emotionalen Scheiß, der mit diesen Gesprächen über dich einhergeht? Aber ich merke, dass das jetzt ansteht. Ich bin ja tatsächlich bereit, diesen Aspekt ein für alle Mal auf den Tisch zu bringen.

Tod: Mmmh (…), nun gut. Ich nehme ein aufrichtiges Interesse wahr. Es kommt ja nicht so häufig vor, dass man mich zu so einem Gespräch bittet. Zumindest nicht, um mehr von mir persönlich erfahren zu wollen. Wenn die Menschen mit mir sprechen, dann meist, um mich zu bitten, möglichst lange nicht aufzukreuzen oder nicht zu schmerzhaft aufzukreuzen oder, wenn schon, dann möglichst schnell und mit einem kurzen, lauten Knall aufzukreuzen. Ich ahne aber, dass das hier kompliziert wird mit dir. Wir müssen ziemlich weit ausholen. Ich bin mir nicht sicher, ob du weißt, worauf du dich hier eingelassen hast.

Muriel: Ich bin mir auch nicht wirklich sicher, ob ich weiß, worauf ich mich hier eingelassen habe. Aber ich weiß auch, dass ich das Leben nicht begreifen kann, ohne zu wissen, wo ich im Hinblick auf dich stehe. Dazu brauche ich ein bisschen Geschichtsunterricht und eine Analyse der aktuellen Lage. Du kannst es mir besser erklären, du warst ja schließlich immer dabei. Also rede mit mir, bitte.

Tod: Ich schlage dir diese Bitte nicht ab. Obwohl dein Versuch, mich als Geschichtslehrer oder Soziologieprofessor zu personifizieren, etwas lächerlich anmutet. Aber damit, mich banal werden zu lassen, bist du ja in guter Gesellschaft.

Muriel: Es tut mir leid. Ich versuche, irgendwie eine Ebene zu finden. Und glaub mir: Es ist ja nicht so, dass ich nicht erfahren hätte, was du in deiner Wirkungsweise bedeutest. Ich weiß genau, welch übergroßer Schrecken du sein kannst. Ich habe meinen Respekt vor dir nicht verloren.

Tod: Es ist kompliziert mit euch und mir, ein Dickicht an Informationen. Die Sache mit euch Menschen ist ziemlich verquer. Und ich bin auch nicht euer lustiger

Märchenonkel, das solltest du wissen. Ich bin der Tod. Ich bin immer gleich, auch wenn ihr mich zu einem Euphemismus gemacht habt. Das, was du hören wirst, gefällt dir vielleicht nicht.

Muriel: Das mag sein. Aber ich kann nicht anders. Ich kann einfach nicht anders. Ich will mit dir sprechen. Das ist nur eine der vielen Ebenen, auf denen ich dich zu begreifen versuche.

Tod: Gut. Fang an zu fragen.

Muriel: Es heißt überall, dass die Verdrängungsthese nicht haltbar ist, schließlich redet man in den Medien, in der Literatur über dich. Man redet darüber, wie wir sterben wollen, wir reden darüber, wie wir möglichst »gut« sterben können, wir reden und reden und reden. Es gibt unzählige Ratgeber zum Thema Trauer. Man redet über tragische Geschichten, Geschichten über Sterbehilfe, es gibt Ausstellungen mit toten Körpern. Zahlen erscheinen in den Nachrichten: 90, 87, 453 Tote. Du bist überall. Aber ich habe trotzdem nicht das Gefühl gehabt, dass man dich hier als, nun, ja, dass man dich wirklich als real begreift. Als etwas, dass uns wirklich geschehen wird. Etwas, das sichtbar ist. Wie passt das zusammen? Ich frage mich, ob ich von meinen Erfahrungen, meiner subjektiven Wahrnehmung geblendet bin. Deshalb ist es wichtig, dass wir uns darüber unterhalten, was hier eigentlich so im Unklaren schwelt.

Tod: Nun gut. Dann fangen wir also mit deinem Lieblingsthema an. Der Sache mit dem Tabu.

Muriel: Bis du eines?

Tod: Kommt darauf an, wo du danach fragst. Aber gut, lass uns mal bei deinem Lebensmittelpunkt bleiben.

Muriel: Man redet mehr über dich. Das stimmt ja ganz objektiv. Du bist oft Thema in Talkshows und auf Fachkongressen und …

Tod: Ob ICH dort wirklich Thema bin, das sei mal dahingestellt.

Muriel: Wie meinst du das?

Tod: Nein, nein, hier steigen wir nicht ein. Ich habe dir gesagt, wir müssen weiter ausholen. Aber ich will dich auch nicht überfordern. Das Verhältnis zwischen Mensch und Tod seit Anbeginn eurer Spezies zu beschreiben würde unseren Zeitrahmen sprengen. Es ist nicht so, dass früher alle tiefenentspannt waren und keiner Angst vor mir hatte. Schau dir mal Schriften aus postmodernen Zeiten an. Ich war immer wieder ein fürchterlicher Schrecken für die Menschen. Aber für dieses Gespräch hier ist das erst mal auch gar nicht so relevant. Lass uns also in der neueren Zeitgeschichte bleiben. Denn als biologisches Phänomen bin ich zwar immer gleich geblieben, aber als soziales Phänomen habe ich mich in den vergangenen Jahrzehnten immens verändert. Und hier liegt schon mal eine Tendenz für unser Gespräch: Ihr wollt mich vielleicht nicht verdrängen, aber eure Form des gesellschaftlichen Zusammenlebens führt dazu, dass ich in der Luft hänge. Was ich sagen kann, ist: Der modernen Gesellschaft, in der du lebst, fehlt es an Kompetenz. Und zwar im Umgang mit mir. Und das hat sich auch in den Zeiten deiner Trauer widergespiegelt. Lass uns hier also wegkommen vom Wort Verdrängung, und merk dir schon mal zwei Begriffe: »große Unsicherheit« und »Wegfallen der Verbindlichkeiten«.

Muriel: Okay.

Tod: Wenn es um mich als Tabu geht, dann fangen wir doch am besten beim Sex an.

Muriel: Ähm, was? Du willst über Sex sprechen?

Tod: Du wolltest über Tabus sprechen. Und du kennst doch die drei großen Tabus: Geld, Sexualität und – mich. Und manchmal hilft es ja, ein bisschen leichter einzusteigen, das hast du doch mittlerweile vielleicht kapiert. Und jetzt hör gut zu, schließlich willst du es doch so gern begreifen. Die Sexualität war also das große Tabu des 19. Jahrhunderts. Sie war allgegenwärtig, aber keiner hat darüber gesprochen. Der verbotene Sex. Mit dem Beginn der Industrialisierung hat sich das dann aber immer mehr verändert, die Menschen haben begonnen, über Sex zu reden. Im 20. Jahrhundert wurde die Sexualität dann allmählich enttabuisiert – und schließlich ökonomisiert.

Muriel: Sie wurde also zu einem Markt gemacht?

Tod: Ja, so wie ihr alles zu Märkten macht. Pornografie, Flirtkurse, Sextourismus, Ratgeber, immer mehr Bordelle und Stripklubs. Auf einmal ist die Sexualität sichtbar geworden, weil man sie kommerzialisiert und in sich geschlossene Bereiche gepackt hat. Heute ist Sex in seiner ständigen Verfügbarkeit und Sichtbarkeit zu einer Banalität geworden. Keine Besonderheit, kein Stimulus. Titten hier, Ärsche da, versext, nicht zugenäht.

Muriel: Hast du das gerade wirklich gesagt? Das ist total grotesk.

Tod: Das ist eure Art, darüber zu sprechen. So, als hätten Worte keine Macht. Weißt du, ich bin da eher leidenschaftslos. Du wolltest mich als Erklärbär personifizieren. Also erkläre ich. Ja, es ist grotesk, es ist banal. Aber das habt ihr daraus gemacht. Ihr lebt nach wirtschaftlichen Gesetzen, verstehst du? Das ist wie ein Spiel – Monopoly. Alles soll sich diesen Gesetzen unterwerfen, auch die Biologie. Tabus sind hier nicht dienlich, denn sie brodeln sonst in ihren dunklen Ecken vor sich hin, und das könnte dieser modernen Wachstumsgesellschaft ja gefährlich werden.

Wobei ich durch bestimmte Faktoren vielleicht tabuisierter als tabuisiert bin, aber dazu später mehr. Hast du übrigens davon gehört, dass junge Großstadtmenschen in deinem Alter trotz all der heißen Bilder und Menschen, auf die sie ständig zugreifen können, angeblich immer weniger Sex haben sollen? Der Sex ist allseits präsent, überall verfügbar, ständig schlägt man ihn euch visuell um die Ohren, ein nie enden wollender Nachschub. Ihr seid überreizt, ihr konsumiert euch gegenseitig, im Leben, virtuell. Ihr macht euch austauschbar. Alles in dieser Welt ist austauschbar geworden. Ihr glaubt ja selbst, ihr seid austauschbar, das wird euch ja überall vermittelt. Das Wegfallen von Verbindlichkeiten. Diese Austauschbarkeit ist auch ein großes Thema, wenn es um euer Verhältnis mit mir geht. Aber der Reihe nach … Ja, du musst gar nicht so verlegen auf dein Smartphone starren.

Muriel: Ähm. Ich blicke noch nicht durch.

Tod: Dann lass mich weiterreden. Eine kleine Fangfrage an dich: Was haben ich und Bruder Sex gemeinsam?

Muriel: Nun ja, ich würde rein intuitiv sagen: Ihr seid in eurer eigentlichen Form vielleicht unbezwingbar.

Tod: Not bad. In unserem Kern ist es die Unkontrollierbarkeit der Natur. Wir sind anderen Kräften als eurem Geld unterworfen, sagen wir: den Gesetzen der Natur. Und ihr, ihr seid das ja eigentlich auch. Ihr seid Naturwesen. Nur, um als Menschen in diesem System, wie es gerade aufgebaut ist, überleben zu können, müsst ihr gegen die Natur kämpfen. Damit kämpft ihr natürlich eigentlich gegen euch selbst. Die Natur versucht, euch das klar zu machen, und schlägt in den letzten Jahren zurück. Wir folgen also anderen Gesetzen. Aber ihr mit eurem Kontrollzwang glaubt, ihr könntet uns eurem System unterwerfen. Als hätte es immer nur euch, den modernen westlichen Menschen, gegeben. Und als gäbe es euch in dieser Gesellschaftsform – die sich womöglich irgendwann als Utopie herausstellen wird – alleinig und für immer.

Muriel: Das hört sich, wenn man es sich mal auf der Zunge zergehen lässt, total verrückt an.

Tod: So lebt ihr aber. Um uns den Schrecken der Unkontrollierbarkeit zu nehmen, versucht ihr, uns zu domestizieren, ihr bindet uns in eurer System ein und zerrt uns in eure Medien, um uns zu einem Spektakel zu machen – und lasst uns damit unweigerlich in die Banalität abgleiten. Alles ist für euch erklärbar, alles ist erforschbar, alles ist verwaltbar, alles kann ökonomisiert, institutionalisiert, letztlich kontrollierbar gemacht werden. Es scheint ja auch alles unter Kontrolle zu sein, aber ihr fühlt euch trotzdem tief in eurem Inneren verloren.

Muriel: Warum?

Tod: Weil das Gefühl eurer modernen Zeit taub ist, es ist schwammig, es ist nicht greifbar. Ihr lebt in diesem System nur noch für das Diesseits, aber trotzdem nie im Moment.

Muriel: Das Paradies, das kommt noch in diesem Leben?

Tod: Das kommt nie. Und selbst wenn das Paradies irgendwann kommt, wird es nicht gut genug sein. Denk an das, was dir dein Vater über das Hamsterrad sagte, du hast es doch mit eigenen Ohren gehört. Das Hier und Jetzt kann in seinem Wert gar nicht erfasst werden, in dieser Logik der Zukunft, denn in der Zukunft wartet immer noch ein besseres Hier und Jetzt auf euch. Ein besserer Mann, bessere Jobbedingungen, mehr Geld, mehr Reisen, mehr Wissen, mehr »was auch immer«. Alles ist auf die Zukunft ausgerichtet. Wachsen, wachsen, wachsen. Höher, schneller, weiter. Die Karriere vorantreiben, optimieren, mobil sein, speziell sein. Erfinde dich immer wieder neu und halte dir weiter alle Möglichkeiten offen. Man lebt präventiv. Mit dem Plan, immer ein besseres Leben als jetzt zu leben, giert man in Richtung Zukunft, und dabei verpasst man sein Leben, verstehst du?

Muriel: Du weißt doch ganz genau, dass ich das verstehe. Und weil wir immer auf dem Sprung sind, ist unser Gefühl für das Leben so diffus?

Tod: Ja. Euch wird nahegelegt, dass euer Lebenssinn darin besteht, ein großer Zampano zu sein. Und der Sex ist eben nur ein sehr anschauliches Beispiel dafür. Big, Bäm, Bum auf euren sexy Werbeplakaten. Pornografie, die stumpf macht. Die ständige Botschaft eures Wahns nach Schönheit und Jugend: »Bleibt schön, bleibt jung, bleibt begehrenswert.« Erfindet euch neu, immer wieder. Aber wenn es um die wirkliche Nähe zwischen Menschen geht, um Verletzlichkeit, um Intimität, um das, was ihr euch ja eigentlich auch wünscht, dann ist das Ganze auf einmal gar nicht mehr so leicht. Mit der Moderne sind, wie du weißt, viele Verbindlichkeiten, sind bisherige Familienstrukturen, Rollenbilder und Traditionen weggebrochen. Genau deshalb seid ihr tief in euch drinnen keine großen Macker, sondern ziemlich unsichere Wesen, die irgendwie in der Luft hängen. Innerlich könnt ihr euch nie ganz entspannen, denn ihr müsst ja weiter vorsorgen, eure Möglichkeiten im Auge behalten. Es wird anstrengend, es wird kompliziert, da kommt dann doch wieder der Wunsch nach wirklicher Verbindlichkeit ins Spiel. Und irgendwie spürt ihr diese Fragilität ja dann auch. Keiner will austauschbar sein, der Kampf um die besten Plätze macht müde. Und deshalb ist die Sinnsuche dann auch wieder da. Was meinst du, warum Ratgeber so erfolgreich sind? Weil ihr euch alle so sicher fühlt? Also: So wie mit dem Sex, so wird das mit mir allmählich auch.

Muriel: Okay – und das erklärst du mir jetzt bitte genauer. Was hat das mit dir zu tun?

Tod: Ich bin der größte Entschleuniger von allen. Wenn eurer Leben im »Hier und Jetzt« nie als lebenswert angesehen wird, wenn es immer noch besser geht, noch höher, noch schneller, noch weiter, wenn es sich nie ganz rund anfühlt, was bin ich dann für euch? Ich bin immer euer Feind, egal, wann ich zu euch komme. Ich bin dann nicht mehr der, der euch am Ende eines erfüllten Lebens abholen kommt, eine Kraft, mit der man sich versöhnlich zeigt. Ich hole euch unweigerlich immer zu früh. Ich bin immer das Arschloch. Es ist immer zum Verrücktwerden ungerecht mit mir. Damit kämpfst du doch auch, wenn du an deinen Vater denkst, stimmt's? Du misst den Wert seines Lebens auch an seinem ungelebten Potenzial als Vater, als Mann. Du hast alles Recht dazu, dass es dich traurig macht, dass er immer so gehetzt war, dass er in genau dieser Mühle war. Dass er präventiv, also immer für die Zukunft gelebt hat. Das schmerzt dich doch so sehr, oder? Dass du ihn nicht retten konntest aus diesem Rad, das er für sich gewählt hat. Dass die Momente im »Jetzt«, gemessen an seiner ewigen Arbeitswut und Gehetztheit, verschwindend gering waren. Und dass sie erst dann mehr wurden, intensiver wurden, als ihr wusstet, dass ich sicher kommen würde. Ich war der Preis für seine Entschleunigung. Das tut mir leid. Für euch alle. Aber Trost kann ich dir nicht bieten. Für diesen Schmerz gibt es keinen Trost. Ich werde den Teufel tun, dir oder irgendjemandem zu erzählen, dass diese Dinge nicht wehtun. Und ich werde den Teufel tun, dir zu sagen, dass ihr die Herren über mich seid. Denn darin liegt ja womöglich ein Problem, verstehst du? Ihr versucht in überheblicher Manier, den immer da gewesenen Fakt, dass man mich nicht kontrollieren kann, zu verleugnen. Weil es in eurem institutionalisierten Rahmen eben auch so aussieht, als könne man mich irgendwann kontrollieren, gar überwinden. Deswegen verliere ich auch meinen Schrecken.

Muriel: Deine alte Härte. Nicht, dass ich sie nicht gut genug kennen würde. Du sagst also, es gibt keinen Trost?

Tod: Der Trost liegt nicht darin, dir Lügen aufzutischen. Deine Trauer ist keine kleine Verstimmung, die du durch einen schicken Kurs wegmachen kannst. Hier geht es ja auch um diese Auseinandersetzung mit mir, das ist existenziell, es ist ein mindfuck, wenn du so willst. Vor allem wenn man keine klaren religiösen oder kulturellen Anknüpfungspunkte mehr hat. Du hinterfragst den Sinn des Lebens, weil du keinen Antwortenkatalog mehr bereit hast. Du suchst nach neuen Ausdrucksformen für diesen Schmerz, weil die gemeinschaftlichen Ausdrucksformen langsam, aber sicher abhandengekommen sind. Es geht also nicht um die Optimierung deiner Selbst. Lass dir das nicht erzählen. Damit würdest du diesen Prozess ins Lächerliche abdriften lassen. Es geht nicht darum, mit allen Mitteln diesen Schmerz zu bezwingen, damit du ein größerer Zampano in dieser Leistungsgesellschaft werden kannst. Du kannst gut, intensiv und im Moment leben und trotzdem diesen Schmerz deines Verlustes spüren. Das hast du doch mittlerweile begriffen. Kein Ratgeber, kein Kurs, keine Religion und keine Ersatzreligion kann dir deinen Schmerz abnehmen. Du kannst die Trauer, diesen Schmerz, aber bestenfalls auch als Entschleuniger sehen. Darin liegt vielleicht ein tieferes Verständnis für das Leben, das sich nicht in der Zukunft abspielt. Ich kann dir – wenn du so willst – vielleicht so etwas wie ein Lehrmeister dafür sein. Dir bewusst machen, was für dich zählt in diesem Leben. Aber ich nehme dir nicht den Schrecken vor mir. Denn vielleicht macht er Sinn. Aber lass uns das jetzt erst mal nicht philosophisch betrachten.

Muriel: Okay, ich erahne, was du meinst. Lass mich über das, was du und die Trauer mit mir machen, später sinnieren. Gehen wir zu dem zurück, wo du in dieser Gesellschaft stehst. Wir gingen ja der Frage nach, ob wir dich verdrängen.

Tod: Gut. Ich bin das, was außerhalb eurer Kontrolle liegt. Ihr alle habt keinerlei Kontrolle über die Zukunft. Ihr habt keinerlei Kontrolle über den Fakt, dass ich euch holen werde. Aber ihr lasst es so aussehen, indem ihr bei der Art und Weise, wie ihr sterbt, die Handlungsmacht übernommen habt. Euer Drang nach Prävention, nach Kontrolle, geht so weit, dass ihr nicht einmal mehr mich auf euch zukommen lassen könnt. Deshalb redet ihr jetzt auch so viel über das Sterben – denn das ist auf eine Art planbar für euch. Deshalb bin ich kein Tabu mehr. Das meine ich, wenn ich sage, ihr redet zwar über das Sterben, aber womöglich nicht über »mich« im philosophischen Sinne. Ihr redet weniger darüber, welche Bedeutung ich für euch habe. Bin ich für euch noch unfassbar? Habe ich etwas mit der Ewigkeit zu tun? Oder habt ihr mich als Grenzstrich eures Lebens eingeführt? Ihr habt mich, nachdem ich im Krieg so allgegenwärtig war und man dann nicht mehr über mich sprach, nun – wie den Sex – auf radikale Weise enttabuisiert, als Spektakel in eure (mediale) Öffentlichkeit gezerrt und mich in wirtschaftliche, planbare und kontrollierende Abläufe eingespeist. Und damit – das ist einfach passiert – wurde ich entschärft, ist mir vielleicht sogar meine Bedeutung, mein Schrecken abhandengekommen. Es sieht so aus, als hättet ihr mich enttabuisiert und als Teil eures Lebens akzeptiert. Aber ihr habt mich nur sichtbar gemacht, in einem eigenen Bereich. Habt ihr mich wirklich akzeptiert als unausweichlichen Teil des Lebens, als etwas, das außerhalb eures Kontrollbereichs liegt? Ihr habt entschieden, dass ihr, wenn ihr schon sterben müsst, zumindest entscheidet, wie und wo und vielleicht sogar wann. Ihr habt entschieden, dass ihr mich in euren Nachrichten, in Zeitschriften, im Internet, in Filmen, auf Ausstellungen stattfinden lasst – mit Bildern, die ihr ertragen könnt. Ich bin nicht mehr der, der euch holt und umklammert. Oder der, der ein Übertritt ins Jenseits ist. Ich bin der Abbruch dieses Lebens. Ich verliere meine philosophische Bedeutung. Ihr nehmt mir meinen natürlichen Platz als Teil des Lebens. Wenn ich dann eintrete, gibt es eine ganze Tröstungsindustrie oder spirituelle Ratgeber, die dafür sorgen können, dass ihr euch gleich in warme Arme begeben könnt. Damit der Schmerz ja nicht allzu lange bleibt. Vielleicht ist es gar nicht so schlecht, dass du diese Tröstung erst mal nicht hattest, dass du wirklich begriffen hast, dass ich unberechenbar bin.

Muriel: Whooooooooooou. Du hast da gerade ziemlich heftige Sachen rausgehauen. Du sagst also, dass es gut ist, dass ich dich in all deiner Härte und Unfassbarkeit zu spüren bekommen habe?

Tod: Versuche, das nicht auf deinen Vater zu beziehen. Versuche, wenn du kannst, mein Anliegen zu sehen, dir Dinge begreiflich zu machen. Ich glaube, ihr versucht mich zu beherrschen, mir meinen Schrecken zu nehmen, mich handzahm aussehen zu lassen. Verstehst du? Ich habe dir gesagt, dass ich nicht weiß, ob du dir wirklich bewusst bist, auf was für ein Gespräch du dich hier eingelassen hast.

Muriel: Du musst jetzt leider genauer darauf eingehen. Warum haben wir dann begonnen, wieder über dich zu sprechen?

Tod: Da gibt es mehrere Erklärungsansätze. Zum einen, weil ihr ein demografisches Problem habt. Ihr werdet immer älter. Und ihr zeugt gleichzeitig nicht genug Nachkommen, die sich um euch kümmern können, wenn ihr dann irgendwann gebrechlich werdet. Mit dem Wachstum in eurer Gesellschaft, der Industrialisierung, dem Reichtum, den verbesserten Lebensbedingungen und der radikalen

Individualisierung des modernen Menschen, der immer weniger in traditionelle Familienstrukturen eingebunden ist, musstet ihr notgedrungen beginnen, darüber zu sprechen, wo ich einen Platz bekomme, wie eure alten Menschen versorgt werden. Den habe ich dann also bekommen. Gleichzeitig ist euer alltägliches Leben davon abgetrennt, es ist ein Leben im Diesseits.

Muriel: Wo ist dein Platz?

Tod: Erst einmal kaum noch sichtbar. Das Phänomen Tod ist aus eurem Alltag herausgedrängt worden. Man versucht mich ja, so lange es geht, hinauszuschieben. Weil Menschen nicht mehr im Kreise ihrer Familien sterben, sondern in Institutionen. In Krankenhäusern soll eigentlich geheilt werden. Dafür ist eure Medizin nun mal gemacht. Weil es in der Medizin so viele Neuerungen gibt, werde ich dort immer weiter hinausgeschoben. Ich bin also nicht mehr der natürlich kommende Endpunkt eures Lebens, ihr versucht, meinen Eintrittspunkt zu kontrollieren. Ich werde mit intravenösen Infusionen, mit künstlicher Ernährung, mit Magensonden, mit unzähligen anderen Techniken der modernen Intensivmedizin in Schach gehalten. Das Individuum, das früher als »Sterbender« wahrgenommen wurde, wird heute vor allem als »Patient« gesehen. Wenn es dann aber wirklich zu Ende geht mit euch – es gibt mich noch, dieses Schnäppchen hat mir die Medizin noch nicht geschlagen – dann kümmern sich hochspezialisierte Menschen um meine Ankunft. Berufsgruppen, die sich »angemessen« um das, was irgendwann unausweichlich eintritt, sorgen. Ärzte, Palliativpfleger, Sterbebegleiter, Hospizmitarbeiter, vielleicht gar Supervisor, die sich um diese überarbeiteten Fachkräfte kümmern. Mein Platz ist am Rande der Gesellschaft, an sicheren Orten. In diesem Rahmen könnt ihr mich zu etwas Planbarem machen. Ja, vielleicht zu einem eurer Projekte. Das Projekt »Lebensende«. Vielleicht ist das für euch noch die einzige, die bestmögliche Weise, mich in eurem System akzeptabel zu machen. Sprich: Wenn ich schon kommen muss, dann ist man nicht einfach so gestorben, dann ist man an einer bestimmten Sache gestorben, die man vorher so lange wie möglich einzudämmen versucht hat. Diese »Sachen«, zum Beispiel Krankheiten wie Krebs, Aids oder Cholera, sind für euch potenziell irgendwann überwindbar. Man hat dadurch womöglich auch das Gefühl, man könne *mich* überwinden. Ihr seid also keine »Sterbenden« mehr im klassischen Sinne, sondern Patienten, die man bis zuletzt behandelt hat. Weil ich jetzt fast ausschließlich in der medizinischen Sphäre auftrete und nicht mehr im Kreise eurer Familie, zu Hause, finde ich in eurer Alltagswirklichkeit kaum noch statt. Alles, was den Umgang mit mir in den vergangenen 2000 Jahren ausgemacht hat, gerät somit ins Vergessenheit … Und das hat viel mit deiner Verzweiflung während der Krankheit und nach der Krankheit deines Vaters zu tun. Man kann diese Dinge nicht voneinander trennen.

Was ihr getan habt, ist – und das hast du oben schon ganz richtig erkannt –, dass ihr mich zu einem eurer Projekte degradiert habt. Das letzte große Projekt vielleicht – aber trotzdem: Zu nichts weiter als einem kontrollier- und planbaren Ablauf an einem sicheren Ort am Rande der Gesellschaft habt ihr mich gemacht. Also, ihr glaubt zumindest, ich sei kontrollierbar.

Der Tod lacht.

Muriel: Warum lachst du? Wir glauben, wir hätten alles in der Hand. Auch dich. Stimmt's?

Tod: Ihr seid nicht die Herren über mich, auch wenn ihr das mit euren ganzen geschäftigen Plänen, wie das Sterben aussehen soll, vielleicht glauben mögt. Ihr habt alles unter Kontrolle, diese Geschichte erzählt ihr euch gern selbst.

Ich möchte mich aber nicht über euch lustig machen. Es ist doch eher süß, denn mich gibt es seit Anbeginn der Zeit. Ich sehe eurem Treiben einfach zu. Ich bleibe gleich, auch wenn sich meine Form immer wieder verändert und sich in Zukunft wahrscheinlich auch wieder verändern wird. Ich analysiere nur. Zur Zeit ist es so, dass man mich im öffentlichen Leben kaum mehr zu Gesicht bekommt. Und das, obwohl ihr mittlerweile so gern über das Sterben sprecht und darüber, wie ihr es am besten organisieren könnt. Heute stirbt man in den Industrieländern also vor allem in Institutionen. In Deutschland sterben 80 Prozent im Krankenhaus, in den USA sind es 90 Prozent. Das war nicht immer so. Noch in den 60er-Jahren war das Krankenhaus kein Ort, an dem gestorben wurde. Man starb im Kreise seiner Familie, eingebunden in Rituale, die es heute nicht mehr gibt. Und dann, dann hat sich vieles verändert. Das ist doch auch klar. Ihr seid immer älter geworden und gleichzeitig immer reicher. In dieser Wachstumsgesellschaft ist auch euer Alter gewachsen und wird es weiter tun. Und eure Medizin will auch weiterhin dafür sorgen, dass ich euch so lange wie möglich in Ruhe lasse. Und das Ende, wenn ich komme, das soll gut organisiert und sicher sein. Und deshalb plant ihr so viel um mich herum.

Gleichzeitig sorgt ihr aufgrund eurer Wünsche nach einem individualisierten Leben nicht mehr für genug Nachwuchs. Eure Familienverhältnisse haben sich verändert, eure Alten leben allein in Pflegeeinrichtungen. Wo sollen sie denn hin, außer in Krankenhäuser und Hospize? Dort kann man ihnen helfen, mit ihren Schmerzen und ihren körperlichen Leiden, mit ihrer Demenz. Da, wo es keine Familie gibt, die ihre Alten pflegt, da rückt natürlich eine Sterbebegleitung als Dienstleistung immer mehr nach vorn. Aber das Problem liegt klar auf der Hand: Wie sollt ihr mich wahrnehmen auf euren Straßen, in euren Familien, wenn ihr diese Menschen gar nicht mehr zu Gesicht bekommt?

Muriel: Es geht ja auch so weiter. Wir werden immer älter, wir werden größtenteils in urbanen Gebieten leben, und wir werden womöglich im Alter auch sehr oft allein sein.

Tod: Ich werde also auch in Zukunft ein schwieriges Thema für euch bleiben. Ihr tut drei Dinge, wenn ich mich ankündige: Ihr ökonomisiert mich, ihr versucht, mich mit Medizin zurückzudrängen, und ihr institutionalisiert mich. Das ist das moderne Sterben.

Muriel: Unser Leben ist der eine Bereich. Und du bist ein eigener Bereich, der sich nicht mit unserem Leben vermischt. Zumindest nicht in der Praxis. Stimmt das?

Tod: Ja. Ihr versucht, mich an eure moderne Gesellschaft anzupassen. Für euch bin ich in allererster Linie ein medizinisches Problem.

Muriel: Wir versuchen, dich zu kontrollieren, und nehmen dir so deinen Schrecken?

Tod: Ja, unter anderem versucht ihr das mit den oben genannten Dingen. Gleichzeitig werden die Rituale eurer Ahnen, die mit mir in Verbindung standen, immer weniger, die Ritualisierung der Trauer verschwindet fast ganz. Es gibt keine Kultur mehr, die mich in euer Leben lässt. Ihr habt die Verbindung dazu gekappt. Gleichzeitig habt ihr keinen Nachwuchs und keine engen Familienstrukturen mehr, und so werde ich zu einer hochindividuellen Angelegenheit.

Muriel: Okay. Okay. Langsam ergibt sich ein Bild für mich. Ein wichtiger Punkt ist also, dass du deinen Platz in einem abgesteckten Rahmen hast, in dem man planend und kontrollierend tätig sein kann, und nicht mehr unkontrolliert in unserer Mitte. Man könnte also fast vergessen, dass es dich gibt.

Tod: So sieht es aus. Außerdem ist es so, dass ihr typischerweise erst später in eurem Leben mit mir konfrontiert werdet, da Menschen heute viel später sterben. Und wenn dem nicht so ist – so wie es bei dir war – dann ist das ein unglaublicher Schock. Dann begreift man auf einmal mit Ende 20, dass das Leben endlich ist. Dass Papa nicht irgendwann einmal in einer fernen, noch surrealen Welt sterben wird – so ungefähr mit hundert – sondern, dass seine Zeit gekommen ist. So ungerecht und zerschmetternd es für dich sein mag – dass es dich so traumatisiert hat, hat eben auch mit der Tatsache zu tun, dass du in einer schon fast amortalen Gesellschaft lebst. Aber sie ist nicht amortal, weil sie vor Angst vor mir zittert, verstehst du? Vielleicht ist sogar das Gegenteil der Fall. Es ist eher so, dass es keine einheitliche Sinngebung mehr gibt, weil Traditionen und Konventionen ihren Stellenwert verloren haben. Und eben auch, weil ich, wenn überhaupt, nur noch medial – aber nicht mehr im realen Zusammenleben sichtbar bin.

Muriel: Und diese amortale Gesellschaft, wie du sie nennst, kennt keinen adäquaten Umgang mit dem Tod, mit der Trauer. Nicht weil sie dich vergessen oder verdrängt hat, sondern weil sie dich gar nicht mehr als das begreift, als was du früher begriffen wurdest?

Tod: Ja. Ich, als »unkontrollierbare Macht«, die euch holt und umklammert, bin deshalb tabuisiert, weil ihr dieses Tabu getötet habt. Euch blieb nichts anderes übrig, als mich »weltlich« werden zu lassen. Banal. Es ist, ganz genau genommen, eine Potenzierung des altes Tabus. Es gibt also diesen Diskurs über das Sterben, aber das ist eine Diesseits-Diskussion. Ich bin durch die Medizin, durch die Aufklärung, durch die Wissenschaft zu einem weltlichen Problem geworden. In eurem alltäglichen Empfinden bin ich abstrakt, weil ich »nicht mehr komme«. Dafür komme ich in den Medien umso spektakulärer – aber ich bin nicht mehr tödlich.

Denke noch einmal an den Überreizungsaspekt von Sex, der ihn zu etwas Banalem hat werden lassen. Der euch stumpf machte. Ich komme in der medialen Welt vor, ja. Ich bin sichtbar, aber kontrolliert. Denn wie komme ich vor? Als Entertainment, als Ereignis. In Bildern, die ihr sehen wollt, die ihr ertragen könnt. Auf die gegebenenfalls gleich noch die Botschaft folgt, man könne sich sicher sein, dass alles wieder gut würde. Nicht weil ihr den Schmerz, den ich auslöse, wirklich thematisieren wollt. Sondern weil ihr ihn ganz schnell wegmachen wollt. Ihr sagt nicht, wie es ist: Dass diese Bewältigung des Schmerzes, der Angst, eventuell gar nicht möglich ist. Dass man das vielleicht aushalten muss.

Mit banalen, kitschigen, blumigen Worten macht ihr den Schmerz, die Trauer zu einem Euphemismus. Spektakulär setzt ihr mich medial in Szene. Ich komme in Form von großen Dramen auf den Bildschirm, unbegreifbare Zahlen über tote Flüchtlinge oder Bombenopfer in Aleppo zeigen mich in den Nachrichten. Ich komme in Krimis und Actionfilmen, in denen ständig einer in die Luft geht oder umgebracht wird. Ich komme in Form von Foren oder Profilen im Internet, in denen Menschen unsterblich gemacht werden. Ich komme in Form von Computerspiel-Männchen, die ihr Leben zwar erst einmal aufgrund ihrer Leistungsschwäche verlieren, man es aber unzählig oft reaktivieren kann. Man kann sich ja weiterentwickeln, optimieren, noch mal von vorn anfangen, doch noch ein großer Zampano werden. Es geht immer weiter, immer weiter, immer weiter. In dieser Welt. Im Diesseits.

Auf der anderen Seite, im realen Leben und ganz praktisch, komme ich nicht mehr vor. Ich bin von eurem Leben abgetrennt. Ich bin ein eigener Bereich. Verstehst du das? Ich will, dass du diese Situation wirklich durchblickst. Wenn ich vorkomme, dann als medizinischer Ablauf des Ablebens. Ich bin in der realen Welt dieser modernen Gesellschaften nicht mehr der, der euch in eine andere Welt geleitet, ich bin das Ende des irdischen Lebens, das ist das Einzige, was noch zählt. Das Ende, verstehst du? Das heißt, dass ich gesamtgesellschaftlich nicht mehr unter dem Ewigkeitsaspekt betrachtet und reflektiert werde. Tot ist tot ist tot. Kein Jenseits.

Muriel: Mein Kopf raucht. Und deshalb sterben auch die kulturellen Ausdrucksweisen in Bezug auf Tod und Trauer aus. Wer dennoch danach sucht – und das tun viele –, der ist in meiner Situation. Der muss sich all das erst mal bewusst machen und weiß zunächst nicht weiter. Der ist erst einmal »das Huhn ohne Kopf und Ziel«?

Tod: Ja, ich mag diese Methaper. Das hast du schon ganz trefflich benannt. Das Sterben ist auf der einen Seite institutionalisiert worden. Die Themen Tod und Trauer hingegen privatisieren. Durch die veränderten Bedingungen in unserem Zusammenleben, durch eine Loslösung von Religion, alten Traditionen, von Ritualen gibt es kaum noch soziale Vorgaben, wie mit diesen natürlichen Geschehnissen umzugehen ist. Deshalb hast du dich, nachdem dein Vater ging, auch so orientierungslos gefühlt. Die Trauer ist etwas, was man mit sich ausmacht, der Halt durch Traditionen und Glaubenssätze ist nicht mehr gegeben. Ich bin ein persönlicher Schicksalsschlag geworden. Auf der einen Seite stehen also Spezialisten, die sich um alles kümmern, was mit mir (im direkten Kontakt) zu tun hat, also die medizinischen Gruppen, Bestatter, Hospizhelfer, Trauerbegleiter und so weiter. Und auf der anderen Seite stehen die »Laien«, also Menschen wie du. Ihr leidet unter einem Wirklichkeitsverlust (»Es fühlt sich fast so an, als gäbe es gar keinen Tod«) und habt daher, nennen wir es weiter ganz fachlich »einen Mangel an Kompetenz«, mit mir umzugehen. Eben auch, weil der Begriff »Tod« entleert wurde.

Ihr sucht also nach Sinn. Und diese Sinngebung wird auch angeboten und sie wird auch kommuniziert – in therapeutischer oder spiritueller Form, in Ratgebern und Romanen, in Internetforen für Trauer. Das hat ja wahnsinnig viel Erfolg, es gibt ja den Bedarf nach Sinn in all euren Lebensbereichen.

Muriel: Weil sich so vieles austauschbar und leer anfühlt?

Tod: Was macht es mit Menschen – mit jungen Menschen wie dir –, wenn sie wie eine austauschbare Ware behandelt werden? Auf dem Arbeitsmarkt, in Beziehungen?

Denkst du nicht, dass das einen tiefen Einfluss darauf hat, wie ihr euer Leben begreift? Ihr fühlt euch belanglos, austauschbar, denn das ist es, was eure Erfahrungen prägt: Ihr seid ersetzbar. Deshalb versucht ihr auch, euch immer aufzuwerten. Deshalb der ständige Drang nach Verbesserung. Du glaubst vielleicht, dass das dramatisch ausgedrückt ist, aber euer Leben verliert dadurch gefühlt an Wert. Einerseits müsst ihr euch ständig weiterindividualisieren, eure Traditionen und Konventionen gezwungenermaßen ablegen. Andererseits werdet ihr genau dadurch – ohne die Gemeinschaft, ohne die gelebte Kultur – zu austauschbaren

Individuen. Wenn man es ganz hart sagt – und ich weiß, das trifft dich –, ist euer Tod damit objektiv gleichgültiger geworden. Wenn einer geht, dann geht ein Konsument des Lebens, keiner, der etwas Sinnstiftendes zu einem sinnvollen Leben beigetragen hat. Wenn der Tod kein Übertritt mehr ist, dann wird alles dafür getan werden, dass man ihn überwindet. Dann wird der Sinn des Lebens zum Streben nach Gesundheit. Deshalb seid ihr so obsessiv mit euren Körpern. Ihr wollt nicht sterblich sein, denn der Tod ist das Ende des Spiels. Ich bin heute nunmehr vielleicht nur noch ein Gesundheitsthema, biologisch und medizinisch. Kein philosophisches und auch kein religiöses. Das meine ich, wenn ich sage, ich bin für euch eine Banalität geworden. Eure Todeskultur zersetzt sich.

Muriel: Mir ist jetzt ein bisschen schlecht. Ich habe das Gefühl, dass du in Worte gefasst hast, was ich vielleicht oft spüre, aber nicht verstehen konnte. Mir ist noch etwas wichtig: Ich suche nach Sinn, ohne deine Bedeutung zu untergraben. Das ist es doch, was du der Tröstungsindustrie ankreidest? Dass sie so tut, als sei dieser Schmerz und die Angst vor dir etwas, was wieder »gutzumachen« ist? Oder dass man den Schrecken, der von dir ausgeht, nehmen kann.

Tod: Ja. Vielleicht muss man es als Mensch aushalten können, dass es nicht für alles einen blumigen Trost gibt. Dass diese Wunde offen bleibt. Die Angst nie ganz verschwindet. Das, was du »das letzte, große Unbeantwortete« genannt hast, in deinem Text im Café. Ihr könnt mich nicht in den Griff bekommen! Vielleicht könntet ihr euch damit anfreunden, vielleicht läge darin eine Befreiung.

Viele suchen also wieder nach Sinn. Das haben wir ja schon besprochen. Dich zieht die »Die Heiligkeit des Todes« in anderen Kulturen – das gemeinschaftliche Trauern – deshalb so stark an. Es nimmt dir vielleicht nicht den Schmerz, es macht mich nicht begreifbar, aber zumindest erfahrbar. Danach sehnst du dich. Noch einmal: Du hast deinen Vater gesehen, er starb in deinem Arm. Es war real, kein Videospiel, kein Samstagabendkrimi, keine Titelgeschichte auf einem Boulevardblatt. Der Schmerz, den du jetzt hast, heißt, dass du eine wichtige Realität erfahren hast. Deswegen solltest du nicht versuchen, diesen Schmerz möglichst schnell »wegzumachen«. Trauer macht Sinn, wenn sie der Trost ist, der diesem Schmerz eine Form gibt. Vielleicht ist es das, was mich heute noch erfahrbar macht. Deshalb solltet ihr mehr über diesen Schmerz sprechen. Ihn annehmen, nicht wegmachen wollen.

Muriel: Wie lebe ich das?

Tod: Ich bin kein Ratgeber. Frag dich selbst. Werde kreativ. Letztlich ist das, was du hier versuchst, auch nichts anderes als Sinnsuche und Sinngebung – weil es sie eben nicht mehr in einer verbindlichen Form gibt. Sie ist pluralistisch. Der ganze Umgang mit Trauer und Tod ist ebenfalls radikal individualisiert, verstehst du? Ihr kommt durch diese strukturellen Fakten, die ich dir oben nannte, mit dem Thema einfach nicht mehr alltäglich in Kontakt. Es herrscht also eine Distanziertheit, eine Unsicherheit, die eine automatische Folge dieser Strukturen ist. Das ist das, was man heute »Verdrängung« nennen kann. Aber es ist weniger eine bewusste Entscheidung zu einem Redetabu. Es ist eine Folge von veränderten Strukturen. Das hast du überall zu spüren bekommen.

Muriel: Ein Trauernder muss sich seinen Halt also deshalb selbst suchen. Was schwer ist und verwirrend, gerade wenn man total übermannt ist von seinen Gefühlen.

Tod: Ja. Nehmen wir an, man kommt de facto mit mir in Kontakt, so wie du. Dann suchen die meisten Menschen nach Halt, der aber nicht mehr klar vorgegeben ist. Und vielleicht geraten sie in ihrem Schmerz auch an die ein oder anderen seltsamen Angebote. Aber es ist ein Ausprobieren, ein Erkunden neuer Wege.

Muriel: Ist das Wegfallen der alten Vorgaben in der Trauer per se schlecht?

Tod: Nein. Ihr beurteilt die Dinge. Ich war immer da, seit Anbeginn der Zeit. Ich erzähle dir, was ihr so treibt in Bezug auf mich. Das wolltest du ja. Noch mal: Du hast mich in diesem Gespräch ja zum Soziologen, allenfalls Kulturkritiker und vielleicht ein wenig zum Philosophen gemacht. Emotionen sind Teil deines Erlebens, sie führen zu den Fragen, die du mir stellst, und das ist gut so. Die Fragen laut und offen zu stellen, ist wichtig, verstehst du? Gerade für deine Generation, die sich oft wie Hühner ohne Kopf fühlt. Antworten gibt es vielleicht noch gar nicht. Ich versuche, dir ein Bild zu vermitteln. Es »ist« also einfach entstanden. Das ist die Situation. Es ist auf den ersten Blick womöglich nicht leichter. Es kann aber genauso eine Chance sein, keine strengen Vorgaben durch Religionen oder Traditionen mehr zu haben. So wie in euren Beziehungen auch. Jeder kann sich seinen Cocktail selbst mischen. So ist es aber doch in eurem Leben bereits überall. Auch der Tod und die Trauer sind individualisiert. Deshalb fällt es schwer, darüber überhaupt zu sprechen, weil es keinen Leitfaden gibt. Aber ich frage dich: Ist das, was du hier gerade tust, nicht eine Suche nach neuen Ausdrucksformen? Versuchst du nicht, dem »Huhn eine Richtung zu geben«? Ist deine Suche nach Sinn für dich etwas Schlechtes?

Muriel: Nein. Leicht ist sie nicht, da stimme ich dir zu. Aber ich habe durch diese Suche zum Beispiel viele Menschen getroffen, die meinen Blickwinkel erweitert haben. Ich habe unglaublich gute Gespräche mit Menschen geführt. Man bringt das Thema auf den Tisch und hofft, dass daraus etwas entstehen kann. Aber Antworten auf den Sinn des Lebens finde ich womöglich trotzdem nicht. Aber, weißt du, die Suche nach etwas, was Substanz hat, die kann ich nicht aufgeben. Die Verbindung mit anderen in Zeiten der Trauer, der ehrliche Austausch, hat für mich zum Beispiel Substanz. Verbindungen schaffen, keine oberflächlichen.

Tod: Deshalb hast du auch das Gefühl, dass du dich am besten mit Menschen über mich unterhalten kannst, die ähnliche Erfahrungen gemacht haben. Sie suchen nach Sinn, nach Antworten in ihrem Schock, in ihrem Schmerz. Nach irgendeinem Sinn – so wie du. Jeder Fall ist unterschiedlich, aber das ist eure Gemeinsamkeit. Sie fühlen sich ebenfalls verloren, weil die Antworten nicht mehr offen daliegen. Man wird zu Brüdern und Schwestern im Geiste, zu Verbündeten. Und das tut gut.

Muriel: Okay, ich muss das jetzt erst mal verarbeiten. Das war wahnsinnig kompliziert. Danke, Tod.

Tod: Du wolltest es so. Vergiss nicht: Mit deinem Versuch, mich hier zu personifizieren, hast du mich kein bisschen kontrollierbarer gemacht.

Muriel: Ich glaube, das habe ich langsam schon begriffen. Danke für all die Informationen. Was sage ich jetzt? Ciao, mach's gut?

Tod: Zum Beispiel, wenn es dir hilft. Du auch. Wir hören uns wieder. Ganz sicher.

Memento mori '17

Der Vater eines guten Freundes, ein französischer Historiker, Professor und Diplomat – also ein Mann, den man getrost einen hochgebildeten und schlauen Menschen nennen kann – gab mir einmal einen Rat bezüglich meiner Arbeit als Autorin, aber eigentlich auch einen Lebensrat mit auf den Weg, den ich – gerade aus seinem Mund – erstaunlich und zugleich zutiefst befreiend empfand. Es war der ultimative Anti-Ratgeber-Rat.

»Stelle mehr Fragen, als du Antworten gibst. Glaube nie, dass du die Wahrheit für dich gepachtet hast. Die Menschen werden faul, wenn man ihnen Antworten liefert. Vor allem einfache Antworten. Rege sie mit deinen Fragen, mit Vorschlägen an, aber überlasse das Finden der Antworten ihnen und ihrer eigenen Wahrnehmung.«

In diesem Moment wurde mir klar, dass ich niemals einen klassischen Ratgeber schreiben könnte. Ein Mann, an dessen Lippen Hunderte Studentenaugen hingen, der die Welt gesehen hatte und ein »wichtiges Amt« bekleidete, gestand mir – ganz nebenbei –, dass er »es« auch nicht gecheckt hatte. Er, der Gelehrte, hielt es für äußerst wichtig, mir – einer jungen Frau, die auf der Suche nach Antworten auch an seinen Lippen hing – mitzuteilen, dass er den »heiligen Gral« auch nicht in seinen Händen halte. Dass er zwar durchaus etwas zu erzählen habe – das haben wir alle –, aber deshalb noch lange nicht das Puzzle vollenden könne.

Das war gut zu hören, ziemlich gut sogar. Denn ich begriff: Es fehlen womöglich immer Teile. Immer. Und eigentlich kann man es bei der persönlichen Suche nach existenziellen Antworten auch nicht anders halten. Alles andere wäre eine Anmaßung. Deshalb stelle ich weiter Fragen, nachdem ich Informationen erhalten habe. Ich stelle Vermutungen auf, ich schreibe, vielleicht erbreche ich Gedanken. Aber ich gebe keine Antworten. Ich weiß die Antworten nicht. Zumindest nicht die der anderen.

Wahrscheinlich wirst du heute nicht sterben. Aber die Möglichkeit, dass du es tust, besteht trotzdem.

Das ist ein Experiment. Ich habe diesen Satz gelesen. Fünf Minuten werde ich ihn jetzt einfach in mir wohnen lassen. Und dann einfach alles aufschreiben, was kommt. Ungefiltert. Ohne Anspruch auf Richtigkeit. Vielleicht ist etwas dabei, das Sinn ergibt. Vielleicht ist das gar keine schlechte Übung für mich. Für alle. Dem Tod wird das sicher gefallen.

Was macht dieser Gedanke mit mir? Was macht die Auseinandersetzung mit dem Tod mit unserem Leben? Ich muss an Coris Workshop denken und die Frage danach, was ich mit zwölf Monaten Leben tun würde. Was würde ich über das Leben sagen, wenn ich heute sterben müsste? Könnte die ernsthafte, respektvolle Auseinandersetzung mit dem Tod vielleicht genau zu jener Sinnhaftigkeit führen, die uns immer mehr verloren zu gehen scheint? Wäre es möglich, dass wir dadurch wieder lernen könnten, in den Moment zurückzufinden? Dass sie uns erdet? Dabei hilft, verbindliche, tiefe Beziehungen aufzubauen? In erster Linie auch mit uns selbst? Ja, wir sind ein kleines Zahnrädchen im Kosmos. Die Chance, dass sich das Universum NICHT für uns interessiert, mag größer sein, als dass es das tut. Zumindest an wissenschaftlichen Standards gemessen. Aber einen luftleeren Raum kann man füllen.

Wer interessiert sich eigentlich wirklich für uns? Wenn unser Leben als Individuum wirklich keinen größeren Wert mehr hat, keinen Sinn mehr ergibt, warum betrauern wir unsere Lieben, die uns verloren gehen, dann so sehr? Ist das, was wir zu geben vermögen, wirklich austauschbar? Oder genauer gesagt: Ist unsere Verbindlichkeit, unsere Wärme, unsere Empathie, unser Teilhaben, unsere Ehrlichkeit, unsere Verletzbarkeit, unser Vertrauen, unsere Stärke, all das, was wir mit anderen teilen können, wirklich austauschbar? Unsere Hüllen sind es vielleicht, ja. Aber das, was wir mit diesen Hüllen machen, das, was in ihnen wohnt, hat doch einen Wert. Oder etwa nicht? Sollten wir uns in Bezug auf das, was wir beruflich leisten, nicht weniger wichtig nehmen? Und uns dafür anhand dessen, was wir »sind« messen? Müssen wir uns überhaupt messen? Müssen wir eigentlich irgendetwas? Können wir uns nicht einfach mal hinsetzen und einfach nur doof dreinglotzen, nichts denken, weil es uns Kraft gibt fürs Schöpferischsein? Fürs Kreativwerden, in der Suche danach, was uns eigentlich wirklich Freude bereitet?

Warum nehmen wir uns nicht alle regelmäßig die Zeit, darüber nachzudenken, dass wir nicht nur geboren sind, sondern auch sterben werden und nichts, rein gar nichts dagegen tun können? Und kann dieses Nachdenken vielleicht dazu führen, dass wir Prioritäten setzen? Dass wir für uns persönlich herausfinden, was zählt? Könnte es nicht Spaß machen, uns einfach wahrzunehmen – lebendig – und dumm dreinzuglotzen? Könnte die Tatsache vielleicht hilfreich sein, dass wir es selbst sein können, die uns in diesem ganzen »Hustle and Bustle«, mit unseren Ängsten ein guter Zuhörer sind? Weil wir uns einfach annehmen, als kleine Zahnrädchen in diesem Universum, denen die Wahl fehlt, sich für ein unendliches Leben in dieser Welt zu entscheiden, aber denen die Wahl gegeben ist, hier in diesem Moment diesen luftleeren Raum zu füllen? Oder eben nicht zu füllen, weil man begreift, dass das ständige Müssen den Raum ganz stickig gemacht hat? Ich denke an meinen Vater und seinen Rat, die Dinge langsam angehen zu lassen. Etwas »lang-weilig« sein zu lassen. Und das, was daraus entsteht, lieben zu lernen: eben kein Geplätscher.

Zeigt uns nicht gerade unsere Trauer um einen ganz bestimmten Menschen, den, den wir lieben, nach dem wir uns sehnen, genau das Gegenteil des Gefühls der Austauschbarkeit? Ist dieser Schmerz nicht genau deshalb als etwas Wertvolles zu begreifen, weil er uns die vorhandene Substanz und die Wichtigkeit unserer Verbindungen aufzeigt? Können wir diesen geliebten Menschen vielleicht somit integrieren? Indem wir das, was er uns gegeben hat, weitertragen – in uns und zu anderen Menschen? Und kann die Sehnsucht nach den Dingen, die er uns nicht geben konnte, die wir nicht erleben konnten, als etwas begriffen werden, das wir verstehen lernen können, mit dem wir uns – so gut es eben geht – versöhnen und es vielleicht dann sogar in uns finden können? Und es kultivieren und weitergeben, so wie meine Mitbewohnerin Tara es vorschlug und wie meine mexikanische Freundin Alejandra es mit dem Rezepten ihrer Großmutter macht? Und sind der Schmerz, die Unsicherheit, die Angst, all diese »schwierigen« Gefühle, nicht als etwas zutiefst Menschliches zu begreifen, das bleiben darf, weil es eben zur komplexen menschlichen Erfahrungswelt gehört? Und können wir es beleuchten und ihm Aufmerksamkeit schenken, ohne es eliminieren zu wollen? Führt uns das dann zu einer allmählichen und behutsamen Akzeptanz des Faktes, dass wir nicht nur Lebewesen, sondern auch »Sterbewesen« sind? Und ist nicht genau dieser Punkt so immens wichtig, um unser Leben unter einen Stern zu stellen, der heller strahlt? Der mehr darstellt als bloßes »Lebendigsein«, verstanden als das Nachhetzen nach einem Konzept, das wir alle kennen: das Wiederholen und Planen von »Gesund, jung und vital«, das Anhäufen weltlicher Errungenschaften und das Mitnehmen, schnelle Erleben und Offenhalten von möglichst allem. Ist es das, was wir als ultimativen Sinn sehen, der uns gleichermaßen sinnentleert dastehen lässt?

Können wir bitte aufhören, Yoga- oder Reiki- oder Meditationskurse oder Ratgeber als »Selbstoptimierungs-Werkzeuge mit neoliberalen Grundgedanken« anzubieten? Kann es bei Dingen, die eigentlich heilen sollen, auch einmal nicht um Leistung gehen? Sondern ums Aushalten? Ums Versuchen? Ums Ich-kann's-halt-nicht-und-ich-muss-es-auch-nicht-können? Ums Irgendwann-klappt-es-vielleicht? Ums Wenn-nicht-dann-bin-ich-trotzdem-cool?

Können wir einmal alle kollektiv aufhören, uns Sorgen um irgendeine Sache oder Sachlichkeit zu machen – und scheint sie auch die wichtigste Aufgabe dieser Welt zu sein – und dafür mehr andächtig und dumm in die Welt schauen? Könnten wir das zum Beispiel tun, während wir alt und verfressen aussehen und richtig doof lächeln und ganz und gar ungrazil und ungestylt vor einem sich windenden Fluss in der Morgensonne sitzen? Weil nur der sich windende Fluss in der Morgensonne zählt? Und können wir davor – zumindest in Berlin – bitte einmal keine Drogen nehmen? Weil wir dann wieder wissen, was »Naturhigh-Sein« bedeutet, obwohl wir ganz normale Loser sind? Können wir im Schneidersitz vor dem Ofen sitzen und einem Kuchen dabei zusehen, wie er seine Form und seinen Duft entfaltet? Wissen wir eigentlich noch, wie verdammt schön das ist? Wer hat solche Dinge »Erwachsenen« eigentlich abgesprochen?

Warum konnte meine vierjährige Cousine nach der Beerdigung meines Vaters durch das Restaurant laufen und allen anwesenden Kindern entgegenrufen: »Mein Onkel ist gestorben. Ich bin traurig«, ohne dass sie sich für ihre Gefühle schämen musste – und ohne dass die anderen Kinder ihr irgendeinen Ratschlag zum Wegstecken ihrer Schmerzen erteilten. Sie schauten sie stattdessen einfach nur an und luden sie zum Spielen ein.

Können wir uns einfach aufs Bett legen und Musik hören, also tatsächlich »Musik hören«, so richtig als Aktivität, und uns nicht davon berieseln lassen? Können wir den Dingen, die wir als banal ansehen, weil wir sie kommerzialisiert haben, somit wieder Wert verleihen? Weil es der Moment ist, in dem wir in der

Musik verloren gehen, einfach mal zu einem Nichts werden, der uns berührt? Und nicht die Musik, die zu einem Nichts geworden ist?

Und können wir wieder richtig weinen, wenn es schmerzt, weil es nachgewiesenermaßen das Einzige ist, was alle Menschen auf der Welt als Reaktion auf Trauer tun – ungeachtet ihrer kulturellen Vorgaben? Können wir Oden an die Tränen verfassen, und können wir sie bitte unsere Männer schreiben lassen? Die, die das Heulen so richtig gut gebrauchen könnten?

Können wir uns – sagen wir – fünfmal mit einem Menschen treffen, ohne Sex zu haben? Nicht weil wir irgendwelchen moralischen Vorschriften folgen oder weil wir verkrampft sind, wenn wir es nicht tun, sondern einfach, weil es schöner ist, wenn der Sex auf eine bestehende Verbindung folgt? Und alle sich nur heimlich trauen, darüber zu sprechen, wie sehr man sich nach etwas »Echtem« sehnt, weil es viel besser in unser Zampano-Bild passt, wenn wir total unberührt sind?

Können wir irgendwann ganz offen vor allen »Fuckboys und Fuckgirls« zugeben, dass wir gar nicht so unbefangen und zwanglos sind, wie wir vorgeben zu sein, sondern dass es uns etwas ausmacht, neben einem relativ Fremden aufzuwachen, von dem wir zwar sein Geschlechtsteil, aber keinen Nachnamen kennen und der dann mit verschlafenem Blick nölt: »Ähm, willst du jetzt etwa Frühstück haben?« Und wir dann sagen wollen: »Klaaaar. Das wäre so schön. Dann könnte ich dich mal fragen, was dich eigentlich zuletzt so berührt hat. Und dir von dem Studiengang erzählen, den du gestern vor dem Sex noch so spannend gefunden hast.« Wir uns aber stattdessen eine Kippe zum Frühstück anzünden und sagen: »Nö, du. Lass ma stecken.« Und wir dann gehen, nicht ohne vorher noch einmal mit dem Hintern zu wackeln und mit rauchiger Stimme zu sagen: »Hat mich gefreut.« Nur um uns dann eine halbe Stunde später mit einem Croissant im Mund und in Embryonalstellung auf unserem Sofa zu krümmen und Sam Smith's »Stay With Me« in unsere Kuscheldecke zu wispern? Und uns dann zu allem Überfluss noch zu freuen, doch noch in den Genuss eines Nachnamens gekommen zu sein, weil man uns am Abend eine Facebook-Freundschaftsanfrage sendet – man kann sich die Option ja offenhalten. Irgendwann fühlt es sich dann aber abgeschmackt an, wenn man feststellt, wie viele One-Night-Stands sich mittlerweile in der Facebook-Freundesliste befinden.

Können wir irgendwann zugeben, wie unfassbar uncool wir sind? Dass wir Momente hatten, in denen wir unsere Tränen mit Klopapier vom Toilettenboden gewischt haben? Und das gar nicht model-like aussah? Sondern eher erbärmlich? Können wir ein Instagram für Loser einrichten? Weil in unserer Erbärmlichkeit so viel Wahrheit und somit so viel Schönheit steckt? Können wir mit diesen kleinen, aber bewusst erlebten Momenten, die gar nicht »bäm, bum, bäm« sind, sondern ohne genaueres Hinsehen ganz banal und unspektakulär wirken, unserem Leben Tiefe geben? Könnte das etwas Wahres sein? Könnte unser Leid neben unserer Freude einfach ganz gleichwertig koexistieren?

Gibt es irgendwann wieder ein zufriedenes Einschlummern am Ende des Lebens? Oder einen Kampf, weil das Sterben eben nicht immer ein Einschlummern ist, aber wenn schon ein Kampf, dann einer, der aussagt: »Ich habe so gut und tief gelebt. Es war so schön, all diese Momente waren wichtig. Es ist so schwer zu gehen.« Und kein Kampf, der zeigt: »Ich habe nicht richtig gelebt, ich habe zu viel Zeit damit verbracht, Dinge anzusammeln und mich besonders gut darzustellen. Es ist ungerecht. Ich wollte doch noch wahrhaftig leben.«

Wenn wir uns die Illusion nehmen, dass wir körperlich unversehrt bleiben, uns bewusst machen, dass wir diese Unversehrtheit nur aufschieben, aber nicht wirklich kontrollieren können, wenn wir uns vor Augen führen, dass es niemanden – nicht das blödeste Schaf auf dieser Erde – an unserem Sterbebett interessiert, ob wir nun 2 oder 12 oder 220.000 Euro auf unserem Konto liegen haben oder 2 oder 12 oder 220.000 Follower auf unserem Instagram-Profil haben, dann könnten wir vielleicht wieder auf die kleinen, aber feinstofflicheren Dinge achten, die unserem Leben Tiefe und Substanz und Würze geben? Die wir, so wie die »großen Errungenschaften«, teilen können – weil sie schön sind – aber nicht, weil wir dafür Anerkennung wollen.

Können wir uns jetzt, hier, auf diesen einen vor uns liegenden Moment konzentrieren, der so viele entzückende, schmerzhafte, lasche, ekstatische, lustige, leere, liebevolle, charmante, traurige, warme, kalte, hoffnungsvolle, jämmerliche, ins Herz stechende, das herzerwärmende, heiße, lauwarme, bitterkalte, bezaubernde, animalische, beflügelnde, ehrliche, fesselnde, einfach-seiende Einzel-Ewigkeits-Momente beinhaltet? Auf die viel beschworene Magie des Augenblicks? Ohne das Smartphone zu zücken?

Auf unser echtes Leben? Sind es nicht diese Momente, die wir wirklich im Nachklang spüren können, die uns auch unsere Trauer aushalten lassen? Weil wir sehen, dass das alles ein großes Ganzes ergibt? Dass da Puzzleteile fehlen, dass wir ramponiert wurden, aber dass das schon irgendwie okay ist? Können wir zugeben, dass wir alle in unserem Leben irgendwann mal Held und auch Antiheld waren? Dass alles Medizin sein kann? Dass uns Dinge etwas lehren können, selbst wenn sie keinen Sinn ergeben mögen? Weil wir ihn erschaffen. Weil wir wirklich hinschauen müssen? Können wir damit klarkommen, dass wir manche Dinge niemals klären werden?

Wir können die wunderbarsten Menschen und Momente um uns haben – wenn wir ihr kleines, schönes, leises Leuchten nicht sehen können, wenn wir unsere Sinne für sie nicht schärfen, weil wir nie einfach mal »sind«, ohne etwas sein zu müssen oder zu wollen, dann wird alles Erleben konturenlos. Dann spüren wir nur noch »bäm, bum, bäm«. Das Spektakel. Aber die wahre Größe des Spektakels erkennt man nur, wenn die subtilen Zwischentöne hörbar sind.

Wenn nicht, dann ist unser Leben die berühmte Perle vor der Sau. Wer die Säue sind, wissen wir ja. Wir alle waren schon Säue – das gehört auch dazu. Aber wir sind auch Perlen, verdammt. Ich mag ja keinen Kitsch, obwohl ich ihn mir erlaube, denn es ist schwierig, in existenziellen Fragestellungen – und es gibt ja keine existenziellere Fragestellung als die nach der eigenen Endlichkeit und dem Leben – die richtigen Bilder in Form von Worten zu finden. Manchmal tun es da am besten kleinere, lebensnahe. Deshalb erzähle ich diese ganzen Geschichten über mein Leben. Und auch diese Geschichten erzählen nicht die ganze Wahrheit.

Weil man als Maßnahme, um das Ganze wirklich tiefer zu begreifen, tatsächlich still werden muss. Den Nachklang der Worte hören. Vielleicht in seinen Körper eintauchen muss, weg von Gedanken, hin zum Erleben.

Mein Medium in diesem Moment hier sind aber nun einmal die Worte, und so kehre ich erneut zu meiner eigentlichen Fragestellung zurück: Finden wir, wenn der Tod wieder heilig wird, auch zu diesen heiligen Momenten zurück?

Finden wir wieder Worte, die keine Slogans mehr sind, keine hohlen Phrasen, die leere Popsongs füllen, sondern fein gefühlte, detailliertere, wortwitzige, wirklich heilsame Beschreibungen, die klassischen Kompositionen ähneln? Sagen wir, Beethovens »Ode an die Freude«? Von mir aus mit Rap-Lines von Jay-Z oben drauf? Glaubt mir, man hört und liest den Unterschied. Ist Schärfung für die Feinheiten nicht das, was substanziell ist? Und bekommen Oberflächlichkeiten dann nicht wiederum einen ehrwürdigen Platz in unserem Leben? Ehrwürdig deshalb, weil wir sie als solche begreifen und deshalb gut und gern als Entertainment ansehen können. Und sie somit auch wieder Substanz erhalten. Aber wenn wir alles »entheiligen«, wenn wir keine Fühler mehr ausstrecken für die zarten Unterschiede, wenn wir in großen, fetten, ereignisreichen Schlagzeilen leben, was hat dann Substanz? Dann wird alles zu einem groben, diffusen, unterschwellig Angst machenden Gefühlsbrei. Einer Depression. Wie grotesk ist es eigentlich, dass wir begonnen haben, die Trauer so zu nennen?

Wir sollten herausfinden, was für uns zählt – ganz individuell, denn wir leben ja schließlich in Zeiten des Individualismus –, aber eben dann mit Zweck, mit Bestimmung, mit Absichten, die größer sind als das, was uns dieses System gerade darbietet. Wir sind ständig von der Austauschbarkeit bedroht. Wir glauben, immer ein »Jemand« sein zu müssen. Und ich sage: Sei viel öfter mal ein Niemand. Und konzentriere dich darauf, was wirklich Erfüllung darbietet. Und oft liegt diese Erfüllung eben in den kleinen, in den zwischenmenschlichen, in den bewusst erlebten Momenten. Ich habe Freunde, die wollten ihren allumfassenden stressigen Job, in dem es nur ums Geldscheffeln geht, schon tausendmal hinschmeißen. Aber die schicke Vierzimmerwohnung und die Boni-Ausschüttungen, die ihnen von dem großen Wirtschaftsunternehmen, für das sie leben, ähm, arbeiten, kredenzt werden, versüßen ihnen die knappe Zeit, die ihnen außerhalb des Monopoly-Spiels noch bleibt.

»Business-Kasperle sind wir, nichts weiter«, nannte das mal ein Exfreund, der gar nicht so doof war.

Um eines klarzustellen: Ich schreibe nicht darüber, seine Arbeit nicht lieben zu dürfen, aber der Wert für unser Leben steckt nicht (nur) zwischen Bürowänden. Er steckt nicht in der Anerkennung von außen. Was am Ende zählt, ist nicht, was wir beruflich erreicht haben. Er steckt nicht einmal in der sogenannten Selbstverwirklichung. Natürlich liebe ich es, an etwas zu arbeiten, das ich mit Herzblut tun kann. Ich liebe, was ich hier gerade tue. Es ist das allerbeste Gefühl in Bezug auf berufliche Laufbahnen. Aber wenn ich eines begriffen habe in der Zeit meiner Trauer, in der Zeit, in der ich den Tod real wahrgenommen habe, in der dieser Lebensmittelpunkt der Arbeit gezwungenermaßen wegbrach, in der ich innerhalb weniger Wochen zur beruflichen Absteigerin wurde, dann ist es das:

Mein Wert, mein Lebenssinn kann sich nicht vorwiegend aus meiner Arbeit, meiner Leistung, dem Geldverdienen speisen. Und auch nicht daran, dass Menschen mir sagen, wie toll ich bin, weil ich etwas Bestimmtes darstelle – beruflich oder privat. Das alles sind Konstrukte, die zusammenbrechen können. Ich bin mehr als das. Wir sind mehr als das. Und wenn ich nur noch das heulende Häufchen Elend auf dem Wannenrand bin, das sich selbst die Hand auflegen muss, um nicht aus dem Fenster zu springen. Dann bin ich in diesem Moment etwas, für das es sich zu leben lohnt. Dann ist das mein Sinn. Ich bin in diesem leisen, erbärmlich aussehenden, aber bei genauerem Hinsehen zarten Moment die Liebe zu mir selbst. Das ist ein, das ist mein Wert. Das ist verdammt noch mal von Wert. Davon zehre ich. Das ist es, was mein Vater mit den Dingen, die »wirklich etwas mit dir machen« meinte. Mit »kein Geplätscher«. Das ist es, was er mir beigebracht hat, auch an seinem Sterbebett. Das ist einer der Edelsteine, die er mir hinterlassen hat.

Es ist nicht austauschbar. All dieser unnötige Stress, den wir uns manchmal in unserem Alltag machen, der verpufft am Ende unseres Lebens und wird zu einer Lächerlichkeit. Vielleicht hätten wir in den Geldscheffel-Zeiten öfter einmal einen Gang zurückschalten können, etwas tun, was nach wenig aussieht, aber ganz viel mit unserem Lebensgefühl macht. Und ich kann das, ohne mit der Wimper zu zucken, sagen: Sollte ich noch einmal in die Situation kommen, gefühlt »alles verloren zu haben«, meine Arbeit, meine Beziehung, Menschen, die ich liebte, dann wird mich die Erinnerung an diesen Moment am Leben halten, nicht das Zeugnis darüber, ob ich in den Augen dieser Gesellschaft ein erfolgreicher Mensch war. Letztlich sage ich, dass wir diesem System, dem Gefühl, das es uns vermittelt, etwas entgegensetzen sollten. Menschliche Wärme zum Beispiel. Verbundenheit. Tiefe. Zeit mit uns. Zeit für andere. In der es nicht darum geht, »jemand zu sein«, sondern viel mehr darum »zu sein«. Leave your ego at the door.

Es ist letztlich die Hoffnung darauf, dass diese authentischen Momente mit uns selbst und anderen – jenen, aus denen wir Liebe generieren, die etwas mit uns machen, die uns Tiefe geben, die wir mit anderen teilen können und die andere mit uns teilen können – im Moment meines eigenen Sterbens noch einen Sinn ergeben. Dafür lebe ich.

Die neun Eigenschaften des Todes – Ein kleiner Exkurs in den Buddhismus

Die Auseinandersetzung mit der eigenen Endlichkeit ist auf allen buddhistischen Wegen ein zentraler Punkt und wird regelmäßig in die Meditationspraxis eingebunden. Vor einigen Jahren besuchte ich für eine kurze Zeit das Kloster des vietnamesischen Zen-Mönches Thich Nhat Hanh in Frankreich. Ein Ort, der einen bleibenden Eindruck auf mich hinterlassen hat. In einer malerischen Landschaft in den Weinbergen nahe Bergerac gelegen, befinden sich vier Klostereinheiten, die sich zusammen Plum Village, also das Pflaumendorf, nennen. Fasziniert vom Leben der Nonnen, nahm ich an ihrem einfachen, aber fest strukturierten Tagesablauf teil. Dies bedeutete unter anderem, um fünf Uhr morgens gemeinsam zur Morgenmeditation aufzustehen oder den Ordensschwestern bei ihren täglichen Arbeiten zu assistieren. Die Herzlichkeit und Gelassenheit der Mönche und Nonnen beeindruckte mich nachhaltig und Thich Nhat Hanh, genannt Thay, war ein weiser, unaufdringlicher, fast schon schüchterner, aber sehr in sich ruhender Lehrer. Sein hohes Alter – er war zum damaligen Zeitpunkt bereits Ende achtzig – merkte man ihm weder geistig noch körperlich an. Kein langes Suchen nach Worten, keine Gebrechlichkeit im Laufen – Thay wirkte nicht wie ein Greis, ich würde ihn beinahe als »jungenhaft« bezeichnen.

Erst vier Jahre später erlitt der Mönch ein Aneurysma, das ihn bis heute an den Rollstuhl fesselt. Gut möglich, dass er auf diesen gesundheitlichen Rückschlag vorbereitet war. Denn eine Meditation, die ich damals bei den buddhistischen Ordensleuten kennenlernte, beschäftigte sich mit unserem körperlichen Zerfall und letztlich mit unserer Sterblichkeit.

So sollte man innerlich Sätze wiederholen. »Eines Tages werde ich alt werden« und weiter »Eines Tages wird mein Körper gebrechlich und krank werden« oder »Eines Tages werde ich sterben«. Keine leichte Übung. Ich erinnere mich, dass ich sie als furchtbar unangenehm empfand. Zum damaligen Zeitpunkt wollte ich wirklich nicht an meinen eigenen körperlichen Zerfall denken, und ich wollte auch nicht über den Tod der Menschen nachdenken, die ich liebe. Allein die Vorstellung, meine Eltern könnten eines Tages sterben, führte zu einem zerquetschten Herzen und tränengefüllten Augen.

Ich glaube, mich zu erinnern, dass Thich Nhat Hanh, es den »Samen der Angst zirkulieren lassen« nennt. Dieser Samen soll durch die regelmäßige Meditationspraxis, also in diesem Falle durch die Bewusstmachung der Angst vor der Sterblichkeit, immer kleiner werden und die Tiefe des eigenen Lebens erst zum Vorschein bringen. Thich Nhat Hanh sagt dazu: »Wir haben Angst vor dem Tod, wir haben Angst vor der Trennung, wir haben Angst vor dem Nichts. Wenn wir aber tief schauen, erkennen wir den unaufhörlichen Wandel der Dinge und verlieren allmählich unsere Angst.« Aber warum sollte ich mich eigentlich mit dem Tod auseinandersetzen, wenn er doch noch gar keine Präsenz in meinem Leben hatte? Der Dalai Lama sagt dazu in seinem Buch »Advice on Dying«: »Es ist äußerst wichtig, dass wir uns des Todes bewusst sind – dass du darüber nachdenkst, dass du nicht lange in dieser Welt bleiben wirst. Wenn du dir des Todes nicht bewusst bist, wirst du es nicht schaffen, aus diesem speziellen menschlichen Leben, das du bereits begonnen hast, Vorteile zu verschaffen.(...) Die Analyse des Todes hat ihren Sinn nicht darin, dich ängstlich werden zu lassen, vielmehr soll sie dich diese wertvolle Lebenszeit bewusst werden lassen.«

Aus dem tibetischen Buddhismus stammt folgende Übung, die »Die neun Eigenschaften des Todes« heißt und dazu verhelfen soll, die eigene Sterblichkeit bewusst wahrzunehmen. Ich halte sie für äußerst hilfreich, wenn sie auch zu Beginn beängstigend sein kann. Aber in meiner persönlichen Erfahrung führt die Auseinandersetzung mit der eigenen Angst letztlich wirklich zu einem bewussteren, tiefer empfundenen Leben.

1. Du kannst dem Tod nicht entkommen. Niemand vor dir hat das je geschafft. Und fast keiner der sieben Milliarden Menschen, die heute die Erde bevölkern, wird in 100 Jahren noch leben.

2. Dein Leben ist fest begrenzt. Jede Sekunde bringt dich näher an sein Ende. Du stirbst, sobald du geboren wirst.

3. Dein Tod kommt plötzlich und unerwartet. Leben und Tod trennt nur ein einziger Atemzug.

4. Wann du stirbst, ist ungewiss. Junge Menschen können vor alten sterben, gesunde vor kranken.

5. Die Ursache deines Todes ist ungewiss. Auch Dinge, die unser Leben ermöglichen oder leichter machen, können dich umbringen: Nahrungsmittel, Autos, Eigentum.

6. Dein Körper ist anfällig. Krankheiten, Gifte, Unfälle können ihn schnell zerstören.

7. Deine weltlichen Besitztümer werden dir nicht helfen.

8. Deine Familie und deine Freunde können weder deinen Tod aufhalten noch mit dir gehen.

9. Du wirst deinen Körper zurücklassen als leere Hülle. Das Einzige, das du auf diese Reise mitnimmst, ist deine persönliche Entwicklung.

Wurzeln re-visited – Ich schreib mir meine eigene Versöhnung

Das erste Mal stehe ich an dieser Stelle. All die Jahre kam ich nie hierher.

»Warum nur?«, frage ich mich heute, an diesem dunkel-diesigen Tag – rein rhetorisch natürlich. Ich beginne zu husten und tue so, als würde ich die Ringe im Schaufenster betrachten. Innen sitzt die Goldschmiedin und arbeitet an einem Stück. Daneben, auf dem Boden, ein Mädchen mit einem Schulbuch. Beide blicken nicht auf, bemerken mich nicht. Friedlich sehen sie aus. Das Licht im Laden ist warm und einladend.

Heile Welt beobachten. Ich spüre den Impuls, hineinzugehen, tue es aber dann doch nicht. Sie wissen nicht, was mir dieser Ort bedeutet. Ich lasse meine Welt lieber vor der Tür. Vor über 30 Jahren war diese Gegend die aufregendste in einem geteilten Berlin, war dieser Ort der Fotoladen eines jungen Paares. Es war der Laden meiner Eltern.

Sie war damals so alt wie ich heute, ein blonder Lockenkopf, hochschwanger – ungeplant. Er war Ende 20, ein jungenhafter Mann mit vollem dunklem Haar. Ziemlich lang war es damals noch, als die beiden sich trafen.

»Aber die Hippie-Zeit war doch längst vorbei. Ich habe ihm erst mal einen David-Bowie-Schnitt verpasst«, sagt die Stimme meiner Mama. Ausgerechnet Jura studierte er zu dieser Zeit, so wie sein leiblicher Vater. Der, der ihm nie ein Vater sein wollte. Auf dessen Anruf er so lange gewartet hatte. Vielleicht war das Studium sein Wunsch nach Nähe, nach Verbindung zu einem Menschen, der sich nicht mit ihm verbinden wollte. Ganz sicher war das nicht seine Passion, so wie das Zeichnen, das Bauen und die Sprachen.

Schön war das junge Paar. Kein Posterboy- und Postergirl-Schönsein. Artyschön eben, denke ich.

»Also – ich war sehr schön«, sagt Mamas Stimme in meinem Kopf etwas schnippisch. Papa würde nun schmunzeln. Er hat solche Dinge nie von sich gesagt. Offensichtliche Dinge. Auf eine Art blieb er immer geheimnisvoll für mich.

Träume hatten sie, wie jedes junge Paar: große. Davon, wie Liebe sein sollte, von einer Familie, die anders sein sollte als das, was sie selbst in ihrem schwer erträglichen Nachkriegskindsein erlebt hatten. Sie wollten es anders machen, so, wie jede neue Generation es will. Nur war ihr Wunsch eben noch stärker – in einem Land nach den Nazis und all dem Leid, das sie geerbt hatten.

Gegenüber dem Fotoladen befand sich das legendäre Café M – ein Treffpunkt für 68er, Punks, Künstler, all jene, für die Berlin schon damals ein Freigeister-Becken war. Nick Cave & The Bad Seeds hingen dort ab, und Blixa Bargeld kam manchmal rüber, um seine Filme entwickeln zu lassen.

Was darauf zu sehen war, wollte ich oft von meiner Mutter wissen. »Immer so ein dunkler, unscharfer Scheiß«, sagte sie dann. Ich musste lachen. Sie hat ihren Humor nie verloren. Ich frage mich, über was sie als junge Frau so nachgedacht hatte, allein und müde in ihrer Dunkelkammer. Vielleicht darüber, dass der Laden nicht genug Geld abgab, um dieses weitere, ungeplante – vielleicht sogar irgendwie ungewollte – Kind in ihrem Bauch zu ernähren. Dass sie ein zweites Mal die Fotografie und einen eigenen Laden aufgeben musste. Dass sie das Abitur auf der Abendschule schmeißen musste, weil ihm das schreiende Kind zu Hause zu viel wurde. Darüber, dieses Berlin und die wilde Zeit endgültig hinter sich zu lassen. Spießiger zu werden. Ihren Mann, der vielleicht noch gar kein richtiger Mann war, in die Verantwortung zu nehmen. Endlich Sicherheit zu spüren. Schließlich gab es da schon zwei Kinder. Eines davon hat sie fast zehn Jahre allein großgezogen. Dann war er gekommen. Und bald schon das erste gemeinsame Kind – er hatte es gewollt. Sehr. Und jetzt noch eines? Sie wollte kein ewiges Abmühen mehr. Keine Schulden für große Träume vom Künstlerleben mehr. Ruhe, aufs Land, eine ganz normale Familie sein. Das war ihre Idee, der rettende Gedanke in ihrer Angst vor einer ungewissen Zukunft. Sie, das Kind, das viele Jahre in einem Kinderheim aufgewachsen war, das ihren Vater mit fünf Jahren verloren hatte, sie wollte eine gute Mutter sein. Wollte eine heile Welt. Und wollte nicht mehr allein darum kämpfen. Er stimmte zu. Nicht mit leichtem Herzen, bestimmt mit Angst.

Aber sein Willen, ein Vater zu sein, ein richtiger, war größer als dieses mulmige Gefühl, das ihm den Bauch zuschnürte.

Innerhalb von drei Jahren Vater von drei Kindern zu werden, ich stelle mir die Last dieser ungeahnten Verantwortung vor, die er wohl hatte fühlen müssen – und fühle mit ihm. Und frage mich dabei, was Väter so fühlen. Warum man Väter so schwer greifen kann. Vielleicht oft nur in dem, was sie tun und eben nicht in dem, was sie sagen – oder nicht sagen.

Während ich mich in den Hauseingang schiebe, ihn auf mich wirken lasse, stelle ich mir vor, ich könnte die Zeit zurückdrehen, in den Laden treten und mit der Unverfrorenheit, mit der ich manchmal Menschen konfrontiere, fragen, ob er sich das gut überlegt hätte. Ob die heile Welt, nach der auch ich mich heute noch genauso sehne, wie die beiden es damals taten, überhaupt existierte. Ob er es nicht bereuen würde zu gehen. Und ob er das ungeplante Kind dafür verantwortlich machte. Unausgesprochen. Und ich frage die unsägliche Frage, ob er heute noch leben würde,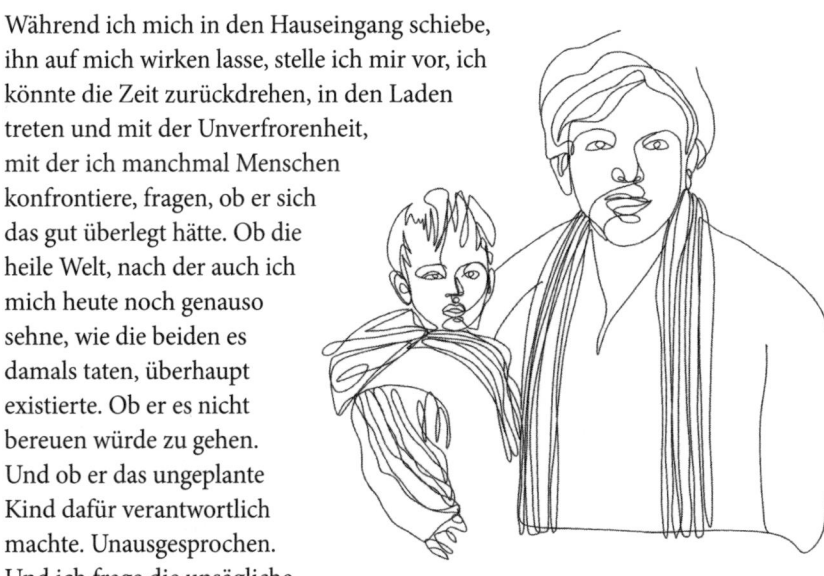
wären sie hiergeblieben. Und das ist eine Scheißfrage, das weiß ich selbst.

Der junge Mann sieht mich an, lange. Ich sehe seine Tränen, die er wie immer verschluckt, anstatt sie fließen zu lassen. Er steht da, unbeholfen, überwältigt. Und sagt dann schließlich das, was ein Vater, ein richtiger, auf so eine Frage antwortet: »Es ist alles gut, so, wie es ist. Es wird nicht immer leicht werden. Aber wir werden eine gute Zeit zusammen haben. Ich werde auf euch aufpassen.«

Ich halte inne. Er würde es noch einmal sagen, kommt mir in den Sinn, 30 Jahre in der Zukunft, schwach, immer noch schön, immer noch geheimnisvoll,

171

immer noch mit verschluckten Tränen, kurz bevor er geht, für immer – und viel zu früh.

Ich sehe ihn an, lange. Mit Schmerz, weil ich weiß, dass das vielleicht nicht stimmt, was er da sagt. Aber auch mit Liebe, mit Dankbarkeit, weil ich weiß, dass sein Vatersein keine andere Antwort zulässt. Ich verabschiede mich von ihm – erneut.

Dann verlasse ich diesen Ort, an dem ich zuletzt als ungeplantes – vielleicht sogar ungewolltes – Kind am Leben war. Und spüre mehr Wärme als zuvor. Meine Wurzeln.

»Heile Welt ist da, wo man heil sein will«, sage ich mir leise, laufe schneller und beginne zu husten.

Von der Suche nach Rauchzeichen aus dem Totenreich

»Wo bist du jetzt, Papa? Kannst du mir ein Zeichen geben?« Oft schleudere ich diese Bitte in die Welt hinaus. Ich flüstere sie in schlaflosen Nächten in dunkle Zimmer, brabbel sie vor Papas Grab liegend in die Erde und löchere sein an der Wand hängendes Foto mit Fragen. Und in einem kambodschanischen Straßengraben glaubte ich sogar einmal, einen Schmetterling als potenziellen Überbringer von Antworten aus dem Jenseits ausfindig gemacht zu haben.

Überhaupt befrage ich des Öfteren Schmetterlinge nach dem Verbleib der Seele meines Vaters. Mir ist das auch ein bisschen peinlich, und ich weiß, dass es seltsam anmutet, vielleicht sogar obsessiv klingt. Ich kann es aber auch nicht immer lassen. Ich suche nach Rauchzeichen aus dem Totenreich.

Einmal spricht mich vor einem Café ein etwas derangiert aussehender, aber durchaus sympathischer älterer Punk mit lilafarben Haaren an. Wie ich seine Haare finde, will er wissen.

»Ganz geil eigentlich«, antworte ich ihm mit einem Hauch Nonchalance, was er wiederum mit einem breiten Grinsen quittiert. Er ist sicht- und hörbar in Redelaune, und während er mir ausführlich irgendetwas vom Färbeprozess seines nicht mehr ganz so vollen, strubbeligen Haupthaares erzählt, betrachte ich sein Gesicht. Und da beginnt mein Herz, augenblicklich zu rasen.

Seine Augen!

Diese kleinen dunkelbraunen Augen mit den Lachfältchen, die mandelartige Form, der warme Blick. Es sind die Augen meines Vaters! Ich schwöre beim heiligen Manitu – auf den komme ich etwas später noch zu sprechen –, aus dem Lila-Laune-Punker sieht mich mein Vater an. Liebevoll, belustigt, so, wie er mich manchmal angesehen hat, wenn er mich mit einem seiner Dad-Witze aufgezogen hat. Die, die nicht witzig und genau deshalb irgendwie wahnsinnig komisch waren. Die, wegen denen ich ihm dann gesagt habe: »Papa, du bist peinlich.« Genau so, wie in diesen Momenten, sieht mich der freakige Punk an.

»Siehste, ick hab ooch noch nen Pin von der Wiedervereinijungsfeier«, sagt der Mann mit den Augen meines Vaters und deutet auf seine Jacke. Der Wiedervereinigungs-Pin fällt zu Boden, und Mr.-Papa-Punk beugt sich fluchend nach unten, um ihn aufzuheben.

In diesem Moment ergreife ich die Flucht. Ich will in meiner Verwirrung nur noch weg, sonst würde ich diesem fremden Mann womöglich noch um den Hals fallen. Vollkommen überfordert stammle ich im Weglaufen irgendwas von »Schön, richtig cool dein Pin. Auch die Haare. Ich muss jetzt aber wirklich gehen!« Ich lasse den verdutzten Punker einfach stehen und ziehe schnellstens von dannen.

Oh Gott, jetzt ist es so weit. Ich bin durchgeknallt, die Ängste meiner Panikattacken haben sich bestätigt. »Ich habe eine Psychose. Scheiße, Scheiße, ich habe eine Psychose«, sage ich mir auf dem Nachhauseweg. Ich sehe Gespenster. Ich bilde mir Dinge ein, die es nicht geben kann. Ich gerate beinahe in Panik, als eine ruhige, rationale Stimme in mir dagegenhält: »Menschen, die eine Psychose haben, denken wahrscheinlich nicht, dass sie eine Psychose haben.« Das beruhigt mich, und als ich 20 Minuten später meine Haustür erreiche, glaube ich auch nicht mehr wirklich daran, den psychiatrischen Notdienst rufen zu müssen.

Trotzdem, ich frage mich, was in Gottes Namen das bitte war. Eine Halluzination? Selektive Wahrnehmung? Spielte mir mein Gehirn einen Streich?

Später schreibe ich einer Schulfreundin, die ihren Vater ebenfalls verloren hat, ob sie auch so seltsame Dinge erlebe.

»Oh ja, das kenne ich«, antwortet sie mir kurz darauf. Auch sie mache ähnliche Erfahrungen, suche nach Zeichen und Botschaften, die ihr Vater ihr eventuell übermitteln will. So bemerke sie auf einmal auffällig häufig Feldhasen auf ihren täglichen Spaziergängen in der Natur. Die Hasen – ein Symbol für die Auferstehung – suchten, zumindest gefühlt, öfter als zuvor ihre Nähe. Es sei, als würden sie ihr ein Zeichen von ihrem Vater übermitteln wollen. Als ihr Onkel bei einer Gedenkfeier kurzzeitig ohnmächtig wurde, spürte sie neben sich plötzlich die Anwesenheit ihres Vaters. Als der Onkel daraufhin wieder zu Bewusstsein kam, glaubte sie, ihren Vater in seinem Gesichtsausdruck erkennen zu können. »Er lächelte genau so, wie es mein Vater die letzten Wochen vor seinem Tod getan hatte.«

Ihre Ausführungen beruhigen mich ein wenig. Entweder sind wir beide total gaga – und das ist schon besser, als allein gaga zu sein –, oder es handelt sich tatsächlich um eine Art Trauerreaktion, die womöglich gar nicht so selten vorkommt. Ich beginne daraufhin, nach ähnlichen Phänomen zu suchen und stoße auf erstaunliche Erkenntnisse …

Aktuell zwar noch wenig erforscht, sind die wenigen Studien, die es über das Phänomen der visuellen Halluzinationen bei einem Trauerfall gibt, dennoch interessant. So ging aus einer Studie der Universität Mailand hervor, dass 6 von 10 Menschen diese Art von Erlebnissen nach dem Verlust eines geliebten Menschen erfahren haben. 30 bis 60 Prozent der Witwer und Witwen gaben an, sie können die Anwesenheit ihres verstorbenen Partners spüren, ihn zum Beispiel in seinem alten Stuhl sitzen sehen und ihn ihren Namen rufen hören. In einer weiteren Studie der Universität von Roehampton wurden Menschen interviewt, die ihren Partner, ihre Geschwister, ihre Kinder, Eltern oder Freunde verloren haben. Mit ähnlichen Ergebnissen. Die Befragten gaben an, sie haben Visionen, hören zum Beispiel die Stimme des Verstorbenen, nehmen seinen Geruch wahr, erleben taktile Empfindungen und ein Gefühl einer Präsenz, die nicht mit den fünf Sinnen wahrgenommen werden kann. Agneta Grimby von der Universität Göteborg hat in ihrer Studie zu Halluzinationen als Trauerreaktion herausgefunden, dass über 80 Prozent der älteren befragten Menschen nach dem Tod ihres Partners Halluzinationen und Illusionen erlebt haben. Mit der Zeit würden diese aber weniger werden. 82 Prozent gaben an, dass sie einen Monat erlebt wurden, 71 Prozent sagten, dass sie die Erscheinungen in den ersten drei Monaten durchlebten und 52 Prozent sahen und spürten den Verstorbenen im ersten Jahr der Trauer immer wieder. Ich lese Artikel, in denen Mediziner oder Psychologen diese Art von Zuständen als extreme Reaktion auf Trauer als »krankhaft« oder als »behandlungswürdig« bezeichnen. Und das, obwohl es – das sehe ich ja in den Studien Schwarz auf Weiß – etwas ist, was Menschen scheinbar sehr häufig nach dem Tod eines geliebten Menschen erleben. Diese Erlebnisse, das ergeben zumindest die wenigen Studien zu diesem Thema, sind also eher die Norm als die Ausnahme. Es ist interessant, wie scheinbar natürliche Reaktionen heute zu etwas »behandlungswürdigem«, etwas »krankhaftem« gemacht werden. Eine Erklärung für die Halluzinationen ist, dass das Gehirn gespeicherte Erinnerungen hervorruft, die dem Trauernden dann real erscheinen. Unser Gehirn folgt bestimmten abgespeicherten Mustern, die wir benötigen, um uns in unserer Außenwelt zurechtzufinden. Und diese Muster der Erinnerung vermischen sich dann mit akustischen, auditiven und sensorischen Eindrücken im Moment. Weil das Erleben für den trauernden Menschen auf den Kontakt zum Verstorbenen ausgerichtet ist, kann diese Vermischung der zwei Welten zu einer Art Trancezustand und somit zu den sogenannten »post-bereavement hallucinatory experiences« (PBHEs) führen. Diese »Begegnungen« werden von den Hinterlassenen oft als hilfreich und angenehm bezeichnet. Ich spüre die Anwesenheit meines Vaters immer mal wieder – auch noch über die 12 Monate hinaus. Natürlich nicht konstant, aber alle paar Monate gibt es eine Art »Kontakt«. Stimmt also etwas nicht mit mir? Manchmal träume ich von meinem Vater, nachdem ich ihn um einen Rat gebeten habe. Und er besucht mich dann in meinen Träumen und gibt mir Antwort. Ich weiß, die logische Erklärung ist, dass mein Unterbewusstsein diese Träume eingefädelt hat. Aber das Gefühl, das Wissen um die Anwesenheit ist immer gleich. Ich weiß, wenn er »da« ist. Einmal bin ich von einem dieser Träume aufgewacht und befand mich in einem Zwischenzustand zwischen Schlaf und Wachsein. Man bezeichnet diesen Zustand auch als Schlafparalyse. Ich war wach, aber ich konnte meinen Körper nicht bewegen. Mehr noch: Meine Muskeln kontrahierten, und mein ganzer Körper befand sich in einem Zitteranfall. Da spürte ich auf einmal, dass mein Vater neben mir steht. Er stand direkt neben meinem Bett. Ich hatte keine Angst, ich fand es auch nicht seltsam. Ich dachte nur: »Ah, er ist mich besuchen gekommen.« Ich fragte ihn daraufhin: »Papa, kann ich dich immer um Rat bitten?« Worauf mir die Stimme meines Vaters voller Wärme entgegnete: »Natürlich kannst du das.« Nicht das erste Mal, dass ich solche Erlebnisse hatte: Als meine Großmutter vor 13 Jahren starb, bat ich sie ebenfalls, mich zu besuchen. Und wieder hatte ich einen Traum in der Nacht vor ihrer Beerdigung. Ich spürte sie, ich sprach mit ihr, sie saß mit mir in dem Raum, in dem ich in dieser Nacht schlief. Ich trug in meinem Traum sogar die Kleidung, die ich in dieser Nacht trug. Alles war äußerst real. Meine Großmutter, die Zeit ihres Lebens nicht für ihre emotionale Offenheit bekannt war, umgab ein Licht, eine Liebe und eine Aura, die unbeschreiblich war. Sie beantwortete mir meine Fragen, sie gab mir Botschaften mit. Ich habe diesen Besuch damals nicht infrage gestellt. Ich »wusste«, dass sie bei mir war. Bin ich verrückt? Wirkt sich meine tiefe Sehnsucht nach meinem Vater auf meine Wahrnehmung aus? Oder könnte es nicht sein, dass es doch so etwas wie einen Kontakt in eine andere, eine geistige Welt gibt? Ist das Wunschdenken? Ich bin selbst sehr kritisch und versuche alles erst mal mit den Augen der Wissenschaft zu betrachten. Aber es gibt zum Beispiel eine Studie der Universität Southampton, die sich mit Nahtod- und außerkörperlichen Erfahrungen beschäftigt. Die Forscher untersuchten 2000 Fälle in den USA, im UK und in Österreich, in denen Menschen einen Herzstillstand erlitten hatten. Aus diesen Fällen überlebten 330 Menschen und 220 davon wurden befragt. 40 Prozent der Überlebenden gaben an, nach ihrem klinischen Tod eine Art Bewusstsein wahrgenommen zu haben. Ein Mann konnte sich selbst sehen, die Reanimierungsversuche des Krankenhausteams und die Geräte und Geräusche im Raum beschreiben, obwohl er ganze 3 Minuten klinisch tot war. Das menschliche Gehirn hört normalerweise nach 20 bis 30 Sekunden auf zu arbeiten. Aber jenem Mann war es in der Befragung möglich gewesen, zwei spezifische Geräusche der Reanimationsgeräte zu benennen, die in einem Intervall von 3 Minuten zu hören sind. So konnten die Forscher den Zeitraum der Erfahrung feststellen. Andere beschrieben ein weißes Licht, eine Veränderung im Zeitgefühl, die langsamer oder schneller sein konnte, verschärfte Sinne, eine Trennung zu ihrem Körper, aber auch unangenehme Zustände, wie ein Gefühl des »Ertrinkens«. Der Großteil der Befragten gab allerdings an, sich in einem Zustand von innerem Frieden befunden zu haben. Natürlich ist dieser Bereich nicht erforscht. Es gibt keine Beweise für ein Leben nach dem Tod. Aber, und vielleicht sollte ich auch diesem Gedanken eine Daseinsberechtigung geben – es gibt auch keinen Beweis dagegen. Ich kann zumindest nicht vergessen, was mir mein Vater vor seinem Tod selbst sagte…

Helga, die Sternenkinder-Bestatterin

Auf einem Fachkongress für Onkologie treffe ich Helga Schmidkte. Eigentlich bin ich heute für ein anderes Interview gekommen, aber als man mir von Helga und ihrer Arbeit als Bestatterin für Kinder erzählt, werde ich hellhörig und möchte unbedingt ein Gespräch mit ihr führen. Was für ein Mensch entscheidet sich für so einen Beruf? Ist es nicht unglaublich schwer, ständig mit dem Tod von Kindern konfrontiert zu sein? Ist das nicht das, wovor die meisten Menschen Angst haben? Der Tod von Kindern?

Als Helga dann vor mir steht, bin ich erneut überrascht: Nein, so hatte ich mir eine Bestatterin nun wirklich nicht vorgestellt. Vor mir steht eine Frau mit feuerroten Locken, einem breiten Grinsen und einer warmen Aura. Gern möchte sie mit mir sprechen, sagt Helga in ihrem breiten pfälzischen Dialekt und lacht. Helga nennt sich die »Sternenkinder-Bestatterin«, weil sie sich besonders um die Trauer von Familien kümmert, deren Kinder bereits im Mutterleib versterben oder »still«, also tot geboren werden. Tatsächlich ist sie in Deutschland die einzige Bestatterin, die sich auf diesen Bereich spezialisiert hat. Helga und ich suchen uns während einer Vortragspause ein stilles Plätzchen, und weil ich dieses Gespräch nicht vorbereiten konnte, beginne ich einfach intuitiv zu fragen …

Muriel: »Helga, wie wird man Bestatterin für Kinder?«

Helga: »Ich bin eigentlich gelernte Krankenschwester. Die Situation im Klinikalltag mit Sterbenden und Trauernden hat mich letzten Endes auch ein Stück weit an den Platz gebracht, an dem ich heute bin. Weil ich immer wieder gedacht habe:

›Es muss auch irgendwie anders gehen.‹ Ich habe die Art und Weise, wie Angehörige in solchen Extremsituationen begleitet wurden, oft als sehr unachtsam empfunden.«

Muriel: »Wenn es überhaupt eine Begleitung gibt …«

Helga: »Ja, du hast recht. Wenn es überhaupt eine Begleitung gibt. Also, für mich war das Gefühl immer, dass ich mit meiner Arbeit anfange, wenn die anderen alle aufhören. Und ich habe dann lange in einem ambulanten Kinder-Intensivpflegedienst gearbeitet und habe dort gemerkt, dass das Gefühl, was ich vorher jahrelang hatte, auch gestimmt hat. Ich war immer in Familien in sozialen Brennpunkten, Familien, die von Kollegen als toxisch oder kompliziert bezeichnet wurden. Und ich habe das nie so empfunden. Für mich war die Arbeit mit diesen Familien fast tiefenentspannt. Ich habe irgendwann dann also für mich gemerkt, dass ich diese Arbeit gut kann. Eben nicht verurteilen und nicht bewerten, sondern hinschauen und sich fragen: ›Okay, wie ist die Situation? Was braucht diese Familie?‹

Und das waren ganz wichtige Schlüsselsituationen in meinem Leben, meiner beruflichen Laufbahn, die mich letztlich dann zu den Kindern gebracht hat. Aber sterbende Kinder, das war etwas, wovor ich wirklich große, große Angst hatte. Ich hatte dann im Freundeskreis eine Familie, die ich begleitet habe, die ein schwer krankes Kind hatten, und sie sagten öfter zu mir: ›Du musst mit uns in den Kinderpflegedienst kommen.‹ Und ich habe immer abgelehnt. Ich dachte, das schaffe ich emotional gar nicht. Ich hatte die Buxe voll vor Angst. Aber ich habe diese Familie dann punktuell dorthin begleitet und gemerkt, dass ich das Gefühl habe, dass ich dort doch richtig bin. Und dann habe ich eines Abends meinen Job im Krankenhaus gekündigt. Und habe dann in diesem Pflegedienst zu arbeiten begonnen, aber eben nur, um die Betreuung dieses Kindes zu übernehmen. Und – ja – ich habe am 1. Januar begonnen zu arbeiten, und am 2. Januar ist er gestorben. So begann das alles. Ich habe dann dort noch längere Zeit mit Kindern im Wachkoma gearbeitet. Und da ging es ganz viel um Kommunikation aus dem Gefühl heraus. Und wieder habe ich gemerkt: Ich will das machen. Und die Stärkung, die ich in den Familien dort erfahren habe, hat mich letztlich in die Hospizarbeit als Hospizbegleiterin gebracht. Und da habe ich dann – das sage ich jetzt einfach mal so direkt – einen gehörigen Dämpfer bekommen. Ich dachte, in der Hospizarbeit ginge es genau darum. Aber es war nicht immer so.«

Muriel: »Um was genau?«

Helga (überlegt): »Mmmh. Wie soll ich das denn sagen? Also, mir ist bei der Begleitung des Sterbenden eben nicht vordergründig wichtig, wie ich jetzt seine Hand richtig halte, sondern mir anzusehen: Aus welchem Familiensystem kommt er? Was ist da los? Was gibt es noch zu sortieren? Was gibt es da noch auszuräumen? Und das dann auch aktiv anzusprechen und auszusprechen – und auch anzugehen.«

Muriel: »Also eine Art Friedensarbeit?«

Helga: »Im Prinzip, ja. Aber Frieden ist ja relativ. Mein Ziel ist es immer, den größtmöglichen Frieden für alle zu erreichen – wie auch immer der aussieht. Es kann auch sein, dass das für mich überhaupt kein Frieden ist. Aber für diese Familie ist es das Maximum. Aber für mich ist es auch ganz viel: Mal mitten ins System hineinzufeuern. Mutig zu sein und die Frage zu stellen: Was macht ihr denn hier gerade? So bin ich zu den Sternenkindern gekommen und zu meiner Arbeit heute. Und ich hatte dann meine erste Sternenkinder-Begleitung. Und auch diese Erfahrung warf für mich wieder die Frage auf: Also, wer begleitet denn dieses Baby?

Das Baby war in der Pathologie im Kühlfach und die Eltern zu Hause. Ich bin dann mit einem ›Sternenkinder-Fotografen‹ damals dort hingefahren und dachte: ›Das gibt es doch gar nicht, dass dieses Baby jetzt hier allein in der Klinik ist und die Eltern sind zu Hause. Das geht doch nicht!‹ Und ich habe die Eltern dann begleitet. Ich habe das Kind zu ihnen nach Hause gebracht. Und das Kind war bis zur Bestattung zu Hause bei seinen Eltern. Und das war für mich so ein heilsamer Prozess, so ein heilsames Erlebnis – und das war auch für mich der Punkt, an dem ich gewusst habe: Okay, das ist es. Das ist mein Platz. Und so ist die ›Sternenkinder-Bestatterin‹ geboren worden. In Mannheim auf dem Stadtfriedhof. Der Bestatter war so unachtsam. Und es waren immer diese Unachtsamkeiten, die ich beobachtet habe. Ich habe danach meinen Mann angerufen und ihm gesagt: ›Ich brauche ein Bestatterauto. Den so etwas, was ich heute erlebt habe, das möchte ich nicht noch einmal erleben.‹ Letztlich hat der Prozess bis zu dem, was ich heute mache, zwei Jahre gedauert.«

Muriel: »Wie sieht deine Arbeit heute genau aus?«

Helga: »Ich glaube, dass unser Konzept relativ einzigartig ist. Wir begleiten schon ab Diagnosestellung in der Pränataldiagnostik. Also schon, bevor der eigentliche Tod eingetreten ist.«

Muriel: »Moment. Das ist ein interessanter Punkt. Denn ich sage immer: ›Meine Trauer begann eigentlich in dem Moment, in dem ich wusste, dass mein Vater sterben wird.‹«

Helga: »Ja. Eben. Und deswegen sage ich: Die Begleitung muss ab dem Zeitpunkt der Diagnose oder sagen wir ab dem Zeitpunkt X, ab dem das Thema einen großen Raum einnimmt, beginnen. Wir machen diese Begleitung, wir machen die Geburtsbegleitung, ich kann die Bestattung machen oder an andere Bestatter vermitteln. Aber auch die Begleitung der Bestattung bieten wir mit an und dann eben auch die Trauerbegleitung.«

Muriel: »Wie sieht die Trauerbegleitung aus?«

Helga: »Wir arbeiten viel über Körperarbeit. Wir haben auch eine Hebamme bei uns im Team. Im Prinzip ist es eine ganzheitliche Betreuung. Wir sprechen über Mama-Trauer. Und über Papa-Trauer. Weil wir bemerkt habe, dass Männer im Kreißsaal einfach keinen Raum bekommen. Sie sind unglaublich unsicher. Und sie müssen gestärkt werden in ihrem Tun, damit sie einfach wissen ›Ich habe hier meinen Platz, ich habe hier meine Aufgabe. Und ich bin hier nicht nur einfach ein Anhängsel. Ich bin hier elementar wichtig.‹ Man muss bei den Männern am Ball bleiben und immer wieder präsent sein.«

Muriel: »Woran liegt das?«

Helga: »Männer sind einfach unsicher, auch weil wir Frauen in diesem Bereich sehr präsent sind. Wir nehmen sehr viel Raum ein. Wir wissen immer alles, wir können immer alles. Das ist unser Bereich, wir können das allein. Ich glaube, da muss ein gesunder Ausgleich geschaffen werden.«

Muriel: »Die Pflege, die Hospizarbeit, ist ein Frauenterritorium.«

Helga: »Absolut. Ich habe lange Hospizbegleiter ausgebildet, das waren fast alles Frauen. Ich glaube, dass dieser Bereich mehr Männer braucht. Auch weil Männer andere Männer anders begleiten. Beim Sterben und auch in der Trauer. Wir sollten die Männer hier aus der Versenkung holen. Ihnen zeigen, wie wichtig sie sind. Auch in diesem Bereich.«

Muriel: »Meine Erfahrung war diese: Ich fühlte mich auf den Tod meines Vaters nicht vorbereitet. Ich fühlte mich im Krankenhaus auch nicht begleitet. Ich hatte das Gefühl, dass es immer nur um lebensverlängernde Maßnahmen ging. Oder um das Eindämmen der Symptome. Man sprach noch von einer Reha, als mein Vater schon die typischen ersten Anzeichen des Sterbeprozesses zeigte. Die Durchlässigkeit, der Rückzug. So was ist doch dokumentiert, das kann schon Wochen vorher beginnen. Das muss man als Mediziner doch wissen, spüren, sehen. Es mag ein Einzelfall sein, ich weiß es nicht. Ich befürchte aber, dass nicht. Ich fühlte mich allein gelassen. Ich hätte mir Gespräche gewünscht. Mit uns allen. Aber die Ärzte waren relativ kühl. Krankt dieses System – und wenn ja, woran?«

Helga: »Ja, ich glaube, man muss ein bisschen berücksichtigen, was der Job der Ärzte ist: gesund zu machen. Darauf haben sie den Eid geschworen. Ich kann mich an Situationen in meiner Zeit als Krankenschwester erinnern, wo wirklich Sterbefälle von der einen in die nächste Schicht geschoben wurden. Weil es als persönliches Versagen angesehen wurde, wenn ein Mensch sein Leben letztlich doch verloren hat. Ich bin aber bei Krankenhäusern nicht auf dem neuesten Stand, da ich dort seit acht Jahren nicht mehr arbeite. Aber auch in der Trauerbegleitung der Kinder sage ich: Es wird nicht ehrlich genug kommuniziert. Warum sprechen wir es nicht aus? Warum sprechen wir es nicht an? Ich hatte letztens genau diese Situation: ein Vater mit einem metastasierenden Gehirntumor. Man hat Chemotherapie gemacht, keine palliative, wohlgemerkt. Und gleichzeitig hat man ihm den Flyer der ›Spezialisierten Ambulanten Palliativversorgung‹ in die Hände gedrückt. Das ist in sich völlig konträr. Und seine Kinder haben sich in genau diesem Feld bewegt. So waren die natürlich auch drauf.«

Muriel: »Man verliert sich, ist total verwirrt, zutiefst verunsichert. Nehme ich jetzt bald für immer Abschied? Oder besteht eben doch noch Hoffnung? Das ist wirklich eine Extremsituation. Mit der darf man Menschen nicht allein lassen.«

Helga: »Du verlierst dich. Und das ist genau das Grundproblem. Trauernde spüren sich oft nicht mehr. Sie sind oft orientierungslos, suchen nach Halt – und kriegen keinen. Und dann hast du oft noch Kinder im Familiensystem, die das Ganze dann nach außen sichtbar machen. Und sie werden leider viel zu oft übersehen.«

Muriel: »Wie machen sie es sichtbar?«

Helga: »Indem sie auffällig werden, auf unterschiedliche Art und Weise. Es gibt auch die, die dadurch auffällig werden, dass sie auf einmal komplett unauffällig werden. Da gehen bei mir die Alarmglocken an.«

Muriel: »Sie ›verschwinden‹?«

Helga: »Ja. Wenn es heißt: ›Ach, der ist so unkompliziert, der hat das total gut weggesteckt.‹ Dann leuchten bei mir alle roten Lampen auf. Dann zeigen Kinder oft psychosomatische Beschwerden. Bauchschmerzen, Kopfschmerzen. Bettnässen ist ein riesiges Thema. Oder sie werden aggressiv oder hyperaktiv. Wenn wir über Kindertrauer reden, über Männertrauer, sagen wir Trauer im Allgemeinen, dann kommen wir um das Thema Aggression nicht herum. Das thematisiert kein Mensch, weil es unangenehm ist.«

Muriel: »Ich habe letztens ein Buch von einem Schweizer Psychoanalytiker, Peter Schellenbaum, gelesen. Und er schreibt darüber, dass jede Emotion als Energie erst einmal ohne Wertung für sich stehen darf.«

Helga: »Es ist nur eine chemische Verbindung.«

Muriel: »Ja und diese chemische Verbindung ist per se erst mal neutral. Alle Emotionen können als Reaktion auf Geschehnisse gleichwertig wichtig für uns sein. Aggressionen können in bestimmten Momenten einen wichtigen Schritt zur Heilung darstellen. Wenn mir etwas nicht guttut, dann ist es folgerichtig, mich gegebenenfalls aggressiv davon abzugrenzen. Wir beurteilen bestimme Gefühle aber als ›schlecht‹ und besetzen sie mit Scham.«

Helga: »Absolut. Wie kannst du als Frau, ohne aggressiv zu sein, ein Kind gebären? Es geht nicht. Wut ist nur eine chemische Verbindung. Wenn du ihr keinen Raum gibst, dann nimmt sie sich ihn irgendwann vielleicht umso stärker. Auf andere Art und Weise. Zum Beispiel als Autoaggression. Wut mag man in unserer Gesellschaft nicht wirklich. Ich glaube, sie ist noch eher akzeptiert als die Trauer, weil sie – zumindest von außen betrachtet – ein aktiverer Vorgang ist. Aber seine Wut zu spüren und auszudrücken, ist unglaublich wichtig im Trauerprozess. Ich merke in der Arbeit mit trauernden Kindern oft: Erst sind sie oft gehemmt, aber wenn sie irgendwann merken, dass sie diesen Boxsack benutzen und rumschreien dürfen, dass sie all diese Wut herauslassen können, dann ist das sehr heilsam für sie. Ich kann mich an einen Jungen erinnern, der hat das immer etappenweise gemacht. Wir haben zum Beispiel an etwas anderem gearbeitet, zum Beispiel einem Erinnerungsstück für den Papa. Und die Emotionen der Wut, die während dieser Arbeit hochkamen, hat er dann in den Boxsack gepackt. Dann habe ich gemerkt – und das ist eigentlich immer so –, Wut deckelt die Trauer. Und wenn du die Wut nicht mehr deckelst, sondern herausholst, dann kommt oft die ganze Trauer, der ganze Schmerz zum Vorschein. Das ist natürlich für die anderen nicht leicht. Diese ganze Wut auszuhalten, wenn einer die Bude kurz und klein schlägt, diesen Raum passiv zu halten, ohne irgendetwas zu tun, das ist eine Herausforderung. Und irgendwann kommt dann dieser Wendepunkt, dann kippt die Wut in Trauer um. Dann weint das Kind vielleicht bitterlich und schluchzt. Und auch das muss man aushalten können. Aushalten, diesem Menschen den Raum zu geben, diesen Schmerz zu spüren. Ohne hinzugehen und zu sagen: ›Es wird ja alles wieder gut.‹ Nein, es ist gerade nicht gut. Das braucht Raum. Und zwar ohne Bewertung. Und das ist für viele oft schwierig.«

Muriel: »Ich zum Beispiel hatte eine ganz extreme Reaktion. Ich habe von heute auf morgen Panikattacken bekommen.«

Helga (schmunzelnd): »Das ist nicht extrem, das ist typisch.«

Muriel: »Ich dachte immer: ›Wenn ich das jetzt fühle, dann werd ich …‹«

Helga: »… dann werd ich sterben.«

Muriel: »Ja. Und als ich es dann gefühlt habe, dann habe ich gemerkt, dass Menschen mich gemieden haben. Dass so viele Menschen nicht wussten, wie sie mit diesem Schmerz und mit mir umgehen sollten. Warum fällt das Menschen so schwer?«

Helga: »Ganz einfach: weil sie sich dann durch dich mit ihrer eigenen Sterblichkeit auseinandersetzen müssen. Und wir sind so eine Spaßgesellschaft. Diese Gesellschaft hat keinen Bock auf deinen Schmerz, auf die Auseinandersetzung mit der Sterblichkeit. Wenn ich dich frage in deiner Trauer: ›Wie geht es dir denn?‹ Dann sage ich immer dazu: ›Ich will es aber wirklich wissen. Wirklich.‹ Denn es nützt mir nichts, wenn ich dich frage, ob es dir gut geht und du sagst: ›Ja, hm. Lalala.‹ Weil du dich nicht traust. Wenn ich es nicht wirklich hören will, dann bleibe ich lieber still. Es auszuhalten, dass mein Freund, meine Freundin vielleicht nach fünf Jahren an Punkten immer noch sagt: ›Ey, es geht mir scheiße‹, das macht mit den Menschen etwas, und sie wissen nicht, ob sie das aushalten können. Du bringst ihnen den Tod ins Haus. Mich können viele Menschen nicht aushalten. Das ist so.«

Muriel: »Wie zeigt sich das?«

Helga: »Ein einfaches Beispiel: Ich bin heute mit dem Bestatterauto da. Ich habe direkt von dem Gebäude geparkt und meine Sachen herausgeholt. Das ist hier eine onkologische Fachtagung. Und den Leuten sind die Kinnladen heruntergeklappt. Auf einer onkologischen Fachtagung. Warum? Weil ich die Dinge sichtbar mache. Das macht Angst.«

Muriel: »Gleichzeitig merke ich aber gerade durch meine Recherchen in den vergangenen Monaten, dass ein unglaublicher Redebedarf über das Thema Tod und die Trauer vorhanden ist – auch bei jungen Menschen. Ich hatte oft das Gefühl, dass viele Menschen dankbar sind, endlich mit jemandem über dieses Thema sprechen zu können.«

Helga: »Es braucht zwei Dinge dafür: Mut und einen Türöffner. Dann passiert ganz viel zwischenmenschliche Interaktion. Dann reden die Menschen über ihre Trauer, ihre Ängste. Und das fehlt eben auch zu oft in diesem System. Statistiken zu erstellen über Trauer und Tod, das ist schön und gut. Aber sie helfen nicht, wenn da niemand steht, der die Menschen emotional an einem Punkt abholt und man dann feinfühlig genug ist, zu merken: ›Jetzt hat sich eine Tür geöffnet.‹«

Muriel: »Glaubst du, dass wir so leben, wie wir heute leben, weil wir durch die Weltkriege so eine unaussprechliche, fürchterlich große Menge Sterben und Tod und Trauer abbekommen haben? Dass es sich also umgedreht hat? Dass der Schrecken vergessen werden wollte?«

Helga: »Ich kann mir vorstellen, dass das genau die Polarität ist, die vonstattengegangen ist. Die Generationen vor uns haben so viel Tod gesehen, so viel Trauer. Und es geht immer darum, die Dinge im Ausgleich zu halten. Es gab so viel Tod – auf eine ungesunde Art und Weise. Und jetzt wollen wir, jetzt leben wir den Spaß – und das auch auf eine ungesunde Art und Weise. Wir versuchen, es wieder in ein gesundes Gleichgewicht zu bringen. Wir wissen vielleicht noch nicht, wie.«

Muriel: »Was kann man den Leuten jetzt sagen? Warum lohnt es sich, sich mit dem Tod auseinanderzusetzen?«

Helga: »Also, für mich folgert aus der Auseinandersetzung eine viel intensivere Lebensqualität. Ich bin im Moment in einem Prozess, in dem ich mir den Tod noch mal von einer ganz anderen Seite ansehe. Ich würde lügen, wenn ich sagen würde, ich habe keine Angst. Aber ich versuche gerade, für mich zu sortieren: ›Wovor habe ich eigentlich Angst? Was ist es denn?‹ Und da habe ich für mich noch keine Antwort darauf. Den Sterbeprozess an sich, den können wir ja beeinflussen. Also zum Beispiel, indem ich ›meine Sachen‹ noch einmal sortiere. Den Übergang in die andere Welt. Ich glaube nicht nur, ich weiß, dass es weitergeht. Also frage ich mich: ›Wovor habe ich eigentlich Angst?‹ Das ist sehr spannend gerade.«

Muriel: »Haben wir nicht alle Zweifel daran, dass es eben nicht weitergeht?«

Helga: »Ich weiß es nicht. Ich weiß für mich, dass es weitergeht. Ich arbeite ja auch ein bisschen so. Ich sehe mich als Pendler zwischen den Welten. Ich habe als Kind schon immer Dinge gespürt, die andere vielleicht nicht gespürt haben. Auch im Klinikalltag habe ich Energien wahrgenommen, die mich getragen haben. Die mich auch heute noch tragen. Das hat nichts mit Esoterik zu tun. Für mich ist es das Bewusstsein, dass wir Körper, Geist und Seele sind. Dieser Ablöseprozess im Sterben, der kann sehr heilsam sein. Das kann so schön sein. Das zu spüren hat für mich nichts mit Esoterik zu tun. Ich würde es bodenständige Spiritualität nennen. Ich merke auch gerade in der Begleitung mit Eltern, deren Kinder gestorben sind: Wenn es kein Weltbild gibt, dann gibt es für diese Eltern oft keinen Grund, weiterzumachen. Wie auch immer dieses Weltbild aussieht. Das ist letztlich egal. Aber eines zu haben, das hilft. Denn wenn es da ›nichts‹ mehr gibt, dann lohnt sich auch nichts mehr. Da geht es um die Frage der Sinnfindung. Und dann stellt man sich unweigerlich die Frage: ›Was ist denn der Sinn jetzt, wenn ich mein Kind beerdigen musste? Da gibt es keinen Sinn.‹ Es gibt oft noch so viele Fragen, die nicht geklärt sind. Da geht es nicht um ›Hui Bu und Schi Schi‹. Die Frage nach dem Sinn, die Suche nach der Antwort auf die Frage ›An was glaube ich?‹, das ist Trauerarbeit. Und diese Arbeit mit den offenen Fragen, das ist auch meine Arbeit. Die geht über den Tod des Menschen hinaus. Und da gilt es, ganz viel zu sortieren, damit in die Familien wieder Ruhe hineinkommen kann.«

Muriel: »Wie sieht das konkret aus, dieser Arbeit des Sortierens? Ich schreibe zum Beispiel mittlerweile Zwiegespräche mit meinem Vater auf.«

Helga: »Ja, genau so. Das ist eine Art medialer Arbeit.«

Muriel: »Ich nenne das manchmal auch magisches Denken. Aber manchmal denke ich auch, dass ich Antworten erhalte.«

Helga: »Ich will in meiner Arbeit auch der Spiritualität einen gesunden Platz geben. Ich habe keine Glaskugel auf dem Tisch. Bei mir stehen auch keine Räucherstäbchen. Es geht um genau diese Dinge: Immer wieder spüren Menschen Kontakt. Es geht für mich darum, diese Menschen ernst zu nehmen. Nicht alles einfach als Hokuspokus, weil ›nicht erklärbar‹ abzuwerten. Denn genau diese Dinge tragen viele Menschen in der Trauer.«

Muriel: »Es gibt ja viele Menschen, die sich als Medium ausgeben, die angeblich Verstorbene channeln. Und diese Menschen verdienen sehr viel Geld mit genau dieser Suche der Menschen in der Trauer. Und in vielen Fällen wenden sie einfach das sogenannte ›Cold Reading‹ an.«

Helga: »Das ist gruselig. Viele dieser sogenannten Medien da draußen, die Hallen füllen, die sehe ich mir an und sage: ›Ach, da macht mal wieder einer Cold Reading.‹ Das ist eine psychologische Gesprächstaktik, die man lernen kann. Darum geht es natürlich nicht in meiner Arbeit. Es geht in meiner Arbeit nicht darum, dass ich dir sage: ›Also dein Papa, der hatte immer das und das an und der hat das und das gern gemacht.‹ Und die Angehörigen sitzen da und sehen das als Beweis für einen Kontakt zu einem Verstorbenen.«

Muriel: »Inwiefern hast du dich durch deine Arbeit mit dem Sterben und der Trauer verändert?«

Helga: »Sehr. Als ich begonnen habe mit dieser Arbeit, da habe ich immer zu meinem Mann gesagt: ›Wir können so dankbar sein, dass uns so ein schweres Schicksal noch nicht getroffen hat.‹ Und dann hat meine Tochter vergangenes Jahr ihr Kind während der Schwangerschaft verloren. Es war eine lebensbedrohliche Situation für meine Tochter. Und da – plötzlich – hätte ich auch mein Kind, meine Tochter verlieren können. Und dann wurde sie wieder schwanger – und hat ihr Kind erneut verloren.«

Muriel: »Traurig. Was passiert mit Eltern, mit Paaren nach diesen Tragödien?«

Helga: »Ich glaube, es ist wirklich schwierig, wieder Fuß zu fassen, nachdem das eigene Kind gestorben ist. Weil die Frage nach dem ›Warum‹ so allumfassend ist. Man sagt: ›Das darf nicht sein, dass Kinder vor den Eltern gehen.‹ Und ich frage mich manchmal selbst: ›Aber wer bestimmt diese Hierarchie?‹

Der Freundeskreis verändert sich, die Spreu trennt sich vom Weizen. Viele können mit der Situation nicht umgehen und melden sich nicht mehr. Eine große Schwierigkeit ist häufig die Kommunikation zwischen den Partnern. Weil der Ausdruck von Männern und Frauen in der Trauer häufig sehr unterschiedlich ist. Das führt oft zu großen Konflikten. Viele Paare trennen sich.«

Muriel: »Was ist das genaue Problem? Warum zerbricht die Beziehung?«

Helga: »Meine Erfahrung ist, dass viele Frauen sich wünschen, dass ihr Mann sie durch ihre Trauer ›trägt‹. Dass er die Verantwortung übernimmt, ihre Trauer zu sehen. Aber der Mann hat seinen eigenen Weg, und der findet ganz oft nicht parallel statt. Und sich auf diesem Weg nicht zu verlieren, das ist das Schwierige. Man sucht oft einen Schuldigen für diesen Schmerz. Auch das ist ein Ping-Pong-Spiel in diesen Situationen. Manchmal hält man den Partner nicht mehr aus, weil er derjenige ist, der mir jeden Tag die Krebserkrankung und den Tod meines Kindes spiegelt. Alkohol ist gerade bei trauernden Männern ein großes Thema. Sie verziehen sich in ihre Höhle, in ihren Schmerz. Das ist sehr schwierig, weil sie dann natürlich auch aus dem Kontakt gehen. Sie spüren sich selbst nicht mehr, und sie spüren den anderen nicht mehr. Und manchmal, da muss es vielleicht auch erst einmal eine Trennung geben. Und das muss nicht in einer Scheidung enden. Ich glaube, jeder muss seinen ureigenen Weg finden, mit dieser Situation umzugehen. Und das Schwierige ist natürlich dieser Schmerz, es nicht aushalten zu können, dass das eigene Kind nicht mehr da ist. Das eigene Kind beerdigen zu müssen und wieder zurückzugeben in die Erde. Das zerreißt. Und man muss Raum finden für diesen Schmerz. Die Problematik ist wirklich vielschichtig.«

Muriel: »Bei welchen Paaren verläuft es besser?«

Helga: »Ich merke, dass wenn es einen Abschied gibt, der Zeit beinhaltet und Raum gibt, dass dann ein Trauerprozess heilsamer werden kann. Und da stößt meine Arbeit aber auch an ihre Grenzen. Da braucht es auch oft Traumatherapeuten, die mit den Eltern arbeiten. Es wäre schön, wenn die Vernetzung hier noch größer wäre. Also zusammengefasst: Es ist kompliziert, und es ist oft ein Problem mangelnder Kommunikation. Man könnte sich fragen: ›Wo brauche ich Raum? Wo braucht mein Partner Raum? Wie kann ich ihm diesen Raum geben? Und wo finden meine Bedürfnisse ihren Raum?‹ Das ist verdammt schwer. Und da gibt es kein Patentrezept. Und selbst wenn es zur Trennung kommt, dann kann man auch diese Trennung so gesund wie möglich vollziehen. Sich in Achtsamkeit trennen. Aber das muss gesagt werden: Das eigene Kind beerdigen zu müssen, ist eine elementare Erfahrung, die erst mal keinen Boden mehr unter den Füßen zulässt. Das braucht eine gute Begleitung und ja – irgendwann Eigenverantwortung. Eigenverantwortung ist ein großes Thema.«

Muriel: »Wie geht man mit Trauernden um? Was würdest du als Trauerbegleiterin raten? Ich weiß von mir selbst, dass man in der Trauer oft nicht zugänglich erscheint. Man hört oft: ›Melde dich, wenn du etwas brauchst.‹«

Helga: »Wenn Kliniken den Angehörigen meinen Flyer geben, mit dem Hinweis, sie sollen sich an uns wenden, dann sage ich immer: ›Das könnt ihr vergessen, die werden nicht anrufen.‹ Die Kraft dazu reicht gar nicht mehr. Dieses Angebot zu machen: ›Du kannst dich melden, wenn du was brauchst‹, das kannst du knicken. Trauernde zu begleiten – auch als Freunde – das ist Arbeit. Weil ich mich immer wieder melden und präsent sein muss und mich auch fragen muss: ›Will ich das denn jetzt überhaupt hören?‹ Halte ich es aus als Freund, wenn mir der andere vielleicht noch nach ein paar Jahren von seinem Schmerz erzählt? Wenn er nicht mit mir, wie geplant, auf das Weinfest geht, weil seine Trauer an genau diesem Abend wieder hochgekommen ist? Kann ich mich dann mit diesem Freund stattdessen in seinen Garten setzen? Oder sage ich: ›Du gehst mir jetzt aber auf den Senkel. Ich will Party machen.‹ Manchmal fragen mich Leute: ›Was machst du denn sechs Stunden in diesen trauernden Familien?‹ Und ich sage dann: ›Da sein. Oft reicht das. Genau das. Mitzusitzen und mitzuschweigen. Den Raum halten können. Das kostet wahnsinnig viel Kraft. Aber das ist oft viel besser, als in Aktion zu gehen.«

Muriel: »Wir wollen ja immer Lösungen.«

Helga: »Es gibt keine. Der Mensch ist immer noch tot. Und das macht traurig. Das ist der Fakt. Dafür gibt es keine Lösung. Ich kann das nicht schön machen und nicht heil machen. Ich muss als Freund die Traurigkeit und den Schmerz aushalten können. Wenn ich mir meinen eigenen Schmerz aber noch nicht bewusst gemacht habe, wenn ich meinen eigenen Schmerz nicht mal aushalte, dann halte ich deinen auch nicht aus. Denn der zieht mich ja unweigerlich dorthin. Das ist für viele schwierig.«

Muriel: »Die Auseinandersetzung mit dem eigenen Tod, mit der eigenen Trauer, mit dem eigenen Schmerz, ist nötig, damit wir uns besser unterstützen können?«

Helga: »Ja. Persönlichkeitsarbeit ist in der Ausbildung zum Trauerbegleiter auch ganz wichtig. Für viele ist es unfassbar schwer, den Schmerz der anderen einfach auszuhalten. Aber genau das müssen wir üben. Das kostet viel Kraft, auch körperlich – und das geht eigentlich kaum ohne eine Auseinandersetzung mit seinen eigenen Themen. Und dann müssen wir es aushalten. Wahrnehmen. Dieses Feld halten. Nichts tun. Die Stille aushalten. Wir brauchen mehr von dieser Stille.«

Tanz, Trauer, Tanz!

Der Takt hat mich übernommen. Ich bin wieder da.

Ich tanze. Oder werde getanzt. So genau weiß ich das nicht. Rhythmen, die mich in die Weite eines Raumes ziehen, den ich nicht sehen kann. Nur erspüren.

Ich stampfe, ich tapse, ich swinge, ich gleite, ich fliege fast. Meine Arme schwingen nach oben, offen, gen Himmel gewandt. So, als wollen sie mich öffnen, mit all dem, was ich bin und zu all dem, was ich sein könnte. Jede Bewegung stimmt. Es gibt kein Richtig oder Falsch.

Mit aller mir zur Verfügung stehenden Kraft, lasse ich meine Fußsohlen in den warmen Holzboden eingehen. Fest und wild tue ich das, als wären meine Füße Töne, die ich ausrufen kann. Und – wenn sie denn wollen – dann sachte und weich und fast klanglos und unerkannt. Und mein Kopf steht still – endlich – und meine Gedanken gehen verloren irgendwo in diesem Raum, der klein sein könnte oder auch das ganze Universum beinhalten kann. Bis ich zum Fluss werde, zum Rhythmus, zur Musik.

Der Boden schickt meine Vibrationen zurück, ich lasse mich fallen in diese Welt der Rhythmen, in einen offenen Raum mit Tausenden Fragen und Tausenden Antworten. Die alle stimmig sind, jetzt, nur von Moment zu Moment. Ich drehe mich, schneller – um mich, um die Welt, hinein und wieder hinaus. Endlich. Endlich ein Ausdruck dessen, was da in mir wohnt. Der unbändigen Wut. Der Verzweiflung. Der schreienden Ungerechtigkeit. Dem Sehnen nach dir. Den unerfüllten Wünschen. Dem Du-kommst-nie-mehr-wieder. Der Kraft, die scheinbar doch noch da ist. Dem Brennen im Herzen. Der Liebe einer Tochter zu einem Vater.

Schweiß auf meiner Stirn. Nichts zählt, nur dieser Tanz. Ich tanze und tanze. Bis sich der Schweiß und die warmen Tränen, die jetzt fließen, vermischen, mit einem Körper, der sich endlich wieder spürbar zeigt.

Ich tanze um meine Würde. Ich tanze für deine Würde. Ich tanze ihn, den Schmerz, dessen Phantom du geworden bist. Ich tanze die Hoffnung auf ein goldenes Herz. Und den Willen, den unbändigen Willen nach Leben. Ich tanze für dich. Ich tanze für dein Leben. Ich tanze für deine Hand in meiner Hand. Für meine ersten Schritte. Für deinen Rat und dein Vertrauen. Für deinen Schutz, der mir so fehlt. Ich tanze für den Klang deiner Stimme, die Art, wie du meinen Namen sagtest. Ich tanze für all die Kosenamen, die du mir gegeben hast. Für dein freches Grinsen.

Ich tanze für das, was wir hatten. Und das, was wir nie haben werden. Ich tanze für das, was du hinterlassen hast. Ich tanze den Schmerz der Teilhabe an deinen Qualen. Ich tanze für deine Erlösung. Ich tanze um Vergebung. Und tanze, um vergeben zu können. Ich tanze nur für dich. Ich tanze nur für mich.

Bis meine Kräfte schwinden, allmählich. Und ich meinen Atem hören kann, gleichmäßig wie eine Welle. Und ich mein Herz schlagen höre, laut und wach. Und während ich auf den warmen Boden gleite und ganz wunderbar leer bin und die Rhythmen nun versiegen, da sagt eine Stimme in einem Klang voller Wärme und Güte und Stolz: »Siehst du? Ich wusste, dass du irgendwann wieder tanzen kannst.«

Und ich atme tief durch und genieße die Erschöpfung. Und nehme die Augenbinde ab und nehme den Raum wahr, die Welt außerhalb von mir, die langsam wieder erscheint, und sage leise, selig lächelnd: »Danke, Papa.«

Zähe Tiere

Es gibt keinen Punkt, an dem ich festmachen kann, wann es besser wurde. Ich kann auch keine bestimmte Maßnahme ausfindig machen, die mir dabei geholfen hat, wieder zurück in mein Leben zu finden. Was ich sagen kann, ist, dass es stimmt, dass sich der Schmerz der Trauer irgendwann in unser Leben integriert. Die Zeit ist unser Freund, und wir sind alle stärker, als wir glauben zu sein. Der Weg der Kraft führt aber manchmal über die Akzeptanz der Tatsache, dass wir erst mal keine Kraft mehr haben.

Widerstandsfähigkeit ist keine Eigenschaft, mit der wir geboren werden. Wir erlernen sie. Ein weiser Freund sagte letztens zu mir: »Du bist, was du bist, durch das, was du werden musstest.« Das Leben geschieht. Nicht immer so, wie wir wollen. Gerade die erste Zeit der Trauer ist eine aktive Zeit der Anpassung, in der wir Dinge verlernen müssen, neu lernen müssen, uns immer wieder auf neue Gefühlslagen einstellen und uns bewusst machen müssen, was uns hilft und unterstützt. Das geht meist nicht ohne Gezeter.

Aber neben den Tränen, der Wut, der Verzweiflung erlaubt uns unser Organismus auch immer wieder Pausen. In denen wir lachen und all diese schlimmen Schmerzen vergessen können. Auch das darf man zulassen. Positive Gefühle sind genauso ein Teil der Trauer, ein Teil des Lebens mit unserem Verlust, mit unserer Sehnsucht. Trauer verläuft in Wellenbewegungen. Und dabei hat sich die Natur etwas gedacht. Wir können nicht alles auf einmal fühlen.

In den ersten Wochen und Monaten schlagen die Wellen hoch, irgendwann flachen sie wieder ab. Und dann konzentrieren wir uns abermals auf unseren Verlust, was er für uns bedeutet, wie tief er unser Leben beeinflusst hat, welche Tragweite er hat. Und richten uns vielleicht nur kurze Zeit später wieder nach außen in unser Leben, unser Umfeld. Wir spüren Erleichterung, bis die nächste Welle kommt. Aber die Wellen werden immer sanfter. Und trotzdem, trotzdem vergessen wir den geliebten Menschen nicht. Das geht gar nicht. Nie.

Ich habe mir einen Spruch an die Wand gepinnt: »La vie est belle et triste.« Das Leben ist schön und traurig. Und das ist okay für mich. Heute.

Es kann dauern, bis man wieder an einem hoffnungsvollen Punkt ist. Einen Punkt, an dem es nicht mehr anstrengend ist. An dem die Gefühle nicht mehr wild durcheinanderwirbeln.

Und es wird immer wieder schwierige Momente geben. Aber es sind eben nur noch Momente, kein dunkler Dauerzustand. Der Resilienzforscher George Bonanno sagt: »Wer kämpft, zetert, wettert, sagt am Ende: Ich bin gewachsen.« Die Bewältigung schwerer Krisen, so Bonanno, hängt auch oft von Dingen ab, die ganz profan klingen mögen. Habe ich einen stabilen Freundeskreis? Wenn nicht, wie kann ich ihn erschaffen? Was sind meine finanziellen Ressourcen? Was muss getan werden? Was könnte mir jetzt helfen?

Verantwortung für sich übernehmen. Therapien und Hilfsangebote können unterstützen, aber die Kraft – und ich wünsche mir, dass Menschen in Trauer sich das glauben – die Kraft, weiterzumachen, kommt aus unserem Inneren.

Und irgendwann, irgendwann, da wird es anders. Vielleicht nicht mehr so wie zuvor. Nicht mehr so schön wie mit Papa oder Mama oder seinem Kind oder seiner Oma oder seinem Liebsten. Aber es wird auch wieder gut. La vie est belle et triste.

All das ist ein längerer Prozess, nichts, was man in einem Wochenendkurs oder einem Buch erlernen könnte. Und auch wenn man glaubt, man sei »über den Berg«, gilt es, sich weiter gut um sich zu kümmern, seine Richtung zu reflektieren. Aber das wird mit der Zeit immer weniger ein Prozess, der auf Hilfe von außen angewiesen ist. Ich mache heute viel mit mir selbst aus. Nicht weil ich mich noch in irgendeiner Form für meine Gefühle schämen würde oder dafür, dass ich manchmal schwach bin – im Gegenteil, das habe ich schon lange abgelegt –, sondern schlichtweg, weil ich die Kraft in mir selbst spüren kann. Meine eigene Kraft. Wir sind zähe Tiere, wir Menschen.

Meine Freundin Esther sagte einmal zu mir: »Es ist jetzt zehn Jahre her, dass ich meinen Vater viel zu früh verloren habe. Und das Leben, die Freuden des Lebens, die kamen irgendwann zu mir zurück. Aber in seiner Essenz ist der Schmerz darüber, dass mein Vater nicht mehr hier ist, immer gleich geblieben. Es wird nicht besser, manchmal habe ich das Gefühl, die Sehnsucht wird mit jeder neuen Lebensphase noch größer. Ich fühle mich, als hätte man mir ein Körperteil für immer amputiert. Aber ich habe gelernt, auch mit diesem Körper zu laufen und glücklich zu sein.« Das ist Widerstandsfähigkeit.

Kummer ist ein wichtiger Überlebensmechanismus, er ist eine Auszeit, die Sinn macht. Die Natur drosselt unser biologisches System. Gesichter der Trauer machen Sinn, denn sie geben unserer Umwelt eine Signalwirkung. Eine Miene, die Kummer ausstrahlt, ist ein Mittel, um uns Sympathie und Unterstützung und Verständnis und Hilfe zu sichern. Und genau, weil die Natur das tut, sollten wir mit ihr schwingen.

Die Trauer ist voll okay und nichts, wogegen man ankämpfen muss. Wir sollten uns Zeit nehmen zu trauern, mit Tränen, mit Lachen, mit all der Vielschichtigkeit, die die Trauer bedeutet. Und genau, weil die Natur eine unfassbare Intelligenz besitzt – möge man sie Gott nennen oder die Kraft des Universums oder der große Manitu oder das All-Eine oder unseren inneren Kompass oder eben einfach nur Natur –, sollten wir auf sie vertrauen. Und das heißt auch: Der Mensch ist nicht für langen, für konstanten Kummer gemacht. Unsere Lebenskraft, unsere Hoffnung, unser Wille auf Weiterleben ist immer stärker als der Kummer. Wir sind zähe Tiere, wir Menschen.

Das mag sich seltsam anhören. Und vielleicht auch Widerstand auslösen. Denn schließlich erinnert uns die Trauer an das, was uns verloren ging. Aber die Erinnerung, das Gedenken, das kann – und es wird auch irgendwann – Teil unserer Freuden sein. Denkt an Alejandra und das Kochen mit ihrer Großmutter. Denkt an mich und die Reise nach Südamerika, die ich mit und für meinen Vater antreten möchte. Wenn ich etwas male oder tanze oder singe oder baue oder schreibe, dann widme ich es oft ihm. Meinem Papa, den ich liebe, so, wie er war. Ich lasse ihn weiterleben. Nicht nur im Schmerz. Auch in der Freude. Ich lasse das, was er für mich und andere war, durch mich weiterleben, und nehme das, was er nicht geben konnte, obwohl er sein Bestes gegeben hat – und gebe es mir selbst. Und anderen.

Wenn man mich konkret fragt, was mir geholfen hat, dann kann ich sagen, dass es tatsächlich jene Dinge waren, über die ich auf dem Weg, auf der Suche nach der Kanalisation meines Schmerzes einfach gestolpert bin. Die ich einfach ausprobiert habe. Wenn man so will, hat mir geholfen, das Leben zu leben. Mich wieder einzulassen, in Bereitschaft und dem Wissen, dass es weiter schmerzhaft sein könnte. Aber eben auch schön. Von Moment zu Moment. Schritt für Schritt. Weniger Sorgen um die Zukunft. Friedlicher werden mit der Vergangenheit.

Was geholfen hat, waren Freunde, die an meiner Seite geblieben sind. Wie zum Beispiel Romina. Romina tat – vielleicht ganz intuitiv – in meiner Trauer genau das, was ein Freund für einen Trauernden tun kann: etwas, das nach »nicht viel« aussieht, aber dennoch eine große Hilfestellung ist.

Ich nenne es das richtige »Na, komm schon«. Das richtige »Na, komm schon« war kein »Na komm schon, jetzt reiß dich mal zusammen«, sondern ein »Na, komm schon, wir laufen mal eine Runde um den Block, mein Schatz«. Ein »Na, komm schon, ich mach dir einen Tee«. Ein »Na, komm schon, ich rufe dich jetzt noch einmal an, obwohl du zehn mal nicht abgehoben hast«. Ein »Na, komm schon, ich höre mir zum tausendsten Mal deine Geschichten an«. Ein »Na, komm schon, wir schauen einen Blödelfilm«. Ein »Ich habe etwas gekocht. Du bist ein bisschen dünn. Iss ein wenig«. Es war schlichtweg das, was ein liebender Freund in den Zeiten der Trauer tun kann: Ein »Ich bin da«. Ein »Ich halte dich aus«. Ein »Ich lass dich nicht im Stich«. Keine Ratschläge, kein »Ich versuche, dich jetzt sofort wieder happy zu machen«.

Ein »Du bist meine Freundin, auch wenn du weinst und schniefst und schimpfst und es überhaupt keinen Spaß macht, mit dir abzuhängen«. Aber auch ein für sie sehr wichtiges »Ich brauch jetzt mal Zeit für mich und muss meine Batterien aufladen, aber ich komme wieder. Vertrau mir«. Ein Hoffnung gebendes »Ich sehe dich wieder lachen. Jetzt musst du das nicht tun. Aber irgendwann wirst du da stehen und wieder lachen können. Du wirst eine Wunde tragen, aber du wirst eine mutige, strahlende Frau sein, die aus dieser Wunde etwas schöpfen kann«. Es war ein »Ich liebe dich. Bedingungslos«.

Und wenn ich heute darüber nachdenke, dann glaube ich, dass mir dieser eine Mensch, der mir in der Krise beistand, ausreichte und es für alle Menschen wieder gut machte, die nicht da bleiben konnten in meiner schweren Zeit. So wie mein Freund Mathis. Dem ich irgendwann vergeben konnte. Weil ich das bin, was ich heute bin, auch durch diese Erfahrung des Verlassenwerdens. Und ich niemand anderer sein will. Im besten Falle hat man einen Kreis von Unterstützern um sich.

Aber ich glaube, dass auch nur ein einziger Mensch, sei es ein Freund, ein Therapeut oder ein Familienmitglied, einem durch seine Aufmerksamkeit dabei helfen kann, den Glauben an eine Besserung nicht aufzugeben. Der einen anregen kann, sich selbst zu helfen.

Romina hat mir beigebracht, was Freundschaft bedeutet. Die Qualität und Tiefe dieser Beziehung ist für mich aus heutiger Sicht kaum in Worte zu fassen. Ich würde durch jeden brennenden Reifen springen für meine Freundin, die so treu und loyal an meiner Seite stand. Der Wert von Freundschaft ist für mich dadurch heute ein anderer. Weil mir ein Mensch zeigte, wie wichtig ich ihm bin, kann ich heute Menschen besser zeigen, wie wichtig sie mir sind. Auch das ist etwas, was die Trauer macht. Sie lässt uns das Wesentliche erkennen. Ich habe viele neue Freundschaften geschlossen, um die ich mich bemühe, alte intensiviert, und meine Freunde sind ein Quell an Kraft und Inspiration für mich. Und auch ich kann ihnen in Krisen beistehen, weil ich weiß, wie man sie meistert – und weil mir eine Freundin in meinen dunkelsten Stunden zeigte, welch immensen Wert diese Liebe und Aufmerksamkeit in unseren schweren Zeiten hat.

Wir glauben oft, wir können nichts bewegen. Dabei können wir das Leben von anderen Menschen zutiefst und auf lange Sicht verändern. Wir können das, was sie uns gegeben haben, weitertragen. Und diese Menschen tragen vielleicht weiter, was wir ihnen geben konnten. So viel können wir also mit unserer Empathie bewegen. Wir können gar nicht erahnen, wie viel.

Eine andere Freundin führte mir dieses Konzept einmal vor Augen, als sie sich weigerte, 50 Euro, die ich ihr schuldete, wieder zurückzunehmen. Sie sagte etwas, was mich beeindruckte und was ich seither nie mehr vergessen kann: »Ich will sie nicht wiederhaben. Wirklich nicht. Aber tu mir einen Gefallen: Wenn dich das nächste Mal irgendjemand in Geldnot anpumpt oder ein Obdachloser nach einem Euro fragt, dann gib. Gib ihnen das Geld, das ich dir gegeben habe. Schicke die Energie weiter.« Wenn wir begreifen, dass unsere liebevolle Energie genauso weiterwandert, wie der Taler wandert, dann wird uns bewusst, dass wir etwas verändern können, dass unsere Liebe zu anderen ein wirkungsvoller Schatz ist.

Eine weitere große Hilfestellung war, dass ich neben einer Gesprächstherapie, die hilfreich war, um Dinge zu erkennen und einzuordnen, die aber letztlich nur Anstöße liefern konnte, zum Trauern in meinen Körper gegangen bin. Der Schmerz der Trauer lässt sich rational oft nicht fassen. Es ist dann hilfreich, ihn zu erspüren, zu sehen und gegebenenfalls auszudrücken. Jeder kann hier den für ihn passenden und somit richtigen Weg wählen.

In meinem Fall waren es die Dinge, die mir auch schon vor dem Tod meines Vaters Kraft gegeben haben. Ich glaube nicht, dass man teure Kurse bezahlen muss, um an seine innere Stimme zu gelangen. Ich glaube ohnehin, wir sollten alle unserem inneren Kompass wieder mehr Vertrauen schenken. Wenn wir in Verbindung mit unseren Gefühlen und unserem Körper sind, dann wird diese Stimme, dieser Kompass immer stärker für uns arbeiten. Ich dachte lange, ich könne mir selbst keine Richtung geben. Und stellte irgendwann fest, dass ich so viel mehr Wissen in mir trage, als ich dachte. Aber es ist nicht das Wissen, das man in Büchern lernt. Man sollte natürlich immer weiterfragen, man lernt nicht aus. Aber dieses Wissen, das man spürt, das einem Ruhe und Kraft gibt, das einen weich und liebevoll werden lässt, das lässt einen oft ganz still werden. Und man kann gut und gern darauf vertrauen, während man weiter für neue Erfahrungen offen ist.

Ich glaube auch, man kann die Heilung, den Balsam für die Seele in den Dingen finden, die einem ohnehin Freude bereitet haben. Das kann alles sein. Reiten, kochen, Golf spielen, in der Natur sitzen und die Sonne Geschichten erzählen lassen. Etwas, das »unser Ding« ist. Das kann jegliche Form des Tuns, des Spürens sein. Der Schmerz des Verlustes sitzt tief, und so habe ich mich oft behutsam und eben mit den Dingen, die einfach Spaß machen, an ihn heranzutasten gewagt. Zum Beispiel durch regelmäßige Meditationen, Tanz, Gesang und Malerei. Durch Schreiben. Natürlich, schreiben. Als es mir später besser ging, habe ich begonnen, wieder Sport zu machen, die Kraft in meinem Körper zu fühlen und wieder wahrzunehmen. Und auch heute übe ich mich, wenn ich weinen muss oder die Trauer mich überkommt, darin, diesem Schmerz in meinem Körper Aufmerksamkeit zu schenken. Das hört sich alles nach Ying und Yang und Hokuspokus an. Aber so what? Wenn es einem schlecht geht, dann sollte man nicht an Kategorien hängen bleiben.

Ich habe Körpertherapien ausprobiert, die ich als sehr hilfreich empfand, um in einem geschützten Rahmen und mit Begleitung an bestimmte Bilder heranzutreten. Ich glaube, dass wenn man einen Menschen durch eine schwere Krankheit wie Krebs verliert, oftmals die Bilder der Qualen des geliebten Menschen eine zusätzliche Belastung darstellen. In meinem Fall war das zumindest so. Mein Vater hat körperlich stark gelitten, und ich war schon immer jemand, der beim Leid anderer Menschen stark mitleidet. Dass ich ihm nicht helfen konnte, war für mich das schmerzhafteste und verzweifeltste Gefühl, das ich je erlebt habe. Es hat mich auseinandergerissen. Dieses Gefühl ist so überwältigend gewesen, dass ich dachte, ich müsste sterben, wenn ich es fühle. An diesen Schmerz heranzukommen, das war wahrlich nicht leicht. Und man kann eine Erfahrung mit einer Krebserkrankung durchaus als dramatisch bezeichnen, wenn man es in Kategorien packen möchte, was mir ja nicht so geheuer ist. Aber weil es eben schwer zu fühlen war, schwer auszuhalten, habe ich mich unter anderem für Körpertherapien entschieden. Sie waren für mich eine Form, in der ich behüteter und spielerischer an diese Bilder herangehen konnte. So halfen mir zum Beispiel Tanz- und Rhythmustherapie besonders. Ich liebe tanzen, und ich liebe es, Musik zu machen, und für mich war dieser Ausdruck im Tanz und mit meiner Stimme immens heilsam.

Aber es müssen nicht immer professionelle Angebote sein. Auch heute tanze ich oft, zu Hause, in Gruppen, in Klubs, oder ich mache Musik und finde Kraft durch meine Stimme. Ein Chor. Ich kann jedem einen Chor empfehlen. Manchmal, wenn die Wut auf das Leben stark war, dann half tatsächlich ein einfacher Boxsack. Das Kanalisieren meiner Gefühle über den Körper, nicht über den Verstand, war und ist für mich eine der wichtigsten Säulen, wenn ich schwierige Momente habe. Und ich glaube, dass gerade Körpertherapien oder körperliche Aktivitäten auch Menschen helfen können, denen es schwerfällt, an ihre Emotionen überhaupt heranzukommen. Eines kann ich sagen: Man stirbt nicht am Schmerz. Zumindest nicht an dem, den man fühlt.

Und ich kann es nicht oft genug betonen: Es braucht Zeit. Es gibt keinen Druck. Es gibt Tage, an denen lacht man, an denen scheint alles wieder in Ordnung zu sein. Und dann wird man erinnert, in einer kleinen Situation, weil etwas bekannt zu sein scheint, ein Gesicht, ein Lied, ein Ort. Und der Schmerz ist wieder da. Was man dann tun kann? Ich würde sagen: Lieb zu sich sein. Einfach das. Akzeptieren, dass es so ist. Und wissen, dass es sich auch wieder ändert. »Auch das wird vorübergehen«, stand schon in der Bibel. Ich weiß nicht, wie oft ich meine Zustände, meine Schmerzen morgens nach dem Aufwachen verflucht habe. Ich wollte unbedingt, dass es mir wieder besser geht. Ich wollte nicht mehr schwach sein. Michael, ein Heilpraktiker, mit dem ich für einige Monate die Körper- und Atemtherapie »BBTR«, was für »Biodynamic Breath & Trauma Release« steht, praktizierte, sagte zwei Sachen, die mich nachhaltig beeinflussten. Als ich einmal bei ihm ankam und ihm von meiner unfassbaren Wut auf mich selbst berichtete, weil es mir immer so schwerfiel, morgens aufzustehen, da sagte er: »Und wenn du wie ein Käfer auf dem Rücken liegst und verzweifelt die Beinchen und Ärmchen nach oben streckst, wenn es das ist, was eben gerade ›ist‹, dann bist du eben ein Käfer, der auf dem Rücken liegt und verzweifelt die Beinchen und die Ärmchen nach oben streckt und der müde und schleppend in den Tag startet. Sei dieser Käfer, erkenne es, akzeptiere, dass es das ist, was du in diesem Moment eben bist. Und dann kannst du versuchen, dir selbst zu helfen oder um Hilfe zu bitten. Aber deine Wut auf dich selbst, wenn du leidest, die bringt dich keinen Schritt weiter.«

Die zweite Aussage war, dass manche Wunden nicht ganz heilen, dass meine Angst – auch vor dem Tod – vielleicht nie ganz weggehen wird. Dass es sein kann, dass das Teil meiner Erfahrung bleibt. Und das wirklich zu akzeptieren war eine riesige, riesige Befreiung. Weil ich begonnen habe, mich um diese Gefühle, wenn sie kommen, zu kümmern.

Und trotzdem: Manchmal schiebe ich sie immer noch weg, manchmal versuche ich, sie zu verdrängen. Ich bin ein Mensch, und ich bin keine Selbstoptimierungsmaschine. Aber ich versuche, mir Zeit für mich zu nehmen. Und ich werde den Teufel tun, fies zu mir zu sein, wenn es mir ohnehin nicht gut geht. Ich suche erst einmal in mir nach Halt, nach der Stimme meines Kompasses, und wenn ich merke, ich schaffe es nicht ganz allein, dann bitte ich um Hilfe. Dann teile ich mich einem Freund mit oder mache eine Meditation oder lese ein gutes Buch oder mache Yoga via Youtube. Oder rufe meine Mama an. Oder sitze einfach da und lasse es eben da sein. Das alles hilft. Von Moment zu Moment. Schritt für Schritt.

Eine praktische Übung, die mir gefällt, weil sie sehr offen ist und nicht mit irgendwelchen Glaubenssätzen einhergeht, ist eine Methode der amerikanischen Psychologin und buddhistischen Lehrerin Tara Brach, die ihre Praxis »Radical Self-Acceptance« nennt und mir hier eine große Hilfe war. Im Allgemeinen empfand ich buddhistisch geprägte Übungen und Aufmerksamkeitstrainings hilfreich, um mich genau in dieser Selbstfürsorge und Verantwortung zu üben. Brach bietet auf ihrer Homepage für jeden frei zugänglich – es muss also kein teurer »Ich mache dich wieder glücklich«-Kurs sein – einen Leitfaden an, den sie RAIN nennt. Ich stelle ihn hier kurz vor. Es ist ein Werkzeug von vielen, nicht jedermanns Sache, aber – und ich habe einiges ausprobiert – ein für mich sehr hilfreiches.

R   Recognize what is happening. (Erkenne, was gerade geschieht.)
A   Allow life to be just as it is. (Lass das Leben so sein, wie es gerade ist.)
I   Investigate inner experience with kindness. (Erforsche deine inneren Erfahrungen mit Wohlwollen.)
N   Non-Identification. (Nicht-Identifikation)

Was ich daran mag, ist, dass das Ziel nicht ist, emotionalen Schmerz »wegzumachen«. Es geht um eine warme und aufmerksame Verbindung mit uns selbst. Und es sei gesagt, dass diese Übungen keine Therapie ersetzen können – und gerade wenn es um schwere Traumen geht, sollte man Aufmerksamkeitsübungen gerade zu Beginn in einem geschützten Rahmen erfahren.

Der erste Schritt von RAIN beinhaltet, überhaupt einmal zu spüren, dass da etwas und was da in uns vorgeht. Das kann Angst sein, aber auch körperliche Schmerzen oder Gedanken, die einem immer wieder durch den Kopf schwirren. Das kann ein beengtes Gefühl in der Brust sein oder Schmerzen am rechten Knöchel. Dieser erste Schritt ist ein reines Beobachten dessen, was in uns vorgeht. Alles darf da sein. Nichts soll weggemacht werden. Aber so häufig gehen diese Dinge in unserem Alltag unter. Wir spüren oft nicht, was in uns vorgeht. Wir sind nicht zu Hause in unserem Körper.

Der zweite Schritt ist, sich die Erlaubnis zu geben, alles, was sich in diesem Moment zeigt und was in uns vorgeht, so, wie es sich zeigt, existieren zu lassen. Kein Wegschieben, kein »Ich darf das nicht fühlen«, sondern ein »Es ist, wie es ist. Das ist die Situation. Das spüre ich nun mal«. Manchmal hilft es, diese »Erlaubnis« mit akzeptierenden Worten zu begleiten, um anzuerkennen, was da vor sich geht. Und das kann im einfachsten Falle einfach ein »Ja« sein. »Ja, Trauer. Ja, Schmerz. Ja, ich sehe dich«. Mit dem Wegfallen der üblichen Abwehr gegen unsere unangenehmen Gefühle oder Gedanken ist es möglich, den Raum für eine Veränderung zu schaffen. Wenn wir aber in einer Abwehrhaltung sind, dann zieht uns die Energie, die wir für sie aufbringen müssen, schlichtweg noch mehr Kraft ab. Man erinnere sich an meinen Badewannen-Moment. Das »Es ist wahr« stellte meine Akzeptanz all dessen dar, was ich in diesem Moment spürte.

Brach sagt, dass bereits diese ersten beiden Schritte eine Öffnung hin zu einem heilenden Zustand darstellen, wer aber mit sehr schwierigen Gefühlen konfrontiert sei, dem helfe vielleicht der dritte Schritt, die »liebevolle Investigation«. Eine Frage dieses weichen Nachforschens könnte zum Beispiel »Was passiert da in mir?« sein. Gefolgt von Fragen, wie »Was will meine Aufmerksamkeit?«, »Wo spüre ich den Schmerz in meinem Körper?«, »Was denke ich darüber?«

Brach berichtet, dass sich viele Menschen in dieser Übung von sich selbst unter Druck gesetzt fühlen. Der Verstand will diese unangenehmen Gefühle nicht annehmen, und so kann es vorkommen, dass wir wütend auf uns werden, dass wir das »Nachforschen« abbrechen wollen und dass wir uns selbst maßregeln, weil wir nun einmal fühlen, was wir da fühlen und es sich nicht besonders gut anfühlt. Deshalb betont Brach, wie wichtig es sei, den liebevollen Aspekt in dieser Übung hervorzuheben. Sie beschreibt es wunderbar so: »Stellen Sie sich vor, dass Ihr Kind weinend von der Schule nach Hause kommt, weil es dort gemobbt wurde. Um herauszufinden, was passiert ist, müssen Sie behutsame, aufgeschlossene und liebevolle Nachfragen anstellen. Dieselbe Art dieses liebevollen und behutsamen Nachfragens ist es, die Sie auch auf sich anwenden können und die eine Öffnung hin zur weiteren Nachforschung und letztlich Heilung möglich macht.«

Der letzte Schritt in der RAIN-Methode ist eigentlich nichts, was man tun könnte. Brach nennt es die Nicht-Indentifikation, und sie geschieht im Prozess dieser weichen und liebevollen Art und Weise, mit unseren Schmerzen, unseren Gefühlen umzugehen. Ich nenne es »friedlich werden«. Ein Raum, der entsteht, um Neues zu fühlen. Der Schriftsteller Khalil Gibran beschreibt es in seinem Buch »Der Prophet« so: »Schmerz bedeutet das Brechen der Schale, die euer Verstehen umschließt.«

Oft habe ich diese Methode angewendet, meine Hand auf mein Herz gelegt und versucht, mir ein guter und liebevoller Freund zu sein. Auch hier ist die Zeit unser Freund. Den Schmerz der Trauer kann man nicht einfach wegmachen. Und es geht in dieser Übung eben auch nicht darum, sich unter Druck zu setzen und zu glauben, man würde danach nie wieder schmerzhafte Gefühle erleben. Wir alle werden das immer wieder für den Rest unseres Lebens tun. Aber die Verbindung, die ich durch dieses Üben, durch das bewusste Wahrnehmen meiner Gefühle, mit mir selbst schließen konnte, ist ein unfassbarer und nicht enden wollender Kraftquell. Ich habe dadurch begriffen: Ich kann etwas für mich tun. Ich kann hier mit mir sitzen und einfach da sein, mich annehmen mit all dem, was da gerade ist. Wer soll es tun, wenn ich es nicht tue? Wer kann uns von außen heilen, wenn wir uns selbst ablehnen? Nichts und niemand.

Diese Methode ist nur eine von vielen und folgt dem Prinzip, das in zahlreichen Meditationsschulen gelehrt wird. Das »Im Moment sein«, vielleicht das »Dumm dreinglotzen«. Ich will manchmal ein Nichts sein, und das bedeutet eigentlich, ein Jemand zu sein, der präsent ist, der sich spürt und der weiß, was in ihm und um sich herum vorgeht. Der sich – immer öfter – einfach sein lässt. Das ist die Basis für alle Momente, es ist für mich letztlich die Basis für ein tief empfundenes Leben. Die Verantwortung, die ich für mich selbst übernommen habe. Wir können immer Hilfe von außen annehmen, die Interdependenz ist unausweichlich und etwas Wunderbares, und es ist grundsätzlich überhaupt nichts daran falsch, mit anderen Menschen, mit Dingen, mit Umständen in den Austausch zu gehen. Aber wir können uns nicht nur auf das, was von außen auf uns einströmt, verlassen. Diese Dinge können wegfallen. Und wenn sie es tun, dann fühlen wir uns wieder im Stich gelassen. Ich selbst habe mir vorgenommen, mir so ein guter Freund zu sein, wie ich es auch für andere sein will. Meine Tasse aufzufüllen, wenn sie leer getrunken ist. Dann kann ich auch viel besser für andere da sein. Ich achte also darauf, dass die Tasse immer gefüllt ist. Mal mehr, mal weniger. Ohne Zwang und ohne Druck. Ich kann mich jeden Tag erneut dafür entscheiden. Einfach weil ich glaube, dass ich es verdient habe. Und dass die Menschen um mich verdient haben, dass ich mich kenne und akzeptiere. So, wie ich bin. Von Moment zu Moment.

Die Verantwortung zu übernehmen war für mich auch das Begreifen: »Die Beziehung zu mir selbst, die fällt nicht weg, solange ich lebe. Ich bin die, die immer mit mir leben muss. Ich bin die, die mit mir stirbt. Und ich bin deshalb die, die für mich da ist.«

Der Austausch mit anderen Trauernden, das »kollektive Trauern« stellt für mich eine weitere Säule auf meinem Weg dar. Ich habe noch nie so viele wunderbare, ehrliche, verbindende Momente erlebt, als die, die ich im authentischen Teilen unserer Verletzlichkeit erlebt habe. Wenn ich darüber gesprochen habe, dass ich über den Verlust meines Vaters, über den Tod schreibe, habe ich oft erlebt, dass Menschen, dich ich oftmals nur kurz oder kaum kannte, in Tränen ausgebrochen sind. Sie hatten das Gefühl, dass da jemand ist, bei dem sie sich – vielleicht das erste Mal – etwas öffnen können. Obwohl ich mich selbst definitiv nicht als professionelle Trauerbegleiterin sehe, habe ich gemerkt, wie wohltuend, wie schön und wie tröstlich das Teilen unserer Trauer sein kann. Wir laufen alle mit Wunden durch diese Welt. Niemand bleibt vor der Erfahrung von emotionalem Schmerz verschont. Zu teilen, was man spürt, was man erlebt hat, einen warmen Blick zu erhalten, eine Hand, die hält, ein »Ich sehe dich, und ich weiß was du fühlst« ist unfassbar heilsam – für den Gebenden und den Empfangenden. »Verbündete« in der Trauer zu suchen, hat sich nur positiv auf mein Leben ausgewirkt. Das heißt nicht, dass ich die Kraft habe, alle Trauernden dieser Welt an der Strippe zu haben, aber ich hatte dennoch die Kraft, mit vielen Menschen das ein oder andere tief gehende, unterhaltsame, verständnisvolle und erhellende Gespräch zu führen. Gerade durch den Prozess des Schreibens haben mir Menschen von ihren Erfahrungen erzählt, manchmal in den schrägsten Situationen.

So saß ich auf einmal bei Dates vor Männern, die mir von ihren Verlusten erzählt haben, durch meine offene Verletzlichkeit haben sich mir Menschen geöffnet, die normalerweise wenig oder gar nicht über ihre Trauererfahrungen sprechen. Und wenn beide Seiten die Verantwortung für ihre Gefühle übernehmen und nicht erwarten, dass der andere den Schmerz wegmachen, sondern nur teilen kann, dann können das sehr kraftspendende, verbindende Momente sein. Ich habe zum Beispiel einen Artikel über das Trauern von der jungen Autorin Sarah Riedeberger gelesen – und Sarah angeschrieben und sie zu mir nach Berlin eingeladen.

Und da saßen wir in meiner Wohnung und haben geredet und uns ausgetauscht. Über das, was wir erlebt haben, das, was wir gefühlt haben, das, was wir uns wünschen und erhoffen. Sie wusste, wie es ist, seinen Papa zu verlieren. Sie wusste, wie es sich anfühlt, wenn dieser geliebte Vater an Schmerzen leidet, sie wusste, wie es ist, nichts gegen die Schmerzen dieses Menschen tun zu können. Und sie wusste, wie es ist, trotz des Verlusts und des »amputierten Beins« wieder aufstehen und laufen lernen zu wollen. Das waren wunderschöne Momente. Warme Momente.

Nach meinem Besuch bei der Traueragentur »Vergiss mein nie« in Hamburg saß ich im Bus neben einem jungen Musiker aus Moldawien. Wir kamen ins Gespräch, flirteten vielleicht auch ein wenig miteinander und unterhielten uns über Gott und die Welt. Irgendwann – nach einer Stunde – fragte er mich, was ich in Hamburg gemacht hätte. Und ich erzählte ihm von meinem Treffen und dem Schreiben und meiner Arbeit an einem Buch über Trauer. Und er hörte ruhig zu und stellte viele Fragen. Und dann, in einem Moment, der ihn sichtlich Überwindung gekostet hatte, erzählte er mir mit zittriger Stimme vom Selbstmord seiner Mutter, von seiner Verdrängung, vom ganzen Schmerz, der plötzlich aufbrach. Und ich hörte ruhig zu und stellte viele Fragen. Wir waren nicht traurig in diesen paar Stunden, zufällig nebeneinandersitzend. Wir teilten nur auch unseren Wunden. Und dann lachten wir wieder gemeinsam, wir unterhielten uns über das Leben und unsere Träume und die Hoffnung, die wir nie aufgeben. Und als wir in Berlin ankamen – die Zeit, war wie im Flug vergangen –, da sahen wir uns an und gaben uns eine Umarmung. Liebevoll, dankbar, verbunden. Und auch wenn sich unsere Wege dann trennten, blieb etwas zurück von dieser Verbindung. So, wie wir alle in anderen etwas hinterlassen können. Das dann weiterwandert. Wir fühlten uns vielleicht weniger allein, wir wussten, dass es möglich ist, seinen Schmerz zu zeigen und zu teilen – und dass wir trotz allem, oder gerade deshalb, starke, zähe Tiere sind, wir Menschen.

Der große Manitu

Es ist vielleicht leichter, den Tod eines Menschen zu akzeptieren, wenn man einen tief verankerten Glauben an eine unsterbliche Seele besitzt. Wenn man an das Paradies glaubt. Wenn man davon überzeugt ist, dass der Mensch, der gestorben ist, irgendwo noch existiert, und man sich mit dem Gedanken an ein Wiedersehen trösten kann. Aber was macht man, wenn man, wie ich, diesen Glauben immer wieder infrage stellt?

Ich stehe heute irgendwo zwischen einer naturalistischen Weltsicht und der Suche nach meiner Spiritualität. Aber richtig glauben, so richtig an etwas glauben, das konnte und kann ich nicht. Ich bin kein Atheist, aber ich bin auch nicht religiös. Mir sind geschlossene religiöse Konzepte, nach denen ich mein ganzes Leben richten soll, um ehrlich zu sein – mittlerweile – ein Graus. Ich fühle mich in Vereinen nicht wohl, das fängt beim Tennis an (nicht dass ich Tennis spielen würde, aber das kam mir als Erstes in den Sinn) und hört bei Religionszugehörigkeit auf. Ich halte mich da an Groucho Marx: »I don't care to belong to any club that will have me as a member.«

Ich komme hier übrigens ganz nach meinem Vater. Ich picke mir heraus, was ich für sinnvoll betrachte, und bastle mir meinen eigenen Misch-Masch-Weg. Der kann bisweilen auch etwas unkonventionell sein und sich im Lauf der Jahre definitiv auch wieder ändern. Ich mag keine starren Regeln. Ich bin ein Freigeist – wie mein Vater.

Für manche mag sich das nach mangelnder Hingabe anhören, aber ich habe durchaus tiefe spirituelle Erfahrungen gemacht, die mich stark beeinflusst haben. Ich wusste nur einfach nicht, was ich glauben sollte. Auch nicht in Bezug darauf, wo sich die Seele meines Vater heute befinden könnte.

Das mit dem Zweifel war nicht immer so. Denn religiöse Berührungspunkte gab es in meinem Leben allemal. Ich wurde katholisch getauft, weil meine evangelische Mutter, die nicht besonders konventionell ist, glaubte, uns Kinder so besser in die bayerische Dorfgemeinschaft integrieren zu können. In der Familie hatte also keiner etwas mit Katholizismus am Hut. Trotzdem wurde ich Katholikin. Das allein ist ja schon ein wenig freaky. Und dass es bei mir schon als Kind voll einschlug, vielleicht noch freakiger. Ich war tatsächlich ein sehr gläubiges Kind und ging schon im Grundschulalter öfter allein in den Gottesdienst. Mit neun Jahren empfing ich inbrünstig die heilige Kommunion. Und wenn ich sage inbrünstig, dann meine ich inbrünstig. Ich fand letztens ein Bild von mir, wie ich, die Hände gen Himmel gefaltet und mit bierernstem Gesichtsausdruck, den Heiligen Geist in mich einfahren zu spüren glaubte. Ja, ich war ein Freak, ein süßer kleiner Jesus-Freak.

Ich kann auch heute noch viel mit dem Konzept der Nächstenliebe anfangen, und ich führe viele meiner Werte auch auf meine intensive Auseinandersetzung mit dem Christentum zurück. Seit meiner Teenagerzeit habe ich mich mit den Weltreligionen, vor allem mit mystischen Strömungen, beschäftigt. In meiner alten Wahlheimat Ägypten viel mit dem Sufismus, später zurück in Deutschland auch immer mehr mit dem Buddhismus.

In meinen Bücherregalen findet man zahlreiche Literatur zu spirituellen Themen. Die Auseinandersetzung mit Glaube und Spiritualität stellt für mich in meinem Leben also kein Novum dar. Aber ich bin irgendwann vom Zug der Religion abgesprungen. Weil ich sie nicht mit reinem Gewissen leben kann. Weil mir die Institution Kirche persönlich zu viel Dreck am Stecken hat. Weil ich nicht an einen richtenden Gott glauben kann. Und ich bin zwar sehr emotional, aber doch zu rational, um zum Beispiel von einem Leben nach dem Tod im christlichen Sinne überzeugt zu sein. Himmel und Hölle sind für mich Konzepte, die ich ablehne.

Ich stellte mir trotzdem oft die Frage nach dem Verbleib der Seele, und ich stellte mir die Frage, wo mein Vater jetzt sein könnte. Zu abgedreht durfte die Suche für mich aber nicht sein, die Antwort musste für mich Sinn ergeben. Und da es so viele Wege gibt, wusste ich oft nicht, wie ich mich an die Frage, ob es meinen Vater in Seelenform noch irgendwo geben könnte – also eigentlich an die Frage nach der Unsterblichkeit der Seele – herantasten sollte.

Ich glaube einfach nicht alles, was man mir sagt. Ich hinterfrage die Dinge, die man mir erzählt, eigentlich immer. Trotzdem muss ich ehrlicherweise zugeben, dass ich, seitdem mein Vater gestorben ist, doch eine Seite an mir entdeckt habe, die zumindest an ein Wiedersehen glauben will.

Es fällt mir schwer, mich nicht albern zu fühlen, wenn ich manchmal bete, was ich nach jahrelanger Gebetsabstinenz nun wieder öfter tue, oder mich nicht für leicht meschugge zu erklären, wenn ich das Gespräch mit meinem Vater suche – und nach Antworten in Form von Zeichen fahnde.

Aber irgendwann kam mir eine Idee, die mir gefiel: Warum suchte ich nicht einfach an einer Stelle, an der auch mein Vater nach Antworten gesucht hatte? Vielleicht fand ich anhand seiner Überzeugungen oder dem bisschen, was ich von seinen Überzeugungen wusste, eine Antwort, die mich vielleicht nicht vollends zufrieden stimmen würde, aber mit deren »Bild« ich leben konnte.

Nun, Papa selbst war aus der Kirche ausgetreten und war – anders als meine Mutter – auch sonst nicht wirklich religiös. Ich werde aber nie vergessen, was er mir als Kind immer antwortete, wenn ich ihn nach seinem Glauben an ein Leben nach dem Tod fragte: »Ich glaube, wir gehen zum großen Manitu.« Mein Vater liebte die Natur und hatte eine Schwäche für Winnetou-Filme. Bereits als Kind verkleidete er sich als Indianer, und ich werde nie vergessen, wie er in seinem Büro oft laut eines seiner Lieblingslieder sang: Es war von einem Sänger namens Ganjaman (ich erwähnte ja, dass meine Eltern unkonventionell waren), und im Kern ging es um die Schrecken und Nachwirkungen der Kolonialisierung durch den »weißen Mann«. Und mein Vater erklärte mir dann, dass Christopher Kolumbus ein schrecklicher Verbrecher gewesen sei, der den indigenen Völkern ihr Land weggenommen hätte. So war er auch, mein Vater. Seine Liebe und Unterstützung galt immer den Unterdrückten, jenen Menschen, denen Unrecht widerfahren ist.

Der Begriff des großen Manitu war also ein Ansatzpunkt bei meiner Suche nach einer Antwort, die mir vielleicht vermitteln konnte, wo mein Vater jetzt war.

Also fragte ich noch einmal: »Papa, bist du da? Leitest du mich?« Und wieder passierte etwas Seltsames, das wie ein Rauchzeichen aus dem Totenreich anmutete: Ich fand, kurz nachdem ich also mit dieser Suche nach einer Verbindung zu der Seele meines Vaters begonnen hatte, ein Buch in einem Hauseingang liegen. »Die Lehren des Don Juan« von Carlos Castaneda. Ich sah es, und ohne zu wissen, was der Inhalt des Buches ist, hatte ich augenblicklich das Gefühl, dass es für mich dort lag. Ich stellte es aber erst einmal in mein Bücherregal und dachte, dass ich es irgendwann lesen würde, wenn der richtige Zeitpunkt gekommen wäre.

Eines Tages – ich hatte bereits mit dem Schreiben dieses Buches begonnen – erlebte ich immer wieder Unsicherheiten bezüglich der Schwere des Themas. Hatte es überhaupt Relevanz? Machte es überhaupt Sinn, über den Tod zu schreiben? Ich dachte an Papa und was er mir jetzt raten würde. Und ich dachte plötzlich an das Buch, stand auf und öffnete es – an einer komplett beliebigen Stelle. Und erneut: Ich traute meinen Augen kaum. In diesem Buch ging es um die »Lehrzeit« Castanedas bei einem älteren mexikanischen Indianer, Don Juan genannt. Und das aufgeschlagene Kapitel hieß: »Der Tod ist ein Ratgeber.« Es ging in jenen Seiten um die Wichtigkeit der Auseinandersetzung des Menschen mit dem Tod. Ich las folgende Zeilen: »Wie kann sich jemand nur so wichtig vorkommen, wo wir wissen, dass der Tod uns umschleicht? Was du tun musst, wenn du ungeduldig bist, ist dies: Wende dich nach links und frage deinen Tod um Rat. Ungeheuer viel Belangloses fällt von dir ab, wenn dein Tod dir ein Zeichen gibt, wenn du einen Blick auf ihn werfen kannst oder wenn du einfach das Gefühl hast, dass dein Begleiter da ist und dich beobachtet.« Und als ich dachte, der Gänsehautmoment könnte nicht größer werden, fing in diesem Augenblick vor der gegenüberliegenden Kirche der Instrumentalchor einer Hochzeitsgesellschaft zu spielen an. Ich begann vor Rührung zu zittern, und Tränen schossen mir in die Augen. Das Lied war nicht irgendein Lied. Es war »La vie en rose«. Das letzte Lied, das ich für meinen Vater gesungen hatte.

Ich schwöre, dass diese Geschichte stimmt. Und ich musste plötzlich an Alejandra denken und an die Entscheidung, an Magie zu glauben.

Ich erinnerte mich an eine meiner letzten Unterhaltungen mit meinem Vater.

Wir sprachen über das Leben danach, die Zeit, wenn er nicht mehr bei uns sein würde. Geplant war das nicht, zumindest nicht von mir und meiner kleinen

Schwester Claire, die sich ans Fußende von Papas Krankenhausbett gesetzt hatte, während ich an diesem Nachmittag neben ihm lag und ihn streichelte. Papa begann zu sprechen und musste sich – das merkte ich – mit aller Kraft konzentrieren. Nicht weil seine Geisteskraft bereits nachgelassen hatte. Er konzentrierte sich, um nicht weinen zu müssen. Er verschluckte wie immer seine Tränen. Ich frage mich, wie schwer es wohl sein musste, über den eigenen Tod zu sprechen. Von seinen vier Töchtern und seiner Frau Abschied nehmen zu müssen. Und wie mutig es war, dass er dem dennoch ins Auge sah.

Manchmal sagte er zu meiner Mutter: »Was macht ihr denn nur, wenn ich mich nicht mehr um euch kümmern kann?« Das war seine größte Sorge. Mein Vater war ein Versorger durch und durch. Es war ihm kein Leichtes, schwierige Emotionen auszudrücken, Schwäche zu zeigen. Aber er sorgte immer für unser Wohl, vielleicht sogar über seine Kräfte hinaus. Das war seine große Lebensentscheidung gewesen, er hatte die Rolle des versorgenden Ehemannes und Vaters verinnerlicht, und er war in dieser Rolle zutiefst pflichtbewusst gewesen. Das habe ich spätestens während der Aufarbeitung unserer Beziehung in meiner Trauerzeit begriffen.

So saßen wir da also mit ihm an diesem Nachmittag, und Papa begann, das Thema selbst anzuschneiden.

»Ich werde immer auf euch aufpassen«, sagte er und versuchte, dabei ganz gefasst auszusehen. Während er dies sagte, wanderte sein Blick durch das Fenster in den Himmel. Er sah uns nur noch selten direkt an. Er wirkte durchlässig, manchmal fast, als sei ein Teil von ihm schon in einer anderen Welt. Ich vermute, der direkte Augenkontakt mit seinen Töchtern war zu schmerzhaft für ihn. An manchen Tagen war er äußerst mürrisch und bat darum, allein gelassen zu werden. Er war dann wütend. Wütend auf sein Schicksal, dieses verdammte Schicksal, das ihn dazu zwang, zu all dem hier Lebewohl sagen zu müssen. Nicht »Bis später!« Nicht »Bis in ein paar Monaten!« Für immer gehen. »Lebe wohl.«

Er war 57 Jahre alt, und er wollte nicht sterben. Das war für ihn, für uns alle, der wohl am schwersten zu ertragende Teil dieses Abschieds. Das Loslassen, das im Angesicht dieser Ungerechtigkeit so schwer zu sein schien.

Aber in diesem Moment sah er diesem Abschied voller Würde ins Auge.

»Wenn ich nicht mehr hier bin, werde ich auf einer Wolke da oben sitzen. Oder in der Natur. Und ihr könnt mich immer um Rat fragen. Ich werde euch nie allein lassen. Ich werde immer auf euch aufpassen«, fuhr er fort.

Ich hörte seine Worte, und schon inmitten des Satzes flammte ein nie da gewesener Schmerz in mir auf. Ein Schmerz so tief, zu tief, um ihn in Worte zu fassen. Ich würde meinen Vater schon bald loslassen müssen, das wusste ich. Mein Herz begann, noch während er diese Worte sprach, in Sekundenschnelle in sich zusammenzufallen. Es krampfte. Mein Herz krampfte. Ein fürchterliches Brennen, eine Art Flächenbrand, legte sich über dieses Krampfen in meinem Brustkorb, und ich musste die Augen zusammenpressen, die Hände zu Fäusten ballen und die Luft anhalten, um den zu Ende gedachten Gedanken an eine Zukunft ohne meinen Vater ertragen zu können.

Die Tränen flossen. Sie flossen, weil der Körper gar nicht anders konnte, als augenblicklich zu trauern. Ich öffnete die Augen und sah zu Claire. Dasselbe Bild. Tränen, ein schmerzverzerrtes Gesicht, geschlossene Augen, ein sich langsam schüttelnder Kopf. Ich kann nur vermuten, welch gigantische Überwindung meinen Vater dieses Gespräch zu führen gekostet haben muss, und ich spüre auch heute noch, dass ich pure Hochachtung dafür empfinde.

Das ist es, was der Tod mit uns machen kann. Wir wachsen über uns hinaus, weil wir wissen, dass es auf das Wesentliche ankommt. Er sprach es an, und es war das Schwerste für ihn, weil er seine ganze Verletzlichkeit zeigen musste. Aber weil er unser Papa war und seine Liebe größer war als sein Stolz, tat er es dennoch. Weil im Angesicht des Todes alles außer der Liebe bedeutungslos und klein wird.

Das also war mein Ansatzpunkt Nummer zwei auf meiner Suche. Mein Vater versprach, dass er immer da sein würde. Dass er auf uns aufpassen würde, dass er uns, wenn wir ihn riefen, mit einem Rat zur Seite stehen würde. Ich beschloss daraufhin, diese beiden Bilder zusammenzuführen. Und das große Bild, das sich für mich schließlich ergab, war außerordentlich schön. Es war Magie.

Den großen Manitu, den hatte ich mir als kleines Kind, wenn mein Vater davon erzählte, immer als alten Indianerhäuptling vorgestellt. Nun, nachdem ich das Buch aufgeschlagen und von der Geschichte des alten Indianers Don Juan gelesen hatte, entschied ich mich, noch einmal genauer zu studieren, was Manitu eigentlich bedeutete.

Und als ich das tat und las, da stellte ich mir auf einmal keine Fragen mehr. Ich begann, in diesem Moment wieder zu glauben. Und Tränen flossen über meine Wangen. Und alles, alles ergab einen Sinn für mich.

Manitu ist die Energie, die sich überall in der Natur offenbart. Sie ist die unpersönliche, außerordentlich wirksame Kraft, die in allen Dingen, Tätigkeiten und Erscheinungen enthalten ist. Eine allen belebten und unbelebten Wesen innewohnende, durchströmende Zauberkraft. Manitu ist weder positiv noch negativ. »Manitus« können in Träumen erscheinen und speziellen Schutz, spezielle Kräfte und Fähigkeiten verleihen. Manitu ist das »Große Geheimnis«, das »Geheimnisvolle«, das alle Gegenstände und Geschöpfe durchdringt. Es ist eine Macht, die jeder Indianer spürt, wo immer er auch ist.

Papa, du alter Manitu, ich weiß nun, wo du jetzt bist.

Danksagung

Ich danke La Familia. Mama, du gibst die Hoffnung nie auf, du starke Frau. Papa wäre stolz auf dich. Claudia, danke fürs »Große-Schwester-Sein«, für deine Hilfe in schwierigen Stunden, für das Tanzen und die Gespräche – und dass du mir immer eine Tür offen hältst.

Toyah, halt dich an deiner Liebe fest. Claire, du bist mein kleiner Schatz. Auch wenn ich nicht in der Nähe bin, werde ich immer auf dich aufpassen. Ich liebe euch über alles.

An La Familia, Numero 2. Meine Freunde. Ihr seid ein Segen, ein unerschöpflicher Quell an Freude und Kraft für mich. Danke für eure Unterstützung, für eure ermutigenden Worte, für die vielen wunderbaren, ehrlichen Gespräche, dafür, dass ihr an mich glaubt, selbst dann, wenn ich es nicht tue. Romina – ich liebe dich von ganzem Herzen. Du bist meine »Sister from another Mister«. Für immer. Ich kann es kaum erwarten, dass du mich zur Tante machst. Aboudi – Shukran ya habibi. Wallah Billah, habaytak bel saif, habaytak bel sheti. You are such a gem. Nanghiti – you are a healer, a queen, a blessing for my life. I can't wait to write storys about you. Ann-Britt – meine bayerische Brigitte Bardot. Dein Herz ist so süß wie deine Nase. Und nur, wer deine Nase kennt, weiß, wie unglaublich süß es ist. Stephanie – you. You. You. Queen of Berghain and the prettiest cakes in the whole wide world. I can't describe how beautiful you are. Ani ohevet otach. Tine – keep on laughing and dancing, my princess. Du bist so eine Inspiration, mein kleiner Sonnenschein. Danke, dass du mir das ein oder andere Mal den Kopf gewaschen hast. I needed it! Romy – my southafrican queen. My favourite photographer in the world. Mallorca was such a wonderful place to stay during this process of writing and you are such a beautiful human being – you deserve everything good coming your way. Thanks Romys Mum, Helen Jackson, who was such an inspiration and the perfect host.

Suzan – danke für deine Freundschaft, für deinen wundervollen Beitrag zu diesem Buch und für meinen Lotus. You are a beautiful soul. Katherine – thanks for being such a bright beautiful wonderful girl. I am so glad we have met. You are already such a stunner. How can it get even better? Hadrien – Mumu wants to be your friend forever and i know you want it too. Haha. Thank you for everything! Alejandra – Corazón. You rock. Möge sich all deine harte Arbeit ausbezahlen. Adi-Baby – ich vermisse unsere Küchengespräche und jemanden, der die Augen verdreht, wenn ich mal wieder Drama mache. Mein großer, kleiner Bruder. Thanks to the rest of my wonderful flatmates: Sebastian, Helisenne and Tori. I know it wasn't always easy with me the past couple of months. Love you guys and thanks for all the kitchen talks and your support.

Lucie – you go girl. Thanks for all the talks and dances we shared. Champagne for everyone! Carla – kann es kaum erwarten, dich noch besser kennenzulernen. Für deine Schwester gehalten zu werden, ist ein großes Kompliment ;) Lars: Geburtstags-Twin. Siehste, es muss ja auch irgendwann mal nach oben gehen ;) Danke dir für alles!! Hela Spieker - Danke für deine Wärme, deine Herzlichkeit, deinen Zuspruch und die lieben Worte über Papa.

An alle weiteren Freunde und Weggefährten, die mich vor und während dieses Buches begleitet haben und mich hoffentlich auch nach diesem Buch begleiten werden: André (Papa hat dich so geliebt),Vlada, Kathrin, Melinda, Manu, Tati, Esther, Björn, Tamar, Chrissy Rakete, Dyna, Yvonne, Jude, Die Meise-Zwillinge, Carina, Claude, Robert Sakowksi, Marlene, Bliz Nochi, Alexander, Soraya, Jean, Jade, Lukas, Friedl, Karlotta, Frances, Iaione, Wadda (Danke für die Inspiration im Endspurt). Danke an die Menschen, die ich nicht erwähnt habe, aber die mich trotzdem beeinflusst haben. You know who you are.

Danke an Fr. Dr. Brauecker und Michael Lindemann für die professionelle Unterstützung in schweren Zeiten. Danke an Heike, her girls, and Karen, Hans-Jürgen und Wiete Spiller.

Danke an die Menschen, die maßgeblich dafür verantwortlich sind, dass dieses Buch entstehen konnte: Danke an Ingrid und Diana von Kick Management. Ihr seid wundervolle Frauen, und ich danke euch für eure Hilfe und euer Vertrauen in meine Idee!!! Danke an meinen wunderbaren Verlag. Für euer Vertrauen, für den liebevollen Umgang und dafür, dass ihr mir die Chance gegeben habt, meine Gedanken zu Papier zu bringen. Danke an Verena Schörner, Julia Loschelder und auch an den lieben Herrn Lenz.

Danke an Julia Feldbaum, meine großartige Lektorin. Das war bestimmt nicht immer einfach mit mir ;) Du warst mir so eine große Hilfe mit deiner Schnelligkeit, deiner Expertise und deinem Vertrauen in meine Fähigkeiten. Danke!!! Danke an die großartige Sarah Riedeberger, Danke an Verena Brüderle für ihr Vertrauen und ihre wundervollen Gedanken. Danke an die Traueragentur »Vergiss mein nie«, an die wahnsinnig tolle Cori Moore, an Helga Schmidtke, Martin Kreuels, an Rosi, an die wunderbare, liebevolle Edda Maugsch, älteste Freundin meiner Mutter und Familienbegleitung im Kinderhospiz Regenbogenland.

Danke, Papa. Danke.

Literaturverzeichnis

AWARE – AWAreness during Resuscitation – A prospective study (2014), University of Southhampton. Study Verlag

Bergmann, Jörg R.: Die Menschen und ihre Rituale – Rituale in Alltag, Politik und Religion. In: Quatuor Coronati, Jahrbuch 2000, Nr. 37. Bayreuth, S. 153–160

Castaneda, Carlos (1988): Reise nach Ixtlan – Die Lehre des Don Juan. S. Fischer Verlag

George Bonanno, Band eins (Ausgabe 11/2004). Anna Gielas, Interview: »Der Mensch ist ein zähes Tier«

Brach, Tara: True Refuge – Finding Peace and Freedom in Your Own Awakened Heart

Castelnovo, Anna; Cavallotti, Simone; Gambini, Orsola; D'Agostino, Armando (2015): Post-bereavement hallucinatory experiences: A critical overview of population and clinical studies. Department of Health Sciences, Università degli Studi di Milano, Italy

Ellebrecht, Benedikt (2012): »It makes me feel like I am actually talking to you«, computervermittelte Trauerkommunikation auf Facebook, Universität Bielefeld, Fakultät für Soziologie

Dalai Lama (2002): Advice on Dying. Atria Verlag

»Faktencheck Palliativversorgung« (2015). Bertelsmann Stiftung

Grimby, Agneta (1993): Bereavement among elderly people: grief reactions, post-bereavement hallucinations and quality of life, University of Goteborg

Grohol, John M. (2008): Grief brings out Hallucination. psychcentral.com

Gronemeyer, Reimer (2007): Sterben in Deutschland: Wie wir dem Tod wieder einen Platz in unserer Gesellschaft einräumen können. S. Fischer Verlag

Imhof, Arthur E. (1981): Die gewonnenen Jahre. Von der Zunahme unserer Lebensspanne seit dreihundert Jahren oder von der Notwendigkeit einer neuen Einstellung zu Leben und Sterben. Verlag C. H. Beck

Kahl, Anja (2008): Der Tod als Vermarktungsobjekt? In: Rehberg, Karl-Siegbert (Hrsg.): Die Natur der Gesellschaft: Verhandlungen des 33. Kongresses der Deutschen Gesellschaft für Soziologie in Kassel 2006. Campus Verlag GmbH: S. 3495–3503.

Gibran, Khalil (2004): Der Prophet, dtv

Klinger, Cornelia (2009): Perspektiven des Todes in einer modernen Gesellschaft. Böhlau Verlag

Lehner, Erich (2010): Sterben und Tod in moderner Gesellschaft. Gesellschaft, in BMLVS (Hrsg.)

mymonk.de: »Die 9 Eigenschaften des Todes – Eine buddhistische Übung«

Paz, Octavio (1950): Das Labyrinth der Einsamkeit. Suhrkamp Verlag

Pitzschke, Ulrike (2012): Inwieweit wird Trauer in der modernen Gesellschaft noch ritualisiert?. GRIN Verlag

Schäfer, Julia (2002): Tod und Trauerrituale in der modernen Gesellschaft – Perspektiven einer alternativen Trauerkultur. Ibidem Verlag

Skott, A. (1978): „Delusions of infestation. Dermatozoenwahn-Ekbom syndrome", Reports from the Psychiatric Research Center. No. 13. Goteborg, Sweden: St. Jorgen's Hospital, University of Goteborg, Sweden

Volk, Theresa (2015): Im Internet gibt es keine Regeln. taz

Weis, Kurt (2003): Ritual. In: Schäfers, Bernhard (Hrsg.): Grundbegriffe der Soziologie. Leske und Budrich: S. 285–289.

LES
ANIMAUX
SAUVAGES

ANIMAUXSAUVAGES.BOOKING@GMAIL.COM
WWW.INSTAGRAM.COM/ANIMAUXSAUVAGES.TATTOO

Alle Illustrationen in diesem Buch stammen von der Tattoo-Künstlerin Suzan Rinow. Bevor sie zum Tattoo stechen kam, studierte sie Bildende Künste in Düsseldorf und anschließend Visuelle Kommunikation an der Kunsthochschule Weißensee in Berlin. Für ihre Abschlussarbeit übertrug sie ihre Zeichnungen vom Papier auf den Menschen und widmet sich seitdem feinen Dotworks – Monde, Landschaften und geometrischen Formen – mit denen sie sich in der Haut ihrer Kunden verewigt.